UWE WITTSTOCK

KARL MARX BEIM BARBIER

UWE WITTSTOCK

KARL MARX BEIM BARBIER

Leben und letzte Reise eines deutschen Revolutionärs

Blessing

Sollte diese Publikation Links auf Webseiten Dritter enthalten, so übernehmen wir für deren Inhalte keine Haftung, da wir uns diese nicht zu eigen machen, sondern lediglich auf deren Stand zum Zeitpunkt der Erstveröffentlichung verweisen.

MIX
Papier aus verantwortungsvollen Quellen
FSC® C014889

Verlagsgruppe Random House FSC® N001967

1. Auflage 2018

Umschlaggestaltung: Bauer + Mähring, Berlin
Umschlagabbildung: Getty Images/Hulton Archive
Satz: Leingärtner, Nabburg
Druck und Einband: Pustet, Regensburg
Printed in Germany
ISBN: 978-3-89667-612-2

www.blessing-verlag.de

Inhalt

Am 27. April 1882, elf Monate vor seinem Tod, ließ sich Karl Marx in Algier von Bart und Mähne befreien. Ob er in dem Abschied von seiner Haarpracht mehr sah als eine Erleichterung angesichts des wärmeren Wetters, ist nicht überliefert. Dieses Buch geht der Geschichte seines Barbierbesuchs in Nordafrika auf zwei Wegen nach: Es erzählt von den zehn Wochen, die Marx in Algier verbrachte, und von den wesentlichen Etappen seines Lebens, die ihn dorthin führten. Am Kreuzungspunkt beider Wege, dem Reisebericht und der Biografie, steht ein Revolutionär mit rasierten Wangen, der ein letztes Mal aufbricht.

Algier I: Kalte Stadt

Als das Dröhnen der Maschine nachließ, atmete er auf. Aber die Dunkelheit blieb undurchdringlich. Es war kalt in der Kabine, von der Wärme Afrikas war nichts zu spüren. Wie schon in der Nacht zuvor hatte er kaum geschlafen, der Lärm aus dem Kesselraum war diabolisch, dazu der Wind, der Seegang und immer wieder sein störrischer Husten. Einen Schlaf, der dieses Wort verdiente, hatte er zum letzten Mal vor vier Tagen finden können, bevor er den Zug nach Marseille bestieg.

Er blieb in seiner Koje liegen, er wollte erst an Deck, wenn es hell wurde. Das Rumoren auf der *Said*, die Geräusche aus dem Laderaum, die Schritte, die Rufe drangen nur gedämpft zu ihm. Das Schiff wiegte sich kaum merklich, es war halb vier Uhr morgens. Aber er würde jetzt nicht mehr einschlafen. Die Gedanken an seine Frau und der Husten ließen ihn nicht los. Er konnte nur warten.

Als sich das erste graue Tageslicht hinter seiner Luke zeigte, stand er auf, zog sich an, wählte, verfroren, wie er war, die Kleider, die er auch in England getragen hatte, samt seinem Rhinozerosüberrock, den er gekauft hatte, um sich gegen den nassen Londoner Winter zu schützen. Sobald er vor die Kabinentür trat, drängten Männer laut rufend auf ihn zu, die vom Festland an Bord gekommen waren und sich in schwer verständlichem Französisch als Träger für sein Handgepäck anpriesen. Manche waren arabisch gekleidet, andere europäisch, aber die Armut war ihnen allen anzusehen. Nachdem er sich für einen der Helfer entschieden hatte, wandten sich die übrigen wortlos ab, um nach anderen Passagieren Ausschau zu halten, die ihre Dienste benötigen könnten.

Er hob den Blick und sah jenseits der Reling das Häusermeer Algiers die steile Küste hinaufsteigen. Schon der Uferboulevard, das Prunkstück der Stadt, an dem sich die Renommierbauten reihten, lag erheblich höher als der Strand und war vom Hafen aus nur über Treppen oder eine lange Rampe zu erreichen. Das Häusergewirr dahinter dämmerte noch unter einem feinen Dunstschleier. Keine Kuppeln oder Türme waren auszumachen, nur verschachtelte, kreideweiße Kästen schoben sich ineinander wie ein Haufen Bauklötze, alle flach, nirgends ein Spitzdach, meist auch ohne Fenster, nur mit vergitterten Löchern in den Mauern. Im diesigen Morgenlicht wirkte der obere Teil der Stadt wie ein Kalkfelsen, wie ein riesiger, von wenig Palmengrün belebter Steinbruch. Algier, die weiße Stadt. Darüber breitete sich der Schattenriss eines mächtigen Höhenzugs aus. Auf den höchsten Gipfeln waren schmutzig weiße Flecken zu sehen, dort schien Schnee zu liegen.

Im Durcheinander auf Deck entdeckte er Lieutenant Macé, den Kommandanten der *Said*, der Frau und Kind mit an Bord hatte. Während der Überfahrt waren sie miteinander ins Gespräch gekommen, er mochte den Kapitän, also ging er auf ihn zu, um sich mit ein paar Worten zu verabschieden. Danach folgte er seinem Träger zum Fallreep. Der

Tiefgang der *Said* war zu groß, als dass sie direkt am Kai hätte anlegen können. Barken mit Ruderern umschwärmten das Schiff, übernahmen Ladung, Gepäck oder Fahrgäste und setzten sie ans Ufer über.

Die Schiffstreppe war steil und feucht. Er griff zu dem Tau, das an der Bordwand hinablief. Von unten sah ihm der Ruderer entgegen, vor ihm tänzelte der Mann mit seinen Taschen hinunter, verstaute sie rasch in dem schwankenden Kahn, fasste dann nach seiner Hand und gab ihm Halt, als der heikle Schritt von der letzten Stufe ins Boot fällig wurde. Im Grunde war der Aufwand lächerlich, die beiden Männer brauchten nur ein paar Dutzend Ruderschläge, schon konnten sie vor dem Zollhaus festmachen, Taschen und Gast an Land setzen und die verdienten Münzen in Empfang nehmen.

Wieder drängten rufende und gestikulierende Männer auf ihn zu, die sich anboten, ihm beim Zoll behilflich zu sein und sein Gepäck die Treppen hinauf zur Promenade und in die Stadt zu bringen, zu seinem Hotel. Aber zu welchem Hotel?

Darüber hatte er sich wenig Gedanken gemacht. Er hatte auf andere Weise vorgesorgt, besser: vorsorgen lassen. Inmitten des Gewühls am Kai sprach ihn ein Franzose an und stellte sich vor, Marie Léopold Albert Fermé. Der Mann war nicht mehr jung, gut vierzig Jahre alt, und hieß ihn mit Respekt und ein wenig Scheu willkommen.

Fermé kümmerte sich um alles Weitere. Er wählte einen der Gepäckträger aus, nannte ihm den Namen eines Hotels und ermahnte ihn, nicht nur die Taschen des Gastes dorthin zu bringen, sondern später auch dessen Koffer, sobald der an Land gebracht worden sei. Dann nickte er den Zöllnern zu, die ihn grüßten und seinen Begleiter obenhin betrachteten, es aber offenbar nicht für nötig hielten, nach dessen Papieren zu fragen. Hinter dem Zollhaus standen leichte Kutschen bereit für die Fahrt in die Stadt, aber Fermé steuerte auf die Freitreppe zu, die auf den Uferboulevard hinaufführte.

Albert Fermé war ein alter Freund seiner beiden Schwiegersöhne Charles Longuet und Paul Lafargue. Die drei hatten sich vor bald zwanzig Jahren in Paris während des Studiums kennengelernt. Sie besuchten zwar unterschiedliche Universitäten, hatten aber ein gemeinsames politisches Ziel: die Diktatur von Kaiser Napoleon III. zu beenden. Mit Artikeln, Pamphleten und der Organisation eines republikanischen Kongresses machten sie sich unter den Oppositionellen des Landes schnell einen Namen. Doch der Preis dafür war hoch. Longuet und Fermé wurden verhaftet und saßen monatelang im Gefängnis, Lafargue musste die Universität verlassen und nach England ausweichen, um sein Studium zu beenden. Longuet folgte ihm später, und Fermé blieb nichts anderes übrig, als sich mit Tausenden von Zwangsdeportierten, die Napoleon III. in die Kolonie nach Algerien schickte, von Frankreich zu verabschieden. Er hatte Jura studiert, in Paris mit dreiundzwanzig schon eine Anstellung als Rechtsanwalt gefunden und Karrierepläne gemacht. Nun durfte er froh sein, wenn ihm die Justizbehörden trotz seiner erwiesenen politischen Unzuverlässigkeit die Chance gaben, in algerischen Provinznestern als Friedensrichter noch einmal anzufangen und nach Jahren der Bewährung ans Appellationsgericht in Algier zu wechseln.

Longuet hatte an Fermé geschrieben und dem alten Freund die Reise seines Schwiegervaters angekündigt. Der Brief war erst am Tag vor der Ankunft der *Said* eingetroffen. Doch ein Problem sei das nicht, versicherte Fermé. Er könne es sich mit seinen Terminen bequem einrichten. Die Ämter hätten hier, fern des Mutterlands, ein entspanntes Verhältnis zu ihren Pflichten. Die Mentalität des Südens.

Fermé schien es tatsächlich in keiner Weise eilig zu haben, wofür er ihm dankbar war, die Treppe machte ihm zu schaffen. Andere Passagiere und einige Träger, die erstaunlich große Lasten geschultert hatten, stiegen an ihnen vorüber. Aber Fermé zeigte keinerlei Anzeichen von Ungeduld.

Als sie den Boulevard erreichten, wandte sich Fermé erst einmal zum Hafen zurück und wies ihn auf die Aussicht hin. Gern drehte auch er sich zum Meer, froh, für einen Moment stehen bleiben und den Atem beruhigen zu können. Das Panorama war trotz des trüben Wetters beeindruckend. Algier lag in einer weit ausschwingenden Bucht, die Uferlinie bildete eine sanfte, gleichmäßige Kurve, die im Westen und Osten jeweils in einem vorspringenden Cap endete. Wer

Der Hafen von Algier um 1882

immer diese Stadt gegründet hatte, er hatte Sinn für landschaftliche Harmonie besessen.

Die Stadt war, abseits vom Hafen, noch nicht ganz erwacht. Fermé führte ihn über den leeren Boulevard und die Schienen der Pferdebahn auf einen der Renommierbauten zu. Die Fassaden erinnerten an die Häuserfronten entlang der neu errichteten Pariser Boulevards, die gleichen hohen Fenster, die gleichen schmiedeeisernen Balkongitter. Der Hoteleingang lag unter Arkaden und verriet den Ehrgeiz des *Grand Hôtel d'Orient*, zu den ersten Häusern der Stadt zu zählen. Es war in einem üppigen, leicht orientalisierten Stil eingerichtet, der Hof mit schwarzem und weißem Marmor getäfelt.

Der Pomp der Räume machte ihm umso mehr bewusst, wie zerschlagen und müde er sich fühlte. Fermé hatte für ihn reserviert. Papiere brauchte er auch hier nicht, der Concierge überreichte ihm umstandslos den Schlüssel. Er dankte Fermé und verabredete sich mit ihm für den Nachmittag. Bevor er die Treppe, schon wieder eine Treppe, zu seinem Zimmer heraufstieg, bat er den Concierge noch darum, in seinem Namen ein Telegramm auf den Weg zu bringen, an Frederick Engels, Esq. 122 Regent's Park Road, Londres N. W. Angleterre, die Überfahrt liege hinter ihm, er sei sicher in Algier angekommen.

Wie gern hätte er ein paar Stunden geschlafen, doch sein Husten gab keine Ruhe und die letzten Erinnerungen an seine Frau auch nicht. Ihre Stimme aus dem Nebenraum, die immer schwächer wurde, die allmählich erlosch. Sie waren nur ein paar Schritte voneinander entfernt gewesen, er hätte bei ihr am Bett sitzen sollen, aber sie blieb unerreichbar für ihn.

Dazu kam seine Enttäuschung, ja sein Entsetzen über das Wetter. Seit Monaten war er krank, Dr. Donkin sprach von Rippenfellentzündung, einer Pleuresie, und hartnäckiger Bronchitis. Als Erholungswochen auf der Isle of Wight keine Sonne, sondern Sturm, Kälte, Regen gebracht hatten, war der Arzt alarmiert gewesen und hatte für den Winter auf einen ausgedehnten Erholungsaufenthalt in mildem Klima gedrängt. Aber wohin? Er war ein Staatenloser, hatte seit Jahrzehnten keinen Pass mehr, und in vielen Ländern musste er mit Schwierigkeiten rechnen. An der italienischen Riviera war vor Kurzem ein Mann mit ihm verwechselt und umgehend verhaftet worden. Frankreich jedoch stand ihm offen, die neue Regierung hatte eine Amnestie für politische Flüchtlinge erlassen, und Algier galt als idealer Kurort für Lungenkranke, die sich vor dem feuchten englischen Winter in Sicherheit bringen mussten. Also war er erst einmal nach Paris und Argenteuil zu seiner Tochter gereist, doch schon die Weiterfahrt nach Marseille wurde zur Katastrophe, die Temperaturen im Zug waren frostig, sie blieben stundenlang in irgendwelchen Bahnhöfen stehen wegen Defekten an der Lokomotive, und als er endlich weit nach Mitternacht ankam, war er bis tief ins Innere verfroren und musste noch lange im Wind auf dem Bahnsteig warten, bevor endlich sein Gepäck ausgeladen wurde. Auch in der Kabine der *Said* gab es keine Heizung, obwohl er eine Überfahrt Erster Klasse gebucht hatte. Das tagelange Frieren war Gift für ihn, sein Husten wurde mit jedem Tag schlimmer.

Und nun herrschte sogar in Algier Regen und Kälte. Er verfluchte die ganze närrische, schlecht überlegte Expedition. Für einen Moment spielte er mit dem Gedanken, auf dem nächsten Schiff, vielleicht gleich mit der *Said*, nach Europa zurückzufahren und in Menton oder Nizza sein Glück zu versuchen. Doch das hätte bedeutet, noch einmal zwei Tage auf See in einer ungeheizten Kabine zubringen zu müssen und dem Lärm der Maschine ausgeliefert zu sein. Oder vielleicht weiterreisen nach Süden? Zur Oasenstadt Biskra am Rand der Sahara? Dort war es mit Sicherheit warm und trocken, aber vor den Bahnverbindungen im Inland wurde gewarnt, die 250 Meilen konnten leicht sieben bis acht Tage in Anspruch nehmen und einer solchen Anstrengung fühlte er sich nicht mehr gewachsen. Nein, er konnte nichts anderes tun, als in Algier zu bleiben und auf bessere Witterung zu hoffen.

Doch zumindest an diesem Tag war damit wohl nicht zu rechnen, auch am Nachmittag blieb der Himmel verhangen. Fermé plauderte munter und spazierte mit ihm den Uferboulevard entlang, die lebendigste Straße der Stadt, Araber im Burnus, Europäer im Gehrock, Kutschen, Türken mit Fes, viele weiß verschleierte Frauen, dazu Soldaten in Uniform mit roten Hosen und die Pferdebahn, die auf ihren Schienen dahinrumpelte. Die Promenade erstreckte sich über zwei Kilometer und ruhte auf mehreren Hundert Rundbögen, die sich auf den Küstenfels stützten. Vor gut zwanzig Jahren hatten Napoleon III. und Kaiserin Eugénie höchstselbst in einer pompösen Feier den Grundstein gelegt. Der Bau veränderte das Bild Algiers gründlich. Es war, als hätte man dem alten Gesicht der orientalischen Piratenstadt eine moderne europäische Brille aufgesetzt.

Fermé führte ihn aus der Stadt hinaus. Er hatte für ihn eine andere Unterkunft ausfindig gemacht, billiger und ruhiger als das *Hôtel d'Orient,* und hoffentlich erholsamer. Sobald der Befestigungswall hinter ihnen lag, sahen sie die ersten Kakteen und wild wachsende Orangenbäume, die Früchte leuchteten unter dem Laub hervor. Sie stiegen gut eine Meile bergan nach Mustapha Supérieur, wo auch Fermé mit seiner Frau wohnte. Rechts und links der Straße lagen nur noch wenige alte arabische Häuser, dafür etliche Villen wohlhabender Franzosen, die mitunter hinter dem üppigen Grün der Gärten ganz verschwanden. Der Weg führte mit kleinen Brücken über tief eingeschnittene Gräben, die bis auf den Fels ausgewaschen waren und in denen nach Regengüssen das Wasser den Hang hinunterstürzte zum Meer.

Eines der Landhäuser war die zweistöckige Hôtel-Pension *Victoria.* Sie gefiel ihm sofort, und die beiden Damen, die sie führten, die Eigentümerin Madame Alisse und ihre Haushälterin Madame Rosalie, wirkten freundlich. Es gab nur eine Handvoll Gäste, und sie alle hatten, wie er, die Absicht, den ganzen Winter über zu bleiben. Für ihn war ein Zimmer im zweiten Stock vorgesehen, von dem aus er einen herrlichen Blick auf Algier und die ganze Bucht hatte. Ohne zu zögern, sagte er zu.

Ihm hätte auch die Kraft gefehlt, sich nach Alternativen umzuschauen. Nicht nur der Spaziergang, auch das Reden mit seinem Führer Fermé hatten ihn erschöpft. Als sie das *Hôtel d'Orient* wieder erreichten, bat er ihn um Verständnis, er sei krank, müsse sich dringend schonen und brauche vor allem eines: Ruhe. Doch Fermés Einladung zu einem Besuch bei ihm und seiner Familie für den folgenden Tag konnte er nicht abschlagen. Es wäre zu unhöflich gewesen. Also dankte er, nickte zustimmend und verabschiedete sich. Dann kehrte er zurück in sein Zimmer und zu dem nächtelangen Kampf, seinem Husten ein paar Momente Schlaf abzuringen.

Trier und die Väter

Über die vereinbarte Höflichkeitsvisite wissen wir nur wenig. Karl Marx hat Madame und Monsieur Fermé am 21. Februar 1882, am Tag nach seiner Ankunft in Algier, besucht und kurz darauf per Brief oder Postkarte seiner Tochter Jenny in Paris davon berichtet. Leider ist dieses Schreiben verloren gegangen. Doch ein indirekter Hinweis auf den Verlauf der Begegnung blieb erhalten. In einem bislang unveröffentlichten Antwortbrief an ihren Vater freut sich Jenny: »I am glad you like Fermés wife – it is most fortunate you have one family at least in the place.« Allem Anschein nach blieb es also nicht beim Austausch konventioneller Artigkeiten, sondern die Fermés und ihr Besucher waren einander sympathisch.

Die Lebenssituation des Ehepaars im französischen Algerien dürfte Marx in mancherlei Hinsicht vertraut vorgekommen sein: Richter Fermé stand als Jurist im Dienst eines Regimes, das er im Grunde ablehnte. Er sah sich konfrontiert mit einer Bevölkerung, die in Armut lebte und einer anderen Religion anhing als ihre Kolonialherren, die sie lieber heute als morgen aus dem Land gejagt hätten. Auch Marx' Vater Heinrich war Jurist gewesen und als Rechtsanwalt ein Teil des preußischen Justizapparats, obwohl er Preußen oft skeptisch gegenüberstand. Trier, wo Marx am 5. Mai 1818 geboren wurde und aufwuchs, gehörte zu einem verzweifelt armen Landstrich und war seit Jahrhunderten zutiefst katholisch. Seine Bürger empfanden die evangelischen Preußen als Besatzungsmacht, die sie nur zu gerne wieder losgeworden wären. Ohne allzu sehr zu übertreiben, kann man – wie der Historiker Jonathan Sperber – behaupten, Preußen habe die linksrheinischen Provinzen, die ihm auf dem Wiener Kongreß 1815 zugesprochen worden waren, wie Kolonien behandelt.

Anders als Fermé hatte Heinrich Marx aber nie offen gegen seine Landesherren aufbegehrt. Er war kein Rebell, sondern ein Mann, der in den Kategorien des sozialen Aufstiegs dachte. Ihm ging es nicht darum, die Welt zu verbessern, sondern das eigene Leben und das seiner Familie. Zu politischen Fragen hatte er seine Meinung, suchte aber nie die offene Konfrontation, sondern begnügte sich im Konfliktfall mit der geballten Faust in der Tasche. Karl Marx hat ihn deshalb nicht abgelehnt oder verachtet, aber ein wenig mehr von jenem rebellischen Geist, der Fermé als Student umtrieb, hätte er seinem Vater vermutlich schon gewünscht.

Heinrich Marx war ein liberal denkender und arbeitsamer Mann. In seiner Jugend hatte er die Französische Revolution aus der Ferne beobachtet und erlebt, wie sie in sein Schicksal eingriff und ihm neue Freiheiten schenkte. Er verehrte ihre aufklärerischen Ideale, doch in seinem Bewusstsein blieb sie, wie für die meisten Zeitgenossen, untrennbar verbunden mit der Erinnerung an die Zeit des Terrors zwischen 1793 und 1794, die 30 000 bis 40 000 Menschen das Leben gekostet hatten, und an die royalistischen Aufstände, bei denen Hunderttausende gestorben waren. In all dem ähnelte er Ludwig von Westphalen, einem Mann, den er zu seinen Freunden zählte und der einen prägenden Einfluss auf seinen Sohn Karl nehmen sollte.

Heinrich Marx war 1777 unter dem Namen Heschel Marx Levi geboren worden. Er stammte aus einer Familie großer Rabbiner. Sein Vater Mordechai übernahm 1788 das Amt des Rabbis von Trier. Sechs Jahre später, Heinrich war gerade erst 17, besetzten französische Revolutionstruppen die Stadt und eröffneten ihm zuvor unerreichbare Lebenschancen. Denn die Nationalversammlung des revolutionären Frankreichs hatte den Juden volle Bürgerrechte zugesprochen. Mit einem Mal endete ihre jahrhundertelange Diskriminierung, alle beruflichen Beschränkungen waren aufgehoben. Heinrich Marx entschloss sich, Jura zu studieren, um Anwalt zu werden – was im alten Kurfürstentum Trier undenkbar gewesen wäre. Doch als er 1813 seine Ausbildung abschloss, marschierten preußische Truppen in Trier ein, die kurz zuvor Napoleon I. in der Völkerschlacht bei Leipzig geschlagen hatten. Und unter preußischer Herrschaft würde er als Jude, das stellten die neuen Behörden sehr bald klar, keine Chance auf eine Zulassung als Anwalt haben. Der historische Augenblick der Gleichberechtigung war für Heinrich Marx schon wieder vorüber

Da es für ihn keinen anderen Weg gab, Anwalt zu werden, beschloss Heinrich Marx, sich christlich taufen zu lassen. Dieser Schritt scheint ihm nicht schwergefallen zu sein, trotz der starken jüdischen Tradition seiner Familie. Derartige Religionswechsel waren in jenen Jahren keine Seltenheit, die deutschen Juden zeigten eine große Bereitschaft zur Assimilation. Ludwig Börne und Heinrich Heine sind zwei prominente Beispiele, auch sie waren Anhänger der Aufklärung und traten 1818 bzw. 1824 zum Christentum über. Das genaue Datum der Taufe von Heinrich Marx lässt sich nicht mehr feststellen, vermutlich war es im Jahr 1819. Seine Frau und die Kinder, darunter auch der Sohn Karl, folgten seinem Vorbild ein paar Jahre später.

Obwohl Trier zutiefst katholisch geprägt war, bekannte Heinrich Marx sich allerdings zur protestantischen Kirche, die in dieser Stadt nicht viel mehr Anhänger zählte als die jüdische Gemeinde: etwa 300. Er wählte also nicht die Konfession der überwältigenden Mehrheit seiner Mitbürger, sondern entschied sich für die der preußischen Machthaber. Das dürfte seinen sozialen Aufstieg innerhalb des neuen Herrschaftsgefüges beschleunigt haben. Preußen konnte es sich nicht leisten, wählerisch sein, die Schicht der Beamten, der Angehörigen von Verwaltung und Justiz, auf die sich der neue Staatsapparat in den linksrheinischen Provinzen stützte, war hauchdünn.

Tatsächlich stieß Heinrich Marx nach seiner Taufe im Beruf auf keine erheblichen Schwierigkeiten mehr. Er verdiente gut, wohl um die 1 500 Taler jährlich. Zum Vergleich: Tagelöhner und Landarbeiter hatten damals einen Jahresverdienst von etwa 100 Talern. Falls er sich in erster Linie aus materiellen Rücksichten für die Laufbahn eines Juristen und für den Übertritt zum Protestantismus entschieden haben sollte, so ist seine Karriereplanung aufgegangen. 1831 wurde ihm von den preußischen Behörden der Ehrentitel Justizrat zugesprochen. In erstaunlich kurzer Zeit hatte sich Heinrich Marx einen Platz unter den Honoratioren der Stadt erkämpft.

Einen Teil dieses Wohlstandes verdankte er seiner Frau, die eine ansehnliche Mitgift in die Ehe einbrachte. Henriette

Presburg war in den Niederlanden, in Nimwegen, aufgewachsen. Auch unter ihren Vorfahren, die aus Ungarn stammten, gab es etliche Rabbiner. Sie war bereits 26, also nach dem Verständnis ihrer Zeit keine junge Braut mehr, als sie 1814 Heinrich Marx heiratete. Manches spricht dafür, dass es sich bei der Verbindung um eine arrangierte Ehe handelte, auf jeden Fall aber war es eine fruchtbare: Zwischen 1815 und 1826, in nur knapp elf Jahren, kamen neun Kinder zur Welt. Fünf davon starben jedoch früh, schon als Kinder oder junge Erwachsene, allen Anzeichen nach an Tuberkulose.

Ludwig von Westphalen, der zweite Mann, der die Entwicklung von Karl Marx entscheidend beeinflusste, gehörte zur neuen preußischen Beamtenschaft Triers, war aber kein typischer Preuße. Er hatte in Göttingen studiert und trat 1807 in den Dienst des von Napoleon I. errichteten, kurzlebigen Königreichs Westphalen ein, das mit einer modernen Verfassung nach französischem Vorbild zum Modell für andere deutsche Staaten werden sollte. Nach Napoleons Niederlage erwies sich diese Entscheidung als nicht eben förderlich für Ludwig von Westphalens Karriere, und er musste froh sein, dass Preußen einen so hohen Bedarf an Verwaltungsfachleuten in den neu erworbenen linksrheinischen Provinzen hatte. 1815 wurde er als königlich-preußischer Regierungsrat ins arme, abgelegene Trier versetzt.

Hier lernte ihn Heinrich Marx kennen. Eine Freundschaft zwischen einem adeligen preußischen Regierungsrat und dem Spross einer jüdischen Rabbiner-Familie wäre in vorrevolutionärer Zeit ausgeschlossen gewesen. Da Heinrich Marx nun aber der kleinen protestantischen Gemeinde der Stadt angehörte, ergaben sich zwischen den Familien viele natürliche Berührungspunkte, zumal die Töchter Sophia Marx und Jenny von Westphalen gut befreundet und die Söhne Karl Marx und Edgar von Westphalen Klassenkameraden im Gymnasium waren.

Ludwig von Westphalen hatte durch seine Behörde enge Kontakte zu den Kranken- und Armenhäusern Triers, zu den Gefängnissen und der Polizei. Er kannte die Not der Stadt also auch aus beruflicher Perspektive. Nach der Machtübernahme der Preußen waren fast alle Wirtschaftsverbindungen zu Frankreich gekappt worden, der Handel kam nahezu zum Erliegen. Um 1830 galt ein Viertel der Gesamtbevölkerung als so arm, dass es aus den geringen öffentlichen Mitteln unterstützt werden musste. Parallel dazu verteilte die neue Regierung die Steuerlasten ungleich: Die alten preußischen Provinzen wurden bevorzugt, die neuen, wie das Rheinland, mussten bis zu fünfmal höhere Abgaben zahlen und fühlten sich regelrecht ausgeplündert.

Die Armut ließ Ludwig von Westphalen nicht gleichgültig. Seinen Vorgesetzten gegenüber beschrieb er die Lage der Region in lakonischer, aber ungeschönter Sachlichkeit, wenn er feststellte, »dass es der mittleren und geringen Klasse der Landbewohner an Arbeitsverdienst und Erwerbsmitteln fehle«[1]. Seine Tochter Jenny begleitete ihn mitunter auf Inspektionsfahrten in den Hunsrück oder die Eifel, konnte sich also einen Eindruck von den kümmerlichen Lebensverhältnissen machen. Die Vermutung, dass sie über solche Erlebnisse mit ihren Freunden, also auch mit Karl Marx, gesprochen hat, liegt nahe.

In diesen Jahren wuchs Ludwig von Westphalen in die Rolle eines väterlichen Mentors für den halbwüchsigen Karl hinein. Die beiden wanderten oft gemeinsam und führten auf ihren Streifzügen ausschweifende Gespräche. Es gelang ihm, Karl, der im eigenen Elternhaus mit literarischen Anregungen nicht überschüttet wurde, für die zeitgenössischen romantischen Autoren, für den jüngst verstorbenen Goethe, aber auch für Klassiker wie Dante oder Cervantes zu begeistern. Vor allem aber legte er den Grundstein für Marx' lebenslange Verehrung Shakespeares. Dessen Welttheater ließ Marx nie wieder los und wurde zum festen Bestandteil seines intellektuellen Kosmos'. Bis ins Alter las er Shakespeares Stücke regelmäßig und zitierte sie in den eigenen Schriften. Seine Begeisterung für diese Dramen, schrieb sein Schwiegersohn Lafargue Jahrzehnte später, sei schier »unbegrenzt« gewesen, er habe auch die »geringfügigsten Figuren« genau gekannt und die »Shakespeare eigentümlichen Ausdrücke«[2] in Listen zusammengestellt und geordnet.

Aber auch über die Verelendung Triers wird Ludwig von Westphalen mit dem jungen Karl geredet haben. Er hatte sich – nicht eben typisch für einen preußischen Beamten – mit den Büchern des französischen Frühsozialisten Henri de Saint-Simon beschäftigt, der das Feudalsystem ablehnte und stattdessen für eine Meritokratie plädierte, in der Herrschaftsrechte strikt nach den Verdiensten des Einzelnen vergeben wurden. Arbeiter, Handwerker, Bauern, aber auch Unternehmer und Bankiers waren in seinen Augen die Leistungsträger der Gesellschaft, Adel und Klerus lediglich Schmarotzer. Viele Formulierungen und Begriffe, die später zentrale Bedeutung für Marx' Denken entwickelten, wurden von Saint-Simon vorgeprägt. So sprach er bereits vom Proletariat, von der Ausbeutung des Menschen durch den Menschen oder dem Antagonismus der Klassen.

Im Januar 1834, Karl Marx war 15 Jahre alt, verstrickte sich sein Vater Heinrich in eine politischen Provinzaffäre. Sie lässt etwas ahnen von der bedrückenden Atmosphäre, die in Trier unter der absolutistischen, quasi-kolonialen Regierungsgewalt Preußens herrschte. Gemeinsam mit Ludwig von Westphalen gehörte Heinrich Marx zu den Mitgliedern der Casino-Gesellschaft Triers, die wie in anderen Städten des Rheinlands hauptsächlich der Geselligkeit, der Organisation von Festen und Banketten dienen sollte. Allerdings machten sich bei manchen dieser Veranstaltungen behutsame demokratiefreundliche und preußenkritische Untertöne bemerkbar. So lud die Trierer Casino-Gesellschaft am 12. Januar 1834 Abgeordnete des rheinischen Landtags, die als eher liberal galten, zu einem festlichen Bankett ein. Und Heinrich Marx hielt zu diesem Anlass eine der Festreden.

Dieser Landtag hatte nur beratende Funktion und kein Recht, Gesetze oder Steuern zu beschließen. Wo immer er bei regionalen Angelegenheiten Entscheidungen treffen durfte, unterstand er der königlichen Aufsicht. Dennoch ist die Rede von Heinrich Marx voller Zustimmung zur Einrichtung dieser Landtage und voller Ergebenheitsadressen an den König: Denn mit ihnen habe der Herrscher der Bevölkerung »die ersten Institutionen einer Volksvertretung« geschenkt – eine Formulierung, in der diskret die Erwartung anklingt, diesen ersten Institutionen mögen nun bald weitere folgen, möglichst mit größeren Kompetenzen. Auch die Behauptung des Festredners Marx, der König habe die Landtage begründet, »damit die Wahrheit an die Stufen seines Thrones gelange«, war genau betrachtet ein vergiftetes Lob. Denn sie deutet indirekt an, in der Vergangenheit sei die Wahrheit über den Zustand des Landes dem König vorenthalten worden, oder sie habe ihn schlicht nicht interessiert. Und mehr noch: In pathetischen Wendungen sprach Heinrich Marx von dem Gefühl der Dankbarkeit, das die »ehrenwerthen Bürger« der Stadt »ihren Stellvertretern« gegenüber empfinden, die im Landtag für »Wahrheit und Recht« kämpften[3].

Doch die preußische Behörden reagierten schon auf diese leise Kritik empfindlich. Justizminister von Kamptz urteilte aus dem fernen Berlin, man habe es in Trier gewagt, »Verhandlungen einer von des Königs Majestät und nur allerhöchst demselben verantwortlichen Versammlung [...] in ebenso unkundiger als unbefugter Weise zu beleuchten und zu tadeln. Schon halten die große Mehrzahl von Landesdeputierten sich nicht für deutsche landständische Landtagsdeputierte, sondern für Repräsentanten des Volkes und werden von dem Publikum in diesem Wahn bestärkt.«[4] In den Augen des Ministers war das Bankett für die Abgeordneten geradezu eine antipreußische Protestversammlung, die unerhörte demokratische Forderungen stellte.

Zwei Wochen später spitzte sich die Affäre zu, als die Casino-Gesellschaft ihr Stiftungsfest beging. Diesmal waren es nicht Reden, sondern Gesänge, die Anstoß erregten. Über ein Dutzend Mitglieder, darunter auch Heinrich Marx, stimmten spontan erst harmlose, dann aber eindeutig revolutionäre Lieder an. Sie sangen unter anderem die französische Revolutionshymne von 1830 *La Parisienne* und mehrfach die *Marseillaise*. »Dieser Gesang«, hieß es im denunziatorischen Bericht eines preußischen Freiherrn an den Kommandeur der preußischen Truppen in Trier, »steigerte sich unter wilden Schlägen auf den Tisch bis zur Exaltation, und ganz besonders nahm das Toben bei denjenigen Stellen überhand, aus welchen der revolutinäre Geist entflammt.«[5] Dazu sei von einem der Gäste ein »seidenes trikolores Tuch«[6], geschwenkt worden, vor dem man sogar einen Kniefall gemacht habe.

Der Skandal war da, eine polizeiliche Untersuchung wurde angeordnet, die bedrohliche Dimensionen annahm. Wie alle Beteiligten wurde auch Heinrich Marx verhört, wie alle Beteiligten behauptete er, die Versammlung schon frühzeitig verlassen zu haben, noch bevor die Sänger zu revolutionärem Liedgut überwechselten. Der Trierer Oberbürgermeister Wilhelm Haw bemühte sich, die Vorkommnisse hauptsächlich auf den Moselwein zurückzuführen, der an diesem Abend in großen Mengen getrunken worden sei. Dennoch wurde ein Kollege von Heinrich Marx, der Advokat Brixius, angeklagt – und zwar wegen keines geringeren Vergehens als Hochverrat. Das Landgericht Trier sprach ihn wenig später frei, weil ihm keine hochverräterische Absicht nachzuweisen war. Der preußische Innenminister Gustav von Rochow legte Berufung ein, doch der Appellhof in Köln bestätigte den Freispruch, da die Brixius vorgeworfenen Handlungen letztlich »irgendein Strafgesetzt nicht verletzt«[7] hätten.

Auf den Schüler Karl Marx dürfte diese Affäre Eindruck gemacht haben: Nicht nur sein Vater, der preußische Justizrat, sondern ein ganzer Kreis der führenden Bürger seiner Stadt singen Revolutionshymnen, müssen sich daraufhin von der Polizei befragen lassen und können erleichtert sein, als man sie ungeschoren davonkommen lässt. Ein vorteilhaftes Licht warf die Angelegenheit auf keine der beiden Seiten: Den preußischen Machthabern zeigten die Vorgänge, wie gering ihr Rückhalt selbst unter den Honoratioren der

Region war, und sie machten sich mit ihren Versuchen, die Beschuldigten juristisch zur Rechenschaft zu ziehen, vor Gericht lächerlich. Die angeblich guten preußischen Bürger dagegen hatten für einen kurzen, unbedachten Moment ihre wahren Überzeugungen aufblitzen lassen, zuckten jedoch schon nach der ersten Drohgebärde des Staates zurück und reihten sich wieder ein, um ihre Funktionen in diesem und für diesen Staat zu erfüllen.

Anderthalb Jahre später machte Karl Marx Abitur. Die Examensarbeiten – seine ersten nennenswerten Schriften – sind erhalten geblieben. In Mathematik und Griechisch hatte er Schwächen, in den anderen Fächern erreichte er bessere Noten als die meisten seiner Klassenkameraden. Vor allem der Deutschaufsatz zum Thema »Betrachtungen eines Jünglings bei der Wahl seines Berufes« ist beachtenswert. Einerseits klammert sich der Siebzehnjährige an recht konventionelle Gedanken, doch daneben gibt es Passagen, die vielleicht tatsächlich etwas über die Denkweise und vor allem über den Ehrgeiz des Abiturienten Karl Marx verraten.

Der richtige Beruf, so stellt er fest, könne nur einer sein, der auf »Ideen gegründet« ist, »von deren Wahrheit wir durchaus überzeugt sind«. Die höchsten Ziele bei der Berufswahl müssten sowohl »das Wohl der Menschheit« als auch »unsere eigne Vollendung« sein, und die eigene »Vervollkommnung« werde nur erreichen, wer »für die Vollendung, für das Wohl seiner Mitwelt« arbeite. Und in der Schlusswendung des Aufsatzes werden dann ebensoviel Pathos wie Anspruch hörbar: »Wenn wir den Stand gewählt, in dem wir am meisten für die Menschheit wirken können, dann können uns Lasten nicht niederbeugen, weil sie nur Opfer für alle sind; dann genießen wir keine arme, eingeschränkte, egoistische Freude, sondern unser Glück gehört Millionen, unsere Taten leben still, aber ewig wirkend fort, und unsere Asche wird benezt von der glühenden Thräne edler Menschen.«[8]

Das alles ist recht allgemein und wenig konkret formuliert. Es klingt nach einem idealistischen Denken auf den Spuren von Kant und Schiller, wie es am Trierer Gymnasium gelehrt wurde, und wie es der Schüler Marx zuverlässig wiedergab, um die Erwartungen seiner Lehrer im Examen zu erfüllen. Doch die himmelhohen Ambitionen, die auf das »Wohl der Menschheit« und auf »ewig« fortwirkende Taten zielen, sind dennoch ungewöhnlich. Es ist fast unmöglich, diesen Schlusssatz zu lesen, ohne dabei an die Maßstäbe zu denken, die Marx sich später für sein Lebenswerk setzte – und an die »Lasten« und »Opfer«, die er dafür sich selbst und seiner Familie zumutete.

Algier II: Profunda melancolia

Er kannte diesen jungen Mann. Kultiviert, selbstbewusst, ein wenig blass, sehr elegant gekleidet, mit sorgsam gestutztem Schnäuzer. Das *Hôtel d'Orient* und er waren wie füreinander geschaffen. Wenn man ihn in einem der Salons sah oder im Hotelcafé unter der Arkade, konnte man glauben, er sei kein Gast, sondern der Hausherr: Ashton Dilke, ein typischer Vertreter der englischen Gentry, dem alles in die Wiege gelegt wurde. Sohn von Sir Charles Dilke, Ausbildung durch Privatlehrer, dann College in Cambridge, ausgedehnte Reisen. Zurück in London hatte er sich, als ihn ein publizistischer Ehrgeiz überkam, mit 25 Jahren den *Weekly Dispatch* gekauft, für 14 000 Pfund!, aber schon im Jahr darauf die Chefredaktion wieder abgegeben. Inzwischen saß er für die regierenden Liberalen im Unterhaus und wollte hier in Algier wohl den Winter über seine Tuberkulose kurieren.

Dieses Hotel mit seinen Speisesälen, Samtvorhängen, Lüstern, Raucher- und Lesesalons war etwas für Leute wie Dilke, nicht für ihn. Zu teuer, zu überladen, zu unruhig. Gestern, am ersten Tag nach seiner Ankunft, hatten die Franzosen der Stadt ihren Karneval gefeiert. Auf den Plätzen spielten Kapellen, die Promenade war überfüllt gewesen. Als er nach seinem Antrittsbesuch bei dem Ehepaar Fermé wieder in das Hotel zurückkehrte, hatte er gehofft, dem Lärm und dem Geschiebe zu entkommen, aber natürlich wurde auch im Hotel gefeiert. Die Direktion wollte ihren Wintergästen etwas bieten.

Heute werde sich das Wetter bessern, meldeten die Zeitungen, bis zu 14 Grad am Nachmittag, kein Regen. Ein guter Zeitpunkt, um in die Pension *Victoria* umzuziehen. Wieder nahm Fermé alles für ihn in die Hand, beauftragte Gepäckträger, ließ das Zimmer in der Pension vorbereiten, holte ihn im Foyer ab und bot an, zumindest einen Teil des Weges mit der Pferdebahn zurückzulegen.

Doch das schien ihm nun wieder zu viel der Schonung, der Himmel war blau, zum ersten Mal. Dr. Donkin hatte ihn zu Bewegung bei milder Witterung gemahnt, also entschied er, auf die Pferdebahn zu verzichten. Sie gingen die Promenade entlang und dann bergan zur Porte d'Isly auf demselben Weg wie beim ersten Mal. Alles andere wäre ein mühsamer Umweg gewesen. Die Befestigungsanlagen schnürten die Stadt ein, es gab in Richtung Mustapha Supérieur nur dieses eine Tor mit seinen beiden engen Durchfahrten. Auf der Straße davor drängten sich Läden und Werkstätten, vor allem Sattler hatten sich hier angesiedelt. Die Kunden, fast nur Araber, schoben sich von einem Verkäufer zum anderen, betasteten Zaumzeug oder Sättel, redeten, feilschten, gestikulierten und wandten sich brüsk weiter. Hinter dem Tor wurde es mit einem Mal ruhig, Europäer zu Pferd oder in Kutschen waren zu sehen, doch keine Araber mehr, es sei denn als Diener an der Seite ihrer Herrschaft gekleidet, in mehr oder minder fantastische Livreen. In langsamem Schritt stieg er mit Fermé die Serpentinen hinauf und bewunderte wieder die wilden Orangenbäume entlang der Straße.

Der Garten der Pension *Victoria* war in Terrassen angelegt, die bis zum Haus hin anstiegen. Er blühte in lauter Rottönen. Sie gingen die Auffahrt hoch zur Veranda und zum Eingang. Die Pension konnte sich nicht vergleichen mit den Villen, die sie bei ihrem Aufstieg passiert hatten, es war ein schlichtes Landhaus. Außer seinem Zimmer in der zweiten Etage, das er sich am Tag zuvor angesehen hatte, gab es noch fünf weitere: Sechs Zimmer für sechs Gäste, mehr hatte das *Victoria* nicht zu bieten. Sie alle lagen aufgereiht nebeneinander an einer Galerie mit bester Sicht auf Algier, den Hafen und die Bucht. Im Erdgeschoss ein Salon, das kleine Speisezimmer und die Räume der beiden Hausherrinnen.

Gleich wurden ihm die anderen Gäste vorgestellt, es herrschte eine familiäre Atmosphäre. Alle sprachen französisch: Madame Claude aus Neufchâtel in der Schweiz, Madame Casthelaz, die von ihrem Sohn Maurice, einem Apotheker, begleitet wurde, der junge Armand Magnadère, Bankangestellter aus Paris, der einen sehr matten, erschöpften Eindruck machte und eine alleinreisende Privatlehrerin, die per Annoncen in den Zeitungen von Algier Ausschau hielt nach einer Anstellung bei einer wohlhabenden Familie. Es war eine kleine, überschaubare Gemeinschaft, und das kam ihm sehr entgegen, große Menschenmengen hatte er nie gemocht.

Und doch, selbst diese wenigen und freundlichen Menschen empfand er als Last. Er fühlte sich erleichtert, als Fermé sich schließlich verabschiedete und er sein Zimmer in Besitz nehmen konnte. Das Wetter schien sich tatsächlich zum Besseren zu wenden, für ein paar Minuten trat er auf die Galerie vor dem Zimmer und genoss die Aussicht auf die Stadt und die sichelförmige Bucht. Wie die Zuschauerreihen in einem weit geschwungenen Amphitheater fielen die Felsen vor ihm bis zur Küste hinab, und die Häuser und Villen hatten darin Platz genommen, als warteten sie, welches Stück für sie auf der leeren, glatten Meeresbühne gespielt werden würde.

Blick auf Algier von Mustapha aus (ca. 1880)

Aber die Schönheit des Blicks änderte nichts, er entkam der Trauer nicht. Er fühlte sich wie Don Quixote auf der letzten Etappe seiner Abenteuerreise. Schon dutzendfach hatte er politische Gegner, die nicht verstehen wollten, wie lange die Zeiten über sie und ihre lächerlichen Ansichten hinweggegangen waren, als schwachköpfige Don Quixotes verhöhnt. Aber im Grunde gehörte der weltentrückte spanische Ritter zu seinen Lieblingsgestalten in der Literatur. Sein Schöpfer Cervantes ließ ihn, nachdem er am Ende seiner langen Wanderschaften begreifen musste, dass er seine geliebte Dulcinea niemals wiedersehen würde, in eine abgrundtiefe Melancholie verfallen und schon bald darauf sterben. Wie seltsam der Gedanke, dass Cervantes ausgerechnet hier, in dieser Stadt, in Algier fünf Jahre lang als Sklave von Piraten gefangen gehalten worden war, bis seine Familie das Lösegeld zusammenbrachte und ihn freikaufen konnte.

Zwei Jahre war es jetzt her, seit er begreifen musste, dass er seine geliebte Jenny verlieren würde. Sie hatte sich schon länger unwohl gefühlt und Gewicht verloren, schließlich waren sie zusammen nach Manchester gereist, zu ihrem Freund Dr. Gumpert. Der nahm sich Zeit, untersuchte Jenny gründlich, und sein Gesicht wurde immer sorgenvoller. Es war die Leber. Vermutlich Krebs.

Der Arzt konnte nicht viel tun, er verordnete einen Aufenthalt an der See und strenge Bettruhe. Aber im Grunde war klar, dass er hinter solchen, mit ernster Miene vorgetragenen Anweisungen nur seine Hilflosigkeit verbarg.

Sobald Jenny und er zurück in London waren, wandte er sich an einige der besten Ärzte der Stadt. Er wollte nicht aufgeben. Er erinnerte sich an einen Spezialisten in Karlsbad, von dem er vor Jahren während einer Kur gehört hatte. Doch für eine Reise dorthin fühlte sich Jenny längst zu schwach, also konnten sie dem Arzt die Symptome ihrer Krankheit nur brieflich schildern.

Als hätten sie mit all dem noch nicht Sorgen genug, übersiedelte auch noch ihre älteste Tochter mit ihrem Mann und den drei Jungs, mit Jean, Harry und Edgar, nach Paris. Die französische Regierung hatte eine Amnestie für politische Flüchtlinge erlassen und ihr Schwiegersohn Charles Longuet eine Stelle als Redakteur in der radikallinken Zeitung *La Justice* gefunden. Jenny und er mussten sich nicht nur von der Tochter trennen, sondern auch von den Enkeln, die ihnen so viel Freude machten und Ablenkung schenkten.

Als sie dann tatsächlich nach Eastbourne an die See fuhren, war Jenny bereits so schwach gewesen, dass sie viele Wege nur im Rollstuhl zurücklegen konnte. Danach reisten sie zusammen nach Argenteuil im Norden von Paris, um zu sehen, wie ihre Tochter jetzt lebte, und um den vierten Enkel zu begrüßen, den sie in der Zwischenzeit zur Welt gebracht hatte. Er hieß Marcel, und natürlich bezauberte er Jenny und ihn.

Was folgte, war bitter. Nachdem sie nach London zurückgekehrt waren, verfiel Jenny immer mehr. Bald lag sie nur noch im Bett, für mehr reichte ihre Kraft nicht. Im November kamen die Wahlergebnisse aus Deutschland, und die gaben noch einmal Auftrieb: Obwohl es Bismarck schon vor Jahren gelungen war, allen sozialistischen Vereinen oder Parteien per Gesetz verbieten zu lassen, Versammlungen abzuhalten oder Propagandaschriften zu verteilen, hatte sich die Sozialistische Arbeiterpartei auf zwölf Mandate im kommenden Reichstag verbessert. Zwölf sozialistische Abgeordnete! Was für ein Erfolg, die erste gute Nachricht seit langem.

Dann warfen ihn mit einem Mal seine schwere Bronchitis und eine Rippenfellentzündung aufs Krankenbett. Der Anfall war plötzlich und heftig. Fieber hatte ihn gepackt und schüttelte ihn, er bekam kaum Luft, beim Husten drohte er zu ersticken. Dr. Donkin begann, ihm Brust und Nacken mit Pasten einzupinseln, die dem Rippenfell Wasser entziehen sollten, er kam täglich, morgens und abends, und schien kurz davor, die Hoffnung für seinen Patienten aufzugeben.

Drei Wochen hatte er nicht einmal aufstehen können, so schwach war er gewesen. Er hatte in seinem Zimmer gelegen und durch die offene Tür gehört, wie Jennys Stimme nebenan immer leiser wurde. Er rief nach ihr, sie antwortete, aber es war kaum mehr als ein Flüstern. Eines Morgens fühlte er sich stark genug, noch einmal zu ihr hinüberzugehen und mit ihr zu sprechen. Er las ihr leise, mit flachem Atem, einen Artikel aus der Monatsrevue *Modern Thought* vor, der ihn und seine Ideen mit Begeisterung feierte. Das heiterte Jenny auf.

Glücklicherweise hatte sie keine Schmerzen, Dr. Donkin versorgte sie mit Morphium. Kurz bevor sie starb, sprach sie seltsamerweise Englisch mit ihm. Bis fast zum letzten Augenblick war sie bei Bewusstsein. Sie drückte allen die Hand und versuchte zu lächeln. Auch während der letzten Stunden kein Todeskampf, sondern ein allmähliches Entschlafen, ihre Augen voller, schöner, leuchtender als je!

Zweieinhalb Monate war das jetzt her. Dr. Donkin hatte ihm verboten, an dem Begräbnis teilzunehmen, und war mit seiner Anweisung sehr energisch. Zuerst wollte er sich diesem ärztlichen Machtwort nicht beugen, aber er war so erschöpft, dass er schließlich nachgab. Auch die Kraft, Freunde und Familie wegen Jennys Tod zu benachrichtigen, fand er nicht. Nur zwei, drei kurze Nachrichten schrieb er und einen längeren Brief an Tochter Jenny in Paris. Deren Mann Longuet, dieser unbelehrbare Proudhonist, hatte in *La Justice* einen ungenauen, einen dummen Nachruf geschrieben. In dem Brief zählte er seiner Tochter all die Fehler auf, die Longuet in diesem einen kurzen Artikel unterlaufen waren, und bat seine Tochter darum, künftig nie wieder in den Schriften ihres Mannes erwähnt zu werden.

Seither waren ihm zwei Dinge treu geblieben: seine Krankheiten und die katastrophale Witterung. Er unterwarf sich demütig allen ärztlichen Anweisungen, ihnen gegenüber zeigte er sich nicht rebellisch, aber entscheidende Besserung blieb aus. Und gleichgültig, wo er sich aufhielt, ob in London, auf der Isle of Wight, in Frankreich oder jetzt in Algier, die Kälte und die Regenwolken blieben seine Begleiter. Allmählich reizte ihn das zu sarkastischen Scherzen. Welches Ziel er auch wählte, sobald er ankam, zeigte sich das Wetter von seiner übelsten Seite. Bis heute, bis zu diesem Nachmittag, als er zum ersten Mal seit diesen fürchterlichen Wochen wieder ein wenig Sonne und blauen Himmel sah. Von der Galerie vor seinem Zimmer aus schaute er hinab auf die üppigen roten Blütentrauben der Bougainvillea und der Rosen im Garten und auf die anderen Gäste, die sich durch die milden Temperaturen auf die Veranda locken ließen. Sie wirkten wie eine unbeschwerte Sommergesellschaft. Dann fiel sein Blick auf das unermüdliche Farbenspiel des Meers in der Bucht: Die Brandung lief wie ein schneeweißes Band den Strand entlang, dahinter zeigte sich das Wasser zunächst grün, bevor es sich weiter in Richtung offene See über Türkis allmählich in ein sattes Blau verwandelte. Er atmete die salzhaltige Luft tief ein. Vielleicht hatte er doch auf den richtigen Ort gesetzt.

Berlin und der Student

Als Karl Marx sein Abiturzeugnis in Händen hielt, war er 17 Jahre alt und verliebt. Er kannte Jenny von Westphalen von Kindesbeinen an, in ihren Elternhäusern hatten sie eine Menge Zeit gemeinsam verbracht, die Stadt Trier war klein und bot nicht viel Ablenkung. Doch irgendwann, offenbar während Marx' letztem Schuljahr, veränderte sich sein Verhältnis zu Jenny.

Es sind nur wenige konkrete Hinweise auf den Beginn dieser lebenslangen Liebesgeschichte erhalten geblieben, denn beide waren daran interessiert, sie erst einmal geheim zu halten. Vor allem die Eltern sollten nichts erfahren. Angeblich warb Marx so heftig um seine Jugendfreundin, dass Jenny sich, obwohl sie älter war als er, von ihm regelrecht eingeschüchtert fühlte. Bis auch sie, vielleicht beeindruckt durch seine stürmischen Liebesbekundungen, bislang ungeahnte Gefühle für ihn entwickelte. Die Heimlichkeit, mit der beide ihre Zuneigung vor der Umwelt verbargen, dürfte die neuen Empfindungen für sie noch kostbarer und aufwühlender gemacht haben.

Jenny war eine Schönheit. Sie galt als die Ballkönigin Triers: eine adelige junge Frau, Tochter eines einflussreichen Vaters, attraktiv, schlank, intelligent, charmant. »Jenny war ein mit den Reizen der Jugend ausgestattetes schönes Mädchen, ausdrucksvollen Antlitzes, durch ihren hellen Verstand und energische Charakter-Anlagen die meisten ihrer Altersgenossinnen überragend«, beschrieb ihr Halbbruder Ferdinand sie einmal: »Es konnte nicht fehlen, daß sie unter den jungen Männern aller Augen auf sich zog.«[9] Sie war allen Überlieferungen nach eine strahlende Erscheinung, ein Liebling ihres Vaters, gebildet, belesen, mit weitgespannten literarischen Kenntnissen, aber eben auch witzig und elegant. Doch nach einer ersten überstürzten Verlobung mit einem preußischen Secondeleutnant im Alter von 16 Jahren, von dem sie sich unter den dabei üblichen Querelen ein Jahr später wieder entlobte, zögerte sie lange, auf die Avancen neuer Verehrer einzugehen. Vielleicht brauchte es ein so ungestümes Liebeswerben, wie es dem Primaner Karl Marx nachgesagt wird, um sie aus ihrer Reserve zu locken.

Im Oktober 1835, rund vier Wochen nachdem er sein Abiturzeugnis erhalten hatte, brach Marx nach Bonn auf. Er sollte dort Jura studieren: »Ich wünsche in Dir das zu sehn«, hatte der sonst eher milde Vater Heinrich Marx verfügt, »was vielleicht aus mir geworden wäre, wenn ich unter eben so günstigen Auspizien die Welt erblickt hätte.«[10] Der Abschied von Trier war für Marx also nicht nur der Aufbruch in ein freieres Studentenleben, sondern zugleich eine Trennung von der umschwärmten Freundin Jenny und eine Bewährungsprobe für seine Gefühle.

Vermutlich begleitete die ganze Familie den ältesten Sohn zum Anleger des Dampfschiffes in Trier, um ihn zu verabschieden. Schließlich hatte er für die damalige Zeit eine längere Reise vor sich: die Mosel hinab bis Koblenz, wo er ein

Schiff rheinabwärts nach Bonn besteigen sollte. Das war die bequemste Route, denn Eisenbahnen gab es in Deutschland noch nicht. Deren Erfolgsgeschichte, durch die wesentliche Voraussetzungen für eine weitere Industrialisierung des Landes überhaupt erst geschaffen wurden, begann rund zwei Monate später mit der Eröffnung der Bahnverbindung zwischen Nürnberg und Fürth. Marx' erste selbstständige Reise fand also zu einem historisch bemerkenswerten Augenblick statt: Als ein Theoretiker, der schon bald das gesellschaftsverändernde Zusammenwirken von innovativen Transport-, Produktions- und Kommunikationstechniken in den Mittelpunkt seines Denkens stellen würde, konnte er den Siegeszug der Eisenbahn vom ersten Moment an beobachten.

Mit einer Durchschnittsnote von 2,4 hatte er zwar kein glanzvolles Abitur gemacht, aber sein Vater zeigte sich, ebenso wie Ludwig von Westphalen, von dem »helle[n] Verstand«[11] des noch sehr jungen Mannes stark beeindruckt und gab sich der »schmeichelnden Hoffnung« hin, den Namen seines Sohnes »einst im hohen Rufe zu sehen«[12]. Marx erlebte, auch wenn er noch wenig vorzuweisen hatte, beneidenswerte Anerkennung, auf die er allerdings seinerseits nicht mit Respekt oder Dankbarkeit antwortete. Vielmehr benahm er sich in seiner Studienzeit, so gestand er später einmal, wie ein »wahrer rasender Roland«[13]. Er gab keinen Pfifferling auf die üblichen gesellschaftlichen Umgangsformen oder auf die Wünsche und Ratschläge seines Vaters. Überhaupt hielt sich seine Anhänglichkeit an die Eltern und Geschwister in engen Grenzen. Vermutlich schrieb er eifrig Liebesbriefe an Jenny, doch der Familie schickte er oft wochen- und manchmal monatelang kein Lebenszeichen. Schon gleich zu Anfang führte das zum Konflikt mit dem Vater, denn Marx machte sich nicht die Mühe, der Familie mitzuteilen, ob er wohlbehalten in Bonn eingetroffen war: »Ueber drey Wochen sind verflossen, daß Du weg bist, und keine Spur von Dir«, zürnte der Vater brieflich: »Du kennst Deine Mutter und ihre Aengstlichkeit, und dennoch diese gränzenlose Nachläßigkeit. Das bestätigt mir leider nur zu sehr die Meinung, welche ich troz Deiner manchen guten Eigenschaft hege, daß der Egoismus in Deinem Herzen vorherrschend ist.«[14] Selbst solche aufgebrachten Ermahnungen blieben wirkungslos. Seine exakte Anschrift in Bonn beispielsweise teilte er den Eltern erst nach Wochen und auf Nachfrage mit.

Andererseits konnte sich der Vater über mangelnden Lerneifer seines Sohnes nicht beklagen. Marx besuchte im ersten Semester gleich drei juristische Kollegs, und zwar »sehr fleißig« oder sogar »vorzüglich fleißig«, wie ihm seine Professoren bescheinigten. Daneben wurde er Mitglied und bald darauf Vorstand der Trierer Landsmannschaft an der Universität, die gern und viel trank und sich mit anderen studentischen Verbindungen prügelte – wie etwa mit dem Corps Borussia, dessen Angehörige zumeist aus den östlichen Provinzen Preußens stammten. Vor allem aber schloss sich Marx einem »Poeten-Bund« an und hörte geisteswissenschaftliche Vorlesungen, zwei davon bei August Wilhelm Schlegel, der gut dreißig Jahre zuvor gemeinsam mit seinem Bruder Friedrich in Jena zu den Vordenkern der deutschen Romantik zählte.

Denn der Studienanfänger Marx fühlte sich nicht zum Juristen, sondern zum Dichter berufen. Die Begeisterung für Literatur, die Ludwig von Westphalen bei ihm geweckt hatte, war zur Leidenschaft geworden. Auch auf diesem Gebiet erwies er sich als überaus fleißig. Seine lyrische Produktivität war enorm. Obwohl manche Manuskripte später verloren gingen, haben die erhalten gebliebenen Gedichte, die er in den ersten zweieinhalb Studentenjahren schrieb – samt einem Dramen- und einem Romanfragment einen Umfang von über 400 Druckseiten.

Der größte Teil davon ist der in Trier wartenden Jenny gewidmet. Die Liebe war, wie bei so vielen jugendlichen Dichterinnen und Dichtern aller Zeitalter, auch bei Marx die wichtigste Triebkraft seiner lyrischen Bemühungen. Doch fanden die erotischen Gefühle bei ihm zumeist keinen zarten und anmutigen, sondern einen wahrhaft wuchtigen, ja monumentalen Ausdruck. Seine Bildsprache ist rabiat – und mitunter wenig stimmig, wenn er beispielsweise in folgender Kostprobe aus einem der Liebesgedichte Seelen (statt Herzen) glühend schlagen und gleich darauf von einem Strom durchrauschen lässt:

Jenny! Darf ich kühn es sagen,
  Daß Wir unsre Seelen ausgetauscht,
Daß in eins sie glühend schlagen,
  Daß ein Strom durch ihre Wellen rauscht?

Dann werf ich den Handschuh höhnend
  Einer Welt in's breite Angesicht,
Und die Riesenzwerginn stürze stöhnend
  Meine Gluth erdrückt ihr Trümmer nicht.

Götterähnlich darf ich wandeln,
  Siegreich ziehn durch ihr Ruinenreich,
Jedes Wort ist Gluth und Handeln,
  Meine Brust dem Schöpferbusen gleich.[15]

Die Leidenschaft für Jenny bringt hier eine ganze Welt zum Einsturz, und gleich doppelt wird die Glut ihres Verehrers gefeiert, der sich selbst dank der Inbrunst seiner Gefühle sowohl Götterähnlichkeit attestiert als auch die kreative Kraft des Schöpferbusens. Kurz: Liebe wird als eine Art radikales Ermächtigungsgesetz gefeiert – bis hin zum Recht auf siegreiche Weltzertrümmerung.

Marx' literarische Anleihen bei den Lieblingsthemen und -tönen der Romantik sind unübersehbar: In seinen Gedichten werden der Mondschein und der Liebestod besungen, die Zaubermacht der Träume und der Nächte gerühmt sowie dunkle, unerfüllte Sehnsüchte beschworen: »Mich umwogt ein ewig Drängen,/ew'ges Brausen, ew'ge Gluth«[16]. Da reimt sich Herz noch ganz ungebrochen auf Schmerz, da treten märchenhafte Landschaftsgeister und Blumenkönige, Elfen und Nixen auf oder Wahnsinnige, Verzweifelnde und Zerrissene beklagen strophenreich ihr Leid. Und als wolle er für diese ermatteten Motive trotz allem noch einmal poetischen Glanz herbeizwingen, stimmt er seine Gedichte auf dramatisch hochschäumende, maßlose Emotionen ein, was ihnen einen überspannten Ausdruck verleiht.

Mit anderen Worten: Der später so originelle Denker Marx war als Dichter hochgradig epigonal. Er blieb ganz und gar befangen in den abgenutzten literarischen Moden seiner Epoche, von denen sich zur gleichen Zeit in Darmstadt der nur vier Jahre ältere, aber bereits wegen revolutionärer Umtriebe gesuchte Georg Büchner so souverän frei machte.

Dennoch fehlte es dem jungen Poeten Marx nicht an Selbstbewusstsein. Im Gegenteil: In den Gedichten, in denen er nicht von seiner Liebe zu Jenny spricht, zeigt seine Lyrik einen auffälligen Hang zu größtmöglichen Bildern, zu buchstäblich kosmischen Dimensionen. Es geht bei ihm regelmäßig um Gott und Teufel, um höchsten Sinn und tiefste Not, um erste und letzte Fragen. Etliche Zeilen sind metrisch holprig und bleiben inhaltlich unklar, doch in den besten dieser Texte klingt eine bemerkenswerte existenzielle Verlorenheit an. So zieht Marx unter dem sehr grundsätzlichen Titel »Menschenleben.« eine betont finstere Daseins-Bilanz:

Stürmisch entfliehet
  Der Augenblick;
Was er entziehet,
  Kehrt nicht zurück.

Tod ist das Leben
  Ein ewiger Tod;
Menschenbestreben
  Beherrscht die Noth;

Und er verhallet
  In Nichts dahin;
Und es verschallet
  Sein Thun und Glühn.

Geister verhöhnen
  Ihm seine That;
Stürmisches Sehnen,
  Und dunkler Pfad;

Ewiges Reuen
Nach eitler Lust;
Ewiges Breuen
In tiefer Brust;

Gierig Bestreben
Und elend Ziel
Das ist sein Leben,
Der Lüfte Spiel.

Groß es zu wähnen
Doch niemals groß,
Selbst sich zu höhnen,
Das ist sein Loos.[17]

Auch hier gibt es nebulöse Stellen (»Tod ist das Leben/ Ein ewiger Tod«), und es bleibt ungewiss, was mit »Ewiges Breuen«[18] gemeint sein könnte. Aber rhythmisch sind die sieben Strophen weitgehend konsequent durchgearbeitet: Fasst man die lakonisch knappen Verse in Paare zusammen, deuten die ersten Zeilen jeweils einen Aufschwung an, auf den die Folgezeilen mit einem Abschwung antworten. So ergibt sich ein monotones Schwingen, das die Vergeblichkeit und Hoffnungslosigkeit des hier bedichteten Menschenlebens unterstreicht. Nirgendwo zeigt sich die Andeutung einer möglichen Entwicklung, eines Sinns oder gar einer religiösen Geborgenheit, stattdessen schwelgt das Gedicht im Pathos einer bitteren Illusionslosigkeit.

Es wäre gewagt, wollte man von der größtenteils missratenen Lyrik eines Nachwuchsdichters umstandslos auf dessen psychische Verfassung oder Weltbild schließen. Doch die

Sorge über die Flüchtigkeit einer Existenz, der jeder metaphysische Zufluchtsort fehlt, spricht nicht nur aus »Menschenleben.«, sondern auch aus einigen anderen Gedichten[19], so dass man darin wohl mehr sehen darf als nur eine Tageslaune. In jedem von ihnen wird das Fehlen einer bindenden Ordnung wie selbstverständlich vorausgesetzt und zugleich als eine radikale Verunsicherung beklagt. Das Bedürfnis des jungen Marx, dem Dasein wieder ein tragfähiges Fundament zu verschaffen, ist offensichtlich – und sehr bezeichnend, wenn man an Marx' spätere lebenslange Anstrengungen denkt, eine neue, lückenlos alle Epochen und Lebensbereiche umfassende Weltdeutung zu formulieren.

Natürlich ist es einfach, sich über die oft unbeholfenen Verse des Studenten Marx lustig zu machen, aber es ist auch ein bisschen billig. Denn im Gegensatz zu anderen jungen Poeten war Marx' literarische Selbstkritik groß genug, die Dürftigkeit der eigenen Arbeiten schließlich zu erkennen. Schon mit 19 Jahren, also nur zwei Jahre nach seinem Aufbruch aus Trier, rechnet er in einem Brief an den Vater mit der eigenen Lyrik unwirsch ab: »Alles wirkliche verschwimmt und alles Verschwimmende findet keine Grenze, Angriffe auf die Gegenwart, breit und formlos geschlagenes Gefühl, nichts Naturhaftes, alles aus dem Mond construirt, der völlige Gegensatz von dem, was da ist und dem, was sein soll, rhetorische Reflektion statt poetischer Gedanken«[20]. Seine Liebe zur Literatur verlor Marx nie. Nicht nur den Klassikern wie Shakespeare, sondern auch vielen zeitgenössischen Schriftstellern wie Balzac, Heine oder Dickens begegnete er zeitlebens mit Hochachtung. Doch seinem persönlichen literarischen Ehrgeiz schwor er nach diesem radikalen Selbstverriss im November 1837 ab. Januar 1841 veröffentlichte er noch zwei »Wilde Lieder« – die er bereits Jahre zuvor geschrieben hatte – in einem kurzlebigen Journal, das nach dem Vorbild der von August Wilhelm und Friedrich Schlegel herausgegebenen frühromantischen Zeitschrift *Athenäum* benannt worden war. Doch davon abgesehen kam Marx auf seine poetischen Versuche nie wieder zurück und ließ sie in den Manuskript-Mappen friedlich verstauben.

Bemerkenswert ist diese literarische Jugendepisode auch im Hinblick auf die Geduld seines Vaters. Wer in Preußen Jurist werden wollte oder sollte, hatte einen langen Weg vor sich, ein mehrjähriges Studium, ein Referendariat, zwei Staatsexamina. In dieser Zeit war er ohne Einkommen und musste von seiner Familie unterstützt werden. Kein Wunder, wenn Heinrich Marx seinen Sohn von Beginn an ermahnte, keine Zeit zu verlieren und sich auf das notwendige Lernpensum seines Fachs zu konzentrieren. Schließlich hatte die Familie noch sechs andere Kinder, darunter vier Töchter, die jeweils mit einer Mitgift zu versorgen waren. Die Haare stünden ihm zu Berge, wenn er an diese Kosten denke, schrieb Heinrich Marx seinem Ältesten. Dennoch reagierte der Vater aufgeschlossen und geradezu respektvoll, als ihn der Sohn um seine Meinung zu den ersten Gedichten bat: Beurteilen könne er sie nicht, die Natur habe ihm wenig »von Poesie eingeimpft«. Stattdessen lobte und warnte er ihn gleichzeitig: »Ein Poet, ein Litterator, muß jetzt etwas Tüchtiges zu liefern berufen sein, wenn er öffentlich auftreten will. [...] Ich sage Dir es unverholen, mich freuen innig Deine Anlagen, und ich verspreche mir viel davon, doch mich würde es jammern, Dich als gemeines Poetlein auftreten zu sehen. [...] Nur der Vorzügliche hat das Recht, die

Aufmerksamkeit einer verwöhnten Welt in Anspruch zu nehmen«[21].

Trotz solcher großherziger Reaktionen verschlechterte sich das Verhältnis zwischen den beiden. Spätestens als sein Sohn nach den ersten zwei Semestern von Bonn an die Universität Berlin wechselte, verlor Heinrich Marx fast jeden Einfluss auf ihn. Der Vater riet ihm dringend, gesellschaftliche Kontakte zu pflegen, die ihm bei künftigen Karriereschritten »etwas Protection«[22] verschaffen könnten, doch Karl berichtet ihm: »In Berlin angekommen, brach ich alle bis dahin bestandnen Verbindungen ab, machte mit Unlust seltene Besuche«[23]. Vater und Mutter beschworen ihn inständig, auf seine Gesundheit zu achten, doch der Sohn arbeitete nächtelang bis zum körperlichen Zusammenbruch an rechtsphilosophischen Essays, die er bald darauf als verfehlt betrachtete und vernichtete. Der Vater verlangte, dass er die vorgeschriebenen juristischen Vorlesungen besuche, doch der Sohn ging nur selten aus dem Haus und vergrub sich in selbst gewählte philosophische Studien. Der Vater bat fast schon flehentlich, per Brief regelmäßig auf dem Laufenden gehalten zu werden, doch an der Schreibunlust des Sohnes änderte sich wenig, wochenlang meldete er sich nicht und schickte, wenn er überhaupt etwas schickte, ein unleserliches »Schreiben ohne Form und Inhalt, ein abgerissenes, nichtssagendes Fragment«[24].

Kurz: Karl Marx zeigte alle Anlagen eines verbummelten Studenten. Heinrich Marx war darüber umso besorgter, als sich sein Sohn in Trier 1836 vor dem Umzug nach Berlin mit Jenny von Westphalen verlobt hatte. Auch dieser Entschluss dokumentiert etwas von dem rebellischen Geist des knapp neunzehnjährigen Studenten, der keine Lust hatte, auf die gesellschaftlichen Spielregeln Rücksicht zu nehmen. Marx stammte zwar aus einer wohlhabenden Familie, aber er war ein Bürgerlicher und seine Braut eine Adelige. Das allein schon hätte in dem Provinzstädtchen Trier für Gesprächsstoff gesorgt. Doch die Altersdifferenz zwischen Marx und der vier Jahre älteren Jenny machte die Verlobung fast schon zum Skandal. Denn in der gehobenen Gesellschaft jener Zeit wurde es als unabdingbar betrachtet, dass ein Mann beruflich auf eigenen Beinen stand und seine Frau standesgemäß versorgen konnte, bevor er sich mit Heiratsabsichten trug. Da eine universitäre Ausbildung langwierig und die Konkurrenz um einträgliche Positionen groß war, hatten Akademiker im 19. Jahrhundert gewöhnlich ein stattliches Alter erreicht, bevor sie an Familiengründung denken durften.

Jenny von Westphalen

Vor allem für Jenny von Westphalen ergaben sich aus der frühen Verbindung mit Karl Marx sehr konkrete Lebensrisiken. Sie war inzwischen zweiundzwanzig und konnte, da ihr Vater durch missglückte Immobilienspekulationen das Familienvermögen weitgehend verloren hatte, mit keiner bedeutenden Mitgift rechnen. Ausbildung oder Arbeit kam für eine Frau ihres Standes nicht infrage. Also blieb ihr nichts anders übrig, als im Elternhaus jahrelang zu warten, bis Marx sein Studium absolviert und eine Stelle gefunden hatte – und sich darauf zu verlassen, dass er sie dann tatsächlich heiratete.

Heinrich Marx bemühte sich eindringlich, dem Sohn die Situation Jenny von Westphalens vor Augen zu stellen und ihn zu einem disziplinierten Studium und frühen Examen zu drängen. Jenny bringe ihm »ein unschätzbares Opfer – sie beweist eine Selbstverleugnung, die nur von der kalten Vernunft ganz gewürdigt werden kann. Wehe Dir, wenn Du je in Deinem ganzen Leben, dies vergessen könntest! Doch jetzt kannst Du nur selbst wirkend eingreifen. Aus Dir muß die Gewißheit hervorgehn, daß troz Deiner Jugend, Du ein Mann seyest, der die Achtung der Welt verdient, sie im Sturmschritte erobert«[25].

Aber von Appellen an das Verantwortungsgefühl ließ sich der Sohn nicht sonderlich beeindrucken. Eine Laufbahn als Jurist reizte ihn immer weniger, stattdessen lockte ihn die Vorstellung, an der Universität zu bleiben und Philosophieprofessor zu werden, was seinen Ausbildungsweg noch weiter verlängert hätte. Dann wieder spielte er, obwohl er Verwaltungswissenschaften im Grunde nicht mochte, mit dem Gedanken an eine »kameralistische Carrière«[26]. Oder vielleicht wäre es – auch diesen Gedanken verfolgt er eine

Weile – reizvoll, als Herausgeber eines Jahrbuchs für Theaterkritik zu reüssieren? Zumeist bewies Heinrich Marx eine beachtliche Nachsicht mit den wechselhaften Plänen seines Sohnes, zog Erkundigungen über entsprechende Berufswege ein, erwog das Für und Wider, entwickelte Karrierestrategien. Er war kein Familientyrann, der seinen unentschlossenen Sprössling auf eine ungeliebte Laufbahn zwang, sondern betrachtete sich eher als lebenserfahrenen Ratgeber, der dem Sohn den Weg zu selbst gewählten Zielen zu ebnen versuchte.

Bis sich 1837 die Situation der Familie in Trier gravierend zu verschlechtern begann und der Ton des Vaters sich verschärfte. Seit Anfang des Jahres fühlte sich Heinrich Marx krank und litt unter Hustenanfällen, die er nicht loswurde. Die Ärzte sprachen von »Gicht-Husten« und empfahlen eine Kur in Bad Ems, der sich Heinrich Marx ergeben unterzog, die aber keine Besserung brachte. Außerdem zeigte der jüngste Sohn Eduard immer deutlichere Symptome der Tuberkulose, konnte schon bald nicht mehr die Schule besuchen und starb schließlich mit elf Jahren im Dezember 1837.

Fünf Tage vor dem Tod des kleinen Eduard riss Heinrich Marx der Geduldsfaden, und er ging per Brief mit dem saumseligen Studenten in Berlin ins Gericht. Doch selbst in dieser Situation konnte oder wollte er die Hochachtung für die Talente seines Ältesten nicht unterdrücken und bescheinigt ihm »Genie«: Schon allein die menschlichen Verpflichtungen der eigenen Familie und der Verlobten gegenüber müssten längst, so schimpfte der Vater, »aus dem verwüderten Burschen einen geregelten Menschen, aus einem negirenden Genie einen gediegenen Denker, aus einem wilden Rädelsführer wüster Burschen einen geselligen Menschen« gemacht haben. Doch wie sehe Karls Leben stattdessen aus?

»Das sey Gott geklagt!!! Ordnungslosigkeit, dumpfes Herumschweben in allen Theilen des Wissens, dumpfes Brüten bey der düsteren Oehllampe; Verwildrung im gelehrten Schlafrock und ungekämmter Haare statt der Verwildrung bey dem Bierglase; zurückscheuchende Ungeselligkeit mit Hintansetzung alles Anstandes und selbst aller Rücksicht gegen den *Vater.*«[27]

Und dieses bohemienhafte Chaos erstreckte sich, wie Heinrich Marx wusste, nicht nur auf das Studium, sondern ebenso auf den Umgang mit Geld. Der Sohn war weder fähig, seine Ausgaben unter Kontrolle zu halten, noch dazu, nachträglich über seine Kosten Rechenschaft abzulegen. Selbst stattliche Beträge verflüchtigen sich mehr oder minder spurlos, sobald sie ihm in die Finger gerieten. Er war kein Verschwender, er schwelgte nicht im Luxus. Vielmehr hatte er schlicht kein Verhältnis zum Geld, Überlegungen zu einem haushälterischen Umgang mit Finanzen waren so etwas wie ein blinder Fleck in seinem Bewusstsein.

Diese Unfähigkeit begleitete Karl Marx zeitlebens und sollte für ihn und seine Familie zur Quelle entsetzlicher Leiden werden. Der große Theoretiker der Politischen Ökonomie war von der Ökonomie des Alltags heillos überfordert. Obwohl das Vermögen seiner Eltern überschaubar war, beharrte er in seiner Vorstellungswelt darauf, sie seien reich genug, um ihn von allen materiellen Sorgen zu befreien. Schon als Student begann er, sobald die ihm vom Vater üppig zugemessenen Mittel erschöpft waren, wahllos Schulden zu machen, Wechsel auszustellen oder von Freunden kleine Kredite zu erbitten, die er danach eher als Geschenke betrachtete. Wenn ihn seine Gläubiger wegen Rückzahlungen unter Druck setzten, lieh er anderswo Geld, um durch neu aufgerissene Löcher die alten notdürftig zu stopfen. Regelmäßig musste er alles, was im Haushalt nicht niet- und nagelfest war, in die Pfandleihe tragen, um wenigstens Miete und Lebensmittel bezahlen zu können. Eine Art des Wirtschaftens, die sich auf Dauer nicht nur als nervenaufreibend und demütigend, sondern vor allem als zeitraubend und der Kreditzinsen wegen als ziemlich kostspielig erwies.

Marx war keineswegs untätig oder faul. Im Gegenteil, er war ein besessener Arbeiter. Seit Studententagen hatte er die Gewohnheit, ganze Nächte lang zu lesen oder zu schreiben. Er hielt sich dabei durch Rauchen wach, selbst wenn er sich nur die billigsten Zigarren leisten konnte und er so seine Gesundheit zusätzlich schädigte. Doch ob und wie er für die Ergebnisse seiner Tätigkeiten bezahlt wurde, ob sie also einen Marktwert hatten oder nicht, kümmerte ihn nur in zweiter Linie, wenn überhaupt. Es ging ihm, positiv ausgedrückt, um die Sache, nicht um materiellen Verdienst. Oder etwas kritischer formuliert: Als Künstlernatur bestand er darauf, ausschließlich seine selbstbestimmten Ziele zu verfolgen, ohne einen Gedanken an die ökonomische Verwertbarkeit dieser Ziele zu verschwenden. Nur ein einziges Mal im Leben bemühte er sich um bezahlte Brotarbeit: Als die Not erdrückend wurde, bewarb er sich um einen Posten als Büroschreiber, doch seine Handschrift war so unleserlich, dass er abgelehnt wurde.

Marx selbst fand in seiner Arbeit eine Zuflucht vor der permanenten materiellen Not, in der er lebte. Natürlich quälte und erschütterte ihn das Elend seiner Familie, aber jenseits von Bittbriefen, Schuldscheinen, Pfandhausgängen oder schlecht bezahlten journalistischen Arbeiten fiel ihm nichts ein, die Armut auch nur zu begrenzen. »Ich bin hier mit meiner famille sans le sou [ohne einen Pfennig]«, schrieb er 1849 aus Paris an einen Freund: »Ich sage Dir daß, wenn mir nicht Hülfe von irgend einer Seite wird, ich perdu [verloren] bin, da [...] schon der letzte Schmuck ins Pfandhaus gewandert ist.«[28] 1858 beklagte er sich bei Friedrich Engels, Jenny habe bereits ihre Shawl und andere Kleidung versetzt, obwohl große Kälte herrschte und sie keine Kohlen mehr hätten: »In der That, wenn dieser Zustand fortdauert, möchte ich lieber 100 Klafter tief unter der Erde liegen, als so fortvegetiren.«[29] 1862 war es dann seine Frau, die angesichts der Schulden lieber sterben möchte: »Meine Frau sagt mir jeden Tag, sie wünschte sie läge mit den Kindern im Grab, u[nd] ich kann es ihr wahrlich nicht verdenken, denn die Demüthigungen, Qualen u[nd] Schrecken, die in dieser Situation durchzumachen sind, sind in der That unbeschreiblich. [...] Ich will gar nicht von der in London wirklich gefährlichen Situation sprechen ohne einen Centime während 7 Wochen zu sein, da dieß sich bei uns chronisch wiederholt.«[30] 1868 zog er die bittere Bilanz: »In ein paar Tagen werde ich 50. [...] Ein halbes Jahrhundert auf dem Rücken und immer noch Pauper!«[31]

Ohne Friedrich Engels wäre Marx spätestens mit Anfang dreißig verloren gewesen. Im englischen Exil wurde die finanzielle Lage für die beiden Freunde schnell schier aussichtslos. Also entschloss sich Engels 1850 schweren Herzens, von London ins ungeliebte Manchester umzuziehen, um eine Stelle im Büro der Textilspinnerei *Ermen & Engels* anzunehmen, an der sein Vater Anteile hielt. Von diesem Zeitpunkt an unterstützte er Marx und dessen Familie jahrzehntelang, ja noch über Marx' Tod hinaus, mit bewundedungswürdiger Selbstlosigkeit. Als Engels' Gehalt zu Beginn noch niedrig war, scheute er nicht davor zurück, für den Freund zu stehlen: Er zweigte kleinere Beträge aus der Firmenkasse ab, schnitt die Geldscheine durch und schickte die jeweiligen Hälften in getrennten Briefumschlägen nach London, wo Karl und Jenny Marx jedem Penny förmlich entgegenfieberten. Nachdem ihm sein Vater später ein höheres Einkommen sowie einen zusätzlichen Etat für Repräsentationszwecke bewilligte, ging Engels zu regelmäßigen Überweisungen über und setzte Marx schließlich, als er 1870 zum vermögenden Privatier wurde, eine respektable Jahresrente aus.

So brutal Marx' Geldnot war, so brutal war auch sein Umgang mit ihr. Er hatte nichts von einem charmanten Schnorrer oder filouhaften Lebenskünstler. Der ständige Mangel machte ihn rücksichtslos und selbstgerecht. Gläubiger, die geliehenes Geld zurückforderten, nannte er »Schufte«, »Esel«, »Rotte«. Verwandte, die ihm nicht den Gefallen taten, rechtzeitig zu sterben, um ihm ihr Vermögen zu hinterlassen, waren für ihn »Erbschaftsverhinderer«. Als er nicht einmal mehr aus dem Haus gehen konnte, weil er alle Gehröcke ins Pfandhaus gebracht hatte, stöhnte er in einem Brief an Engels: »Das alles ist nun Scheisse, aber ich fürchte, daß der Dreck einmal im Scandal endet.« Die einzige gute Nachricht habe er von seiner Schwägerin erhalten, »die Nachricht von der Krankheit des unverwüstlichen Onkels meiner Frau. Stirbt der Hund jezt, bin ich aus der Patsche heraus.«[32] Als dessen Tod dann drei Jahre später eintrat, registriert Marx das als »a very happy event«. Da es unter seinen Angehörigen und denen seiner Frau mehrere begüterte Onkel, Tanten oder sonstige Verwandte gab, richteten sich Marx' Hoffnungen immer wieder auf solche kleineren oder größeren Hinterlassenschaften, die mit einem Schlag seine Geldprobleme lösen würden. Er lebte, wie sein Biograf Richard Friedenthal einmal notierte, im Bewusstsein ständiger Erwartung sowohl eines großen, alle Not beseitigenden Erbes als auch einer großen, alle Not beseitigenden Revolution. In beiden Fällen, so erwartete er, werde ein Dasein in Freiheit auf ihn warten und ohne Zwang zum Gelderwerb.[33]

Nach dem zornigen Schreiben an seinen Sohn vom Dezember 1837 bleibt Heinrich Marx nicht mehr viel Zeit. Die beiden versöhnen sich brieflich wieder, und Karl Marx reist im Frühjahr 1838 von Berlin nach Trier, um seine Verlobte Jenny zu sehen, vor allem aber, um seinen Vater am Krankenbett zu besuchen. Drei Tage nachdem er sich auf den Rückweg gemacht hat, stirbt Heinrich Marx am 10. Mai 1838. Als der Sohn wieder in Berlin ankommt, erhält er die Nachricht vom Tod des Vaters, die ihn schwer erschüttert.

Kurz darauf beginnen die ersten Misshelligkeiten zwischen ihm und seiner Mutter wegen des Nachlasses und entwickeln sich schnell zu einem ernsten Konflikt. Der Sohn bestürmt Henriette Marx, ihm seinen Anteil am Familienbesitz auszuzahlen. Doch laut Ehevertrag gehört ein Gutteil davon der Mutter, und den Rest des Vermögens versucht sie zusammenzuhalten, da sie für jede ihrer vier Töchter eine Mitgift braucht. Schließlich lässt sie ihrem Ältesten 160 Taler für das Studienjahr 1838 zukommen, dazu 950 Taler als seinen Anteil an dem väterlichen Erbe sowie einen Vorschuss auf ihren eigenen künftigen Nachlass, auf den er erst nach ihrem Tod Anspruch hätte. Alles in allem ein kleines Vermögen, mit dem ein gewöhnlicher Student Jahre auskommen könnte. Doch Marx' Talent zur Misswirtschaft lässt die Geldsumme rasch schrumpfen. So setzt sich der Erbschaftsstreit mit der Mutter, die er bald nur noch seine »Alte« nennt, schon kurz darauf wieder fort und endet erst, als Henriette Marx 1863 stirbt.

Nach dem Tod des Vaters verabschiedete sich Marx bald vom Jurastudium und widmete sich fast ausschließlich der Philosophie. Dem Vorbild vieler romantischer Schriftsteller entsprechend, stellte er noch aus bereits bestehenden Lyrik-Sammlungen ein Konvolut von Volksliedern zusammen und schickte es nach Trier zu Jenny von Westphalen, um sie seiner fortwährenden Liebe zu versichern. Doch weiter reichten seine ehemals so hohen literarischen Ambitionen nicht mehr.

Der prägende, alle anderen überstrahlende Philosoph jener Jahre war Georg Wilhelm Friedrich Hegel. Er hatte von 1818 bis zu seinem Tod 1831 an der Berliner Universität gelehrt. Obwohl er nur stockend und um Worte ringend sprach, entwickelten seine Vorlesungen eine enorme Anziehungskraft. Nicht nur Studenten aller Fakultäten strömten regelmäßig in seinen Hörsaal, sondern ebenso die intellektuellen und politischen Eliten der Stadt: Ministerialbeamte, Militärs, gebildete Bürger, liberale Adelige, Künstler. Denn Hegel versprach nicht weniger, als das gesamte Wissen und Denken der Menschheit neu zu strukturieren und in eine umfassende, vernünftige Ordnung zu bringen.

Damit kam er einem fundamentalen Bedürfnis seiner Zeit entgegen. Spätestens mit der Französischen Revolution war die alte, auf religiösen Gewissheiten beruhende Weltordnung fragwürdig geworden. Die Ideen der Aufklärung, die zunehmende Wertschätzung des Individuums sowie das wachsende Freiheitsbedürfnis des Einzelnen unterminierten die traditionellen Sinnangebote des Ancien Régime. Die einheitsstiftende Kraft des Glaubens war nicht erschöpft, aber nachhaltig relativiert worden. Was auch politische Folgen hatte: So wirkten etwa die fortgesetzten Versuche nach dem Wiener Kongress, absolute Monarchien weiterhin als Herrschaft von Gottes Gnaden zu rechtfertigen, unzeitgemäß und fadenscheinig.

Sowohl Hegel als auch die Romantiker um Friedrich und August Wilhelm Schlegel gehörten zu den ersten Denkern, die auf diesen Umbruch reagierten. Sie suchten Wege, die entstandene Leerstelle durch eine andere zentrale Sinninstanz zu ersetzen. Denn das Erschrecken vor den Gedanken an eine Existenz ohne jede metaphysische Geborgenheit, wie es aus Marx' Gedicht »Menschenleben.« spricht, war groß und erschütterte viele Zeitgenossen bis in den Kern ihrer Persönlichkeit. Unabhängig voneinander entwickelten Friedrich Schlegel und Hegel die Vorstellung einer, wie es bei beiden wortgleich heißt, »neuen Mythologie«, die als ideelle Grundlage der sozialen Gemeinschaft dienen könne. Gemeint war damit nicht ein künstlich geschaffenes Glaubenssystem, wohl aber eine verbindende Sphäre, durch die ein neuer universaler geistiger Zusammenhang begründet werden sollte. Die Quelle dieser neuen Mythologie sei, so Schlegel, in den »tiefsten Tiefen des Geistes« und im »Idealismus«[34] zu finden, beziehungsweise sie müsse, so der junge Hegel, »im Dienste der Ideen stehen« und werde »eine Mythologie der *Vernunft*«[35] sein.

Beide antworteten so auf das zu ihrer Zeit deutlich empfundene Bedürfnis nach einer verbindenden und verbindlichen Sinnstiftung, die aber nicht hinter die intellektuellen Ansprüche der Aufklärung zurückfiel. »Diese im Mythos vollzogene Vereinigung der *einzelnen* Individuen mit ihrer *besonderen* politischen Gemeinschaft im Horizont einer *allgemeinen* kosmischen Ordnung«, heißt es bei Jürgen Habermas mit Blick auf Hegel, »soll die Philosophie unter Bedingungen wiederherstellen, die mit den modernen Ideen der Freiheit und der vollständigen Individualität der Einzelnen inzwischen gesetzt sind.«[36] Auch wenn sich die Wege von Romantik und Hegel'scher Philosophie bald schon trennten, waren sie sich in ihrem Ansatz sehr nahe.

Als Marx von Bonn an die Berliner Universität wechselte, war Hegel bereits fünf Jahre tot, doch die Vorherrschaft seines Denkens noch ungebrochen. Der reformfreudige preußische Kultusminister Karl vom Stein zum Altenstein, selbst ein liberaler Anhänger Hegels, hatte dessen Schüler bevorzugt auf Lehrstühle und Dozentenstellen berufen. Zunächst war Marx skeptisch und machte sich in mehreren Epigrammen über Hegels abstrakte, oft verschwommene Begrifflichkeit lustig: »Alles sag' ich euch ja, weil ich ein Nichts euch gesagt!«[37] Doch schließlich gab er seinen Widerstand auf, studierte »Hegel von Anfang bis Ende« und »kettete« sich, wie er als mittlerweile Neunzehnjähriger schrieb, immer fester »an die jetzige Weltphilosophie«[38].

Zu Hegels Grundüberlegungen gehört, »Geist« bzw. »Vernunft« nicht als etwas Statisches zu betrachten, sondern als etwas Dynamisches, das sich in ständiger Entwicklung befindet: Erkenntnisse nehmen zu und schärfen sich im Konflikt der konkurrierenden Positionen und Gegenpositionen. Ein Vorgang, den man sich nach Hegel allerdings nicht als harmlose Rivalität vorstellen soll, sondern als radikalen Vernichtungskampf zweier widerstreitender Kräfte, These und

Antithese, die sich in ihrer unerbittlichen Konfrontation gegenseitig auslöschen und in diesem vernichtenden Akt zugleich eine komplexere Synthese hervorbringen, in der die vorangegangenen schlichteren Positionen aufgehoben sind. Da die Synthese als eine These auf höherem Niveau betrachtet werden kann, die wiederum eine Antithese herausfordert, setzt sich dieser Prozess des dialektischen Erkenntnisgewinns weiter und weiter fort.

Diesen Dreischritt der Höherentwicklung glaubte Hegel in jedem Lebensbereich, von den winzigsten atomaren Vorgängen in der Chemie über die Wissenschaft oder die Kunst bis hin zur Bewegung der gesamten Geschichte ausmachen zu können. Da er sich zudem als ein Idealist reinsten Wassers weigerte, eine wesenhafte Trennung zwischen Geist und Materie anzuerkennen, war für ihn die materielle Geschichte zugleich als Geschichte des Geistes zu betrachten und in diesem Sinne neu zu schreiben. Die verschiedenen Nationen waren in seinen Augen nicht Repräsentanten, sondern buchstäblich die Verkörperungen von sich entwickelnden Ideen, und in den Kriegen dieser Nationen wurden die Konflikte zwischen Thesen und Antithesen sichtbar, die letztlich die inneren Konflikte des ewigen und universellen Geistes sind. Hegel machte so jede Epoche, jeden historischen Vorgang und jeden Aspekt des Denkens zu einem Baustein seiner Philosophie, mit der er das allmähliche Fortschreiten der Geschichte zu immer höherer Vernunft nachweisen wollte.

Er ging so weit, selbst im Bewusstsein das dialektische Entwicklungsschema zu entdecken. Das Charakteristische des menschlichen Bewusstseins sei, dass es sich seiner selbst bewusst werden könne. Auf einer ersten kindlichen Stufe (These) erreiche das Bewusstsein noch wenig Klarheit. Es befinde sich in einem gleichsam träumerischen Stadium, in dem es kaum zum Bewusstsein seiner selbst komme. Dieses Selbstbewusstsein entwickelt sich, so Hegel, erst auf einer zweiten Stufe (Antithese): Das Bewusstsein registriert sich selbst als Bewusstsein, steht sich selbst gegenüber und nimmt sich gewissermaßen als etwas Fremdes war. In der Selbstbegegnung des Bewusstseins liege zugleich eine Selbstentfremdung: Das Ich teile sich in ein Ich, das wahrnehme, und ein Ich, das vom Ich wahrgenommen werde. Auf einer dritten Stufe (Synthese) schließlich begreife das Bewusstsein, dass es identisch sei mit seinem wahrgenommenen Selbstbewusstsein, überwinde so die zuvor empfundene Entfremdung und versöhne sich mit sich selbst in einem höheren Grad der Selbsterkenntnis.

Diese Stufenfolge überträgt Hegel auf den göttlichen Geist. Auch ihn betrachtet er als ein werdendes Selbstbewusstsein, nicht als etwas seit aller Ewigkeit Vollkommenes – was Hegels Vorstellung von Gott deutlich vom christlichen Gottesbegriff unterscheidet. Letztlich ist in Hegels idealistischem Denken die Welt samt ihrer geschichtlichen Entfaltung nichts anderes als die Art und Weise, in der sich Gott, den Hegel den »absoluten Geist« nannte, in seiner Entwicklung darstellt. Nach einer ersten Phase, in der dieser Geist nur träumt, kommt er in einer zweiten Phase zu Selbstbewusstsein und damit zur Selbstentfremdung: Er spaltet sich auf in das Wahrnehmende und das Wahrgenommene. Dies ist nach Hegels Ansicht nichts anderes als die Phase, in der uns die Welt vor Augen tritt. Im Stadium der Selbstentfremdung des Göttlichen teilt sich auf, was wesenhaft eins ist: der Geist, der wahrnimmt, und die materielle, objektive Welt, die wahrgenommen wird. Erst wenn in der nächsten, der höchsten Stufe der Geist die Identität dieser beiden Aspekte zu begreifen beginnt, wird die Trennung geheilt, und der Geist kehrt als absoluter Geist zu sich selbst zurück. Diese Aufspaltung und Rückkehr zu sich selbst sei, schrieb Hegel, die »Tragödie«, die »das Absolute ewig mit sich selber spielt, – dass es sich ewig in die Objektivität gebiert, in dieser seiner Gestalt [...] sich dem Leiden und dem Tode übergibt und sich aus der Asche in die Herrlichkeit erhebt. Das Göttliche in seiner Gestalt und Objektivität hat unmittelbar eine gedoppelte Natur, und sein Leben ist das absolute Einssein dieser Naturen.«[39] Hegel sah in seiner Arbeit nichts anderes als die ungeheure Aufgabe, die gesamte Wirklichkeit, Geschichte und Wissenschaft nach diesen Vorstellungen zu durchdenken und so den Geist zur Selbsterkenntnis und zur Identität mit sich selbst zu führen. Folglich fände, so meinte Hegel, mit seinem Werk die Philosophie zu ihrem natürlichen Abschluss, die Geheimnisse der Welt seien endgültig enträtselt.

Für unsere zeitgenössische, durch die Naturwissenschaften geprägte Vorstellungswelt klingt das alles hochspekulativ und wenig plausibel. Doch im ersten Drittel des 19. Jahrhunderts, das zumal in Deutschland stark vom idealistischen Denken geprägt war, entwickelte Hegels Philosophie eine fulminante Überzeugungskraft. Nicht zuletzt weil sie ein System entwarf, in dem schlichtweg alles und jeder seinen Platz fand, ein System, das eine umfassende, quasi-religiöse Weltordnung versprach, die durch Vernunft zu immer höherer Erkenntnis fortschritt und dabei ohne irrationale Kategorien des Glaubens auskam. Auch aus staatlicher Perspektive bot Hegel wenig Anlass zum Widerspruch: Da sich nach seinem Denkmodell auch die politischen Institutionen im Zeichen der Vernunft fortentwickelten, ließ sich die absolute Monarchie, die in Preußen herrschte, als ein krönender Schlusspunkt im geschichtlichen Wandel der Herrschaftsformen betrachten. Eine Deutung, der Hegel zumindest nicht ausdrücklich widersprach und die sein Denken für ein bis zwei Jahrzehnte fast in den Rang einer preußischen Staatsphilosophie beförderte.

Mit dem Tod Friedrich Wilhelms III. und der Machtübernahme des Sohnes Friedrich Wilhelm IV. 1840, dem zunächst eine liberalere Haltung als seinem Vater nachgesagt wurde, änderte sich allerdings das politische Klima Preußens. Kultusminister Karl vom Stein zum Altenstein, der Hegel und seinen Schülern sehr gewogen gewesen war, hatte bereits zwei Jahre zuvor sein Amt verloren. Für den neuen König, der sich der protestantischen Erweckungsbewegung zurechnete, spielten religiöse Fragen eine ungleich größere Rolle, und so fiel auch Hegels Distanz zum christlichen Gottesbegriff zunehmend ins Gewicht. Parallel dazu machte Friedrich Wilhelm IV. die Hoffnung vieler Untertanen auf eine Verfassung für Preußen, die sein Vater mehrfach dem Land zu geben versprochen hatte, zunichte: Er fühle sich, bekannte er, ganz und gar von Gottes Gnaden und eine Verfassung würde sein Königtum zu einer Fiktion, einem abstrakten Begriff degradieren.

Für Karl Marx, der in dieser Zeit bereits an seiner Dissertation arbeitete, klang das wie ein absurder Rückschritt, wie eine Umkehr in eine intellektuell längst überwundene Vergangenheit. Vor dem Hintergrund der Vernunft- und Fortschrittsphilosophie Hegels wirkten die Vorstellungen des Königs geradezu lächerlich antiquiert. Marx traf sich inzwischen häufiger mit Dozenten und anderen Intellektuellen in einem sogenannten »Doctorklubb«[40], in dem nicht nur über Hegel'sche Theorien, sondern auch über politische Fragen diskutiert wurde. Die Zentralfiguren dieser Zusammenkünfte waren Bruno Bauer, Dozent der Theologie, der sich 1840 und 1841 mit zwei Büchern als führender Bibelkritiker profilierte, und Arnold Ruge, früher Philosophiedozent an der Universität Halle und inzwischen freier Schriftsteller und Zeitschriften-Herausgeber. Zu dem Kreis zählten aber auch Edgar und Egbert Bauer, die Brüder von Bruno Bauer, dazu Max Stirner, der einen radikalen philosophischen Individualismus vertrat, sowie einige Journalisten, darunter Adolf Rutenberg, Karl Friedrich Köppen, Ludwig Buhl und Eduard Meyen, die bald schon in Marx' Leben als Zeitungsredakteur eine Rolle spielen würden.

Karl Marx war deutlich jünger als fast alle übrigen, erwarb sich aber mit Belesenheit, scharfem Intellekt und seiner polemischen Rhetorik schnell Respekt. Die Gruppe traf sich nicht in der Universität, sondern in Cafés oder Bierkellern. Die Diskussionen sollte man sich nicht akademisch steif, sondern ziemlich temperamentvoll, vielleicht sogar chaotisch vorstellen. Zugespitzte Kritik bis hin zu hemmungslosem Streit gehörten bei diesen Schülern Hegels, bald schon Junghegelianer genannt, zum guten Ton, war doch nach Hegelschen Grundüberzeugungen eine Annäherung an die Wahrheit nur durch den radikal ausgetragenen Konflikt zwischen Thesen und Antithesen möglich. In einem Brief schilderte Arnold Ruge eine seiner Begegnungen mit Bruno Bauer und den anderen: Sie »schrien, schimpften und prügelten sich in der Weinstube und als ich nun fortging [...] fielen sie nahezu auch über mich her. All dies finden sie genial und frei.«[41] Friedrich Engels, der später einmal, und ohne Marx zu treffen, an einem der alkoholseligen Abende teilnahm, hat seine Erinnerungen an das Trinkgelage in einer Karikatur festgehalten: Der Tisch übersät mit halb leeren Weinfaschen und umgestürzten Gläsern, ein Stuhl liegt auf dem Boden, inmitten eines Tumultes geht Bruno Bauer mit erhobenen Fäusten auf Arnold Ruge los, während ihnen Max Stirner gleichgültig rauchend zuschaut.

In dieser munteren Atmosphäre fühlte sich der inzwischen einundzwanzigjährige Marx zunächst noch wohl, sie kam seiner antibürgerlichen Künstlermentalität entgegen. Aber schon zwei, drei Jahre später distanzierte er sich als gutbürgerlich bestallter Redakteur entschieden davon. Die meisten Debatten dürften sich um religionskritische Themen gedreht haben. Einerseits reizten die reaktionäre Politik und die demonstrative Frömmigkeit des neuen Königs den oppositionellen Geist der Gruppe. Andererseits verschärfte sich – angeregt durch Hegels Geschichtsphilosophie, die jede Epoche samt ihren kulturellen Zeugnissen aus ihren historischen Zusammenhängen heraus zu begreifen suchte – die textkritische Haltung zur Bibel, die seit der Aufklärung des 18. Jahrhunderts schwelte. Im Grunde leisteten die Junghegelianer damals für das Christentum, was heute oft in westlichen Ländern vom Islam gefordert wird, nämlich die Heiligen Schriften wie jede andere schriftliche Quelle mit wissenschaftlichem Blick einer historisch-kritischen Analyse zu unterziehen. Diese Untersuchungen ernüchterten den Blick auf die christlichen Glaubensinhalte stark. In den Arbeiten Bruno Bauers, aber auch dem seinerzeit sehr erfolgreichen Buch *Das Leben Jesu, kritisch bearbeitet* von David Friedrich Strauß wurden die biblischen Geschichten nicht mehr als authentisches historisches Geschehen behandelt, sondern als Mythen mit einem recht fragwürdigen Ursprung. Ludwig Feuerbach schließlich beschrieb in typisch Hegel'schen Begriffen alle Religionen einschließlich des Christentums als Resultate eines entfremdeten Selbstbewusstseins der menschlichen Gattung: Die besten menschlichen Eigenschaften wie Güte, Barmherzigkeit oder Liebe würden auf eine transzendente Gottheit projiziert und so zum Gegenstand der Anbetung. Nicht Gott schuf den Menschen nach seinem Bilde, so Feuerbachs Resümee, sondern der Mensch schuf Gott nach seinem Bilde.

Mit ihrem religionsskeptischen Furor brachte sich die ganze Generation der Junghegelianer um ihre Karrierechancen. Unter der Herrschaft von Friedrich Wilhelm IV. war an Universitäten und in öffentlichen Ämtern Preußens kein Platz für Atheisten und Kritiker des Christentums. Keiner von ihnen erhielt je eine Professur, viele ihrer Bücher wurden verboten. Marx hatte für seine Dissertation ein vergleichsweise harmloses philosophiehistorisches Thema gewählt: *Differenz der demokritischen und epikureischen Naturphilosophie*. Damit hätte er sich die Aussichten auf ein akademisches Lehramt sicher nicht verbaut. Doch zum einen war die Arbeit stark durch Hegel'sche Denk- und Argumentationsmuster geprägt, zum anderen wurde ihm seine freundschaftliche Nähe zu Bruno Bauer zum Verhängnis.

Kultusminister Stein zum Altenstein hatte, kurz bevor er sein Amt 1838 abgeben musste, Bruno Bauer noch eine Stelle als Theologie-Dozent an der Universität Bonn verschafft, wo er bessere Perspektiven auf eine Professur hatte als in Berlin. Schon bald nachdem Bauer seine Tätigkeit in Bonn aufnahm, drängte er Marx, die Dissertation fertigzustellen, da er Möglichkeiten sah, ihm in Bonn zu einer Dozentenstelle zu verhelfen und ihn, sobald er selbst einen Lehrstuhl erhalten hatte, zu habilitieren. Doch Marx, der zeitlebens nie in Verlegenheit war, Manuskripte zu beginnen, aber immer große Schwierigkeiten hatte, sie zum Abschluss zu bringen, brauchte noch bis zum Frühjahr 1841, um die Arbeit zu beenden. Inzwischen hatte sich das politische Klima so stark verändert, dass die Dissertation an der Universität in Berlin chancenlos war. Zudem hatte Marx die maximale Studiendauer von vier Jahren überschritten und war exmatrikuliert worden. Also entschied er sich, seine Arbeit jenseits der preußischen Grenzen an der Universität Jena in Thüringen einzureichen. Mit einem Brief vom 6. April 1841 schickte er sie ab, am 15. April verlieh ihm die dortige Philosophische Fakultät aufgrund eines fabelhaften Gutachtens des Dekans Carl Friedrich Bachmann den Doktortitel. Bedenkt man den Postweg, blieb der Universität also gerade eine Woche, um die Arbeit zu prüfen. Angesichts dieser Frist wurde Dekan Bachmann später nicht selten verdächtigt, er habe die Arbeit allenfalls überflogen. Doch solche Bedenken sind letztlich läppisch, denn an Marx' herausragenden Fähigkeiten als Philosoph können keine Zweifel bestehen.

Frisch promoviert machte sich Marx – nach einem sechswöchigen Zwischenstopp in Trier bei der Familie und bei Jenny von Westphalen – endlich auf den Weg nach Bonn. Welchen Eindruck er dort schon bei seiner Ankunft machte, deutet ein Brief des sechs Jahre älteren Schriftstellers und Journalisten Moses Hess an. Hess war Sohn eines jüdischorthodoxen Kaufmanns und späteren Fabrikanten. Als er Marx 1841 in Köln bei Diskussionen mit anderen Junghegelianern kennenlernte, hatte er bereits zwei Bücher geschrieben, in denen er als einer der ersten deutschen Publizisten dezidiert sozialistische Thesen vertrat. Marx dagegen konnte allenfalls auf seine unpublizierte Dissertation verweisen. Dennoch ging Hess in einem Brief an einen Freund vor dem jüngeren Ankömmling förmlich in die Knie: »Du kannst Dich darauf gefasst machen, den größten, vielleicht den *einzigen* jetzt lebenden *eigentlichen Philosophen* kennenzulernen, der nächstens, wo er öffentlich auftreten wird (in Schriften sowohl als auf dem Katheder), die Augen Deutschlands auf sich ziehen wird. [...] Dr. Marx, so heißt mein Abgott, ist noch ein ganz junger Mann [...]; er verbindet mit dem tiefsten philosophischen Ernst den schneidendsten Witz; denke Dir Rousseau, Voltaire, Holbach, Lessing, Heine und Hegel in einer Person *vereinigt*, ich sage vereinigt, nicht zusammengeschmissen – so hast Du Dr. Marx.«[42] Auch wenn es Hess mit diesem schwärmerischen Lob erkennbar übertrieb, lässt sein Brief ahnen, welchen immensen Eindruck Debatten mit dem gerade erst dem Studenten-Status entwachsenen Marx auf seine Gesprächspartner gemacht haben müssen.

Im folgenden Jahr, in dem Marx sich die Möglichkeit zu einer akademischen Karriere verbaute, spielte Bruno Bauer eine zwiespältige Rolle. Erst bestürmte er Marx, die unverhohlen atheistische Vorrede seiner Dissertation zu streichen, um der preußischen Kultusbürokratie keine Angriffsflächen zu bieten. Doch als Marx dann im Juli 1841 in Bonn eintraf, entpuppte sich Bauer als weit weniger vorsichtig: Gemeinsam schockierten sie die gutbürgerliche Gesellschaft Bonns mit wüsten Besäufnissen wie zu Zeiten des »Doctorklubbs«

oder mit Gelächter in der Kirche. Bauer nahm an einer von den preußischen Behörden unerwünschten Feier für den liberalen Rechtswissenschaftler Theodor Welcker teil und publizierte eine dreibändige *Kritik der evangelischen Geschichte der Synoptiker*, in der er das Leben Jesu als literarische Fiktion darstellte. Schließlich mieteten sich Bauer und Marx in den Ostertagen 1842 in Godesberg bei Bonn zwei Esel und ritten auf ihnen durch den Ort, womit sie unübersehbar den Einzug Jesu in Jerusalem parodierten. Der Skandal war da, Bauer verlor seine Dozentenstelle, und Marx war zusammen mit ihm kompromittiert, an eine Habilitation war nicht mehr zu denken. Der Gedanke, welchen Lebensweg Marx, der von seinem Naturell her viel eher Gelehrter als Politiker war, möglicherweise eingeschlagen hätte, wenn ihm Preußen eine Professur ermöglicht hätte, ist reizvoll, aber letztlich eine müßige Spekulation.

Sechseinhalb Jahre nachdem er aus Trier aufgebrochen war, hatte Marx einen Doktortitel und einen exzellenten Ruf unter den junghegelianischen Intellektuellen des Landes erworben. Ansonsten aber stand er mit leeren Händen da: ohne Einkommen, ohne Vermögen oder konkrete Berufsaussicht.

Algier III: Die große Faust

Es war die linke Seite, die schmerzte. Schon beim Atmen tat sie weh, erst recht natürlich sobald er husten musste. Der Husten verschlimmerte sich von Tag zu Tag. Er wurde das Gefühl nicht los, die linke Brust sei unwiederbringlich verdorben durch die Krankheit.

Drei Tage lang hatte das Wetter Gnade mit ihm gehabt, der Himmel war azurblau, die Temperaturen frühlingshaft lau, kaum ein Wind zu spüren. Gleich nach dem Aufstehen ging er für ein paar Minuten auf die Galerie vor seinem Zimmer, um das Panorama mit Algier, dem Hafen und der Bucht zu genießen. Die Stadt lag dann blendendweiß in der Morgensonne, das Meer erstreckte sich ruhig und silbrig flimmernd bis zum Horizont. Er sah den kleinen Booten der Fischer nach, die nicht weit hinausruderten, bevor sie ihre Netze auswarfen. Landschaften hatten in seinem Leben nie eine große Rolle gespielt, er hatte seinen Kopf für andere, für wichtigere Dinge gebraucht. Doch jetzt war plötzlich Zeit da, viel Zeit und dieser Anblick, die Luft, der Garten ergaben eine geradezu schmerzlich schöne Mischung.

Nach dem Frühstück machte er, wie Dr. Donkin es verfügt hatte, einen Spaziergang entlang der Gärten, die den Weg den Hang hinauf und hinab säumten. Er achtete darauf, nicht zu viel zu steigen, sondern ruhig zu gehen, er wollte nicht schwitzen. Überall sah er Baustellen: Die alten, einfachen, schmucklosen Häuser der Mauren wurden abgerissen und neue, moderne Villen gebaut. Die meisten im europäischen Stil, manche mit ein paar orientalischen Verzierungen. An einigen Straßenbäumen hingen offizielle Bekanntmachungen der Gemeinde Mustapha, unterzeichnet vom Bürgermeister, der zu seiner Verblüffung keinen französischen oder arabischen Namen hatte, sondern einen deutschen.

Auch der Arzt, der regelmäßig zu Gästen der Pension *Victoria* kam, trug einen deutsch klingenden Namen: Dr. Charles Stéphann. Er sei, versicherte man ihm, der beste Arzt von Algier, ein Außerordentlicher Professor der medizinischen Fakultät der Stadt, dem man gleich zwei Lehrstühle anvertraut hatte. Es war ein Mann Anfang vierzig mit lichtem Haar, Schnäuzer und Kinnbart. Ein Zwicker verlieh seinem sanftmütigen Gesicht einen strengen Zug.

Was ihn an diesem Mediziner gleich bei der ersten Begegnung beeindruckte, waren seine Energie und Gründlichkeit. Obwohl es Sonntag war, kam er zum Hausbesuch in die Pension, da er sich Sorgen machte um den Zustand des blassen jungen Mannes aus Paris, Armand Magnadère, der kaum noch sein Zimmer verließ und schon seit Tagen nicht mehr an den gemeinsamen Mahlzeiten mit den anderen Gästen teilnahm.

Nachdem die Visite bei Monsieur Magnadère beendet war, bat er Dr. Stéphann um eine Konsultation, schilderte ihm in knappen Sätzen seine Krankengeschichte, seine Schlaflosigkeit und die Schmerzen in der linken Brust. Der Arzt war ohne Umschweife zu einer Untersuchung bereit, bat ihn im Zimmer den Oberkörper frei zu machen, klopfte und horchte die Brust sehr sorgfältig ab, forderte ihn mehrfach auf zu husten, fühlte nach Fieber und ließ sich die Schmerzen genau beschreiben, horchte die Brust dann noch einmal ab und legte die Stirn in Falten.

Pleuritis lautete seine Diagnose, Rippenfellentzündung, wie schon im November in London. Ein Rückfall. Ausgelöst vermutlich durch die Kälte im Zug auf dem Weg nach Marseille oder während der Überfahrt nach Algier. Vor allem die Flüssigkeit, die sich durch die Entzündung zwischen verschiedenen Schichten des Rippenfells gebildet habe, müsse bekämpft werden, entschied Dr. Stéphann. Sie enge die Lunge ein und behindere ihre Funktion. Er werde ihm Zugpflaster mit Collodion cantharidal verschreiben müssen, die Therapie sei leider schmerzhaft und lästig, aber unumgänglich. Dazu ein Arsenpräparat, in Wasser aufzulösen und zu jeder Mahlzeit einzunehmen. Sowie einen hustenlösenden Kodein-Trank, der ihm vor allem nachts mehr Ruhe und Schlaf verschaffen sollte. Ruhe sei jetzt das Wichtigste. Deshalb: keine großen körperlichen oder geistigen Belastungen. Allenfalls kleine Spaziergänge und Lesen nur zur Zerstreuung.

Er fühlte sich erleichtert, dass der Arzt die Therapie so entschlossen in seine Hände nahm. Dr. Stéphann war offensichtlich kein Provinz-Mediziner, kein leutseliger Kurarzt. Die Behandlung mit Zugpflastern kannte er schon von Dr. Donkin. Eine grünliche, stark ätzende Paste wurde mit dem Pinsel auf die Brust oder den Rücken aufgetragen und mit einem Stück Leinwand abgedeckt. Damit die Leinwand nicht verrutschte, klebte der Arzt sie mit Pflasterstreifen fest. Die Paste brannte heftig auf der Haut. Nach mehreren Stunden bildeten sich mit Flüssigkeit gefüllte Blasen. So sollte das Wasser dem Rippenfell entzogen werden. Als Dr. Donkin das erste Zugpflaster von seiner Brust löste, hatte er den Eindruck, auf ein Wassermelonenfeld en miniature zu schauen, lauter grüne, prall gefüllte Pusteln. Sie mussten aufgeschnitten werden, um die Flüssigkeit zu entfernen. Die neue Haut darunter war hellrot und vorerst noch so empfindlich, dass die Behandlung an derselben Körperstelle nur im Abstand mehrerer Tage oder einer Woche wiederholt werden konnte.

Gleich am nächsten Tag brachte er die Rezepte, die ihm Dr. Stéphann ausgestellt hatte, zum Apotheker nach Algier. Leider blies ein Sturm das gute Wetter schon wieder davon und setzte sich fest über der Stadt. Es wurde so kalt, dass er die Pension nur noch mit seinem Londoner Rhinozerosüberrock verließ und selbst im Haus einen leichten Mantel trug. Andere Gäste gingen gar nicht mehr vor die Tür. Alle sprachen ehrfürchtig von »la tempête« wie von einer göttlichen Gewalt. Eingeschüchtert vom Heulen des Windes, das manchmal von Donner und Blitzen untermalt wurde, rückte die kleine Gemeinschaft der *Victoria* enger zusammen. Der junge Apotheker Maurice Casthelaz, der mit seiner Mutter zwei der Zimmer bewohnte, erklärte sich bereit, ihm bei der Behandlung mit den Zugpflastern behilflich zu sein. Eine solche Hilfe war, zumal wenn es um die Behandlung des Rückens ging, unumgänglich. Dr. Stéphann gab Casthelaz bei seiner nächsten Visite Anweisungen, wie er mit der grünen Paste, mit Pinsel und Leinwand umzugehen hatte, und der junge Mann stellte sich bei den verschiedenen Prozeduren des Einpinselns, Verpflasterns und des Aufstechens der Bläschen als geschickt und überaus taktvoll heraus.

Blut! Plötzlich war Blut im Taschentuch. Schon häufig hatte er beim Husten scheußlichen Auswurf gehabt. Doch jetzt war der Auswurf rot, das ganze Taschentuch war rot. Dazu der elende Geschmack nach Blut. Er musste ununterbrochen husten, es schien gar nicht mehr aufhören zu wollen.

Er schickte dem Arzt eine Benachrichtigung. Dr. Stéphann kam sofort und verbannte ihn ins Bett: keine unnötige Bewegung, nicht sprechen, kein überflüssiges Wort. Dazu heiße Fußbäder und hoch dosierte Medikamente, die Dr. Stéphann umgehend durch einen Boten aus Algier holen ließ.

Dennoch nahmen Husten und Blutspucken weiter zu. Beides war nicht zu stoppen oder auch nur einzudämmen, drei schwarze Tage lang. Es war, als würde seine Brust von einer riesigen Faust zusammengepresst und durchgeschüttelt. An Schlaf war nicht zu denken, zwischen den Anfällen nickte er kurz ein, dann schreckte er hustend wieder hoch und rang keuchend nach Luft. Am schlimmsten waren die Nächte, er horchte auf den Sturm, starrte ins dunkle Zimmer und dachte an Jenny, diese besten Jahre seines Lebens. Der Arzt kam täglich, prüfte das Fieber, verschrieb neue Medikamente und übernahm selbst die Behandlung mit den Zugpflastern. Das Wasser zwischen den Rippenfellen musste beseitigt werden, damit die Lunge wieder mehr Raum bekam.

Als der Husten endlich nachließ und der Geschmack nach Blut allmählich verschwand, blieb eine entsetzliche Erschöpfung. Er verließ das Bett nicht, verdämmerte die Tage und hing seinen Erinnerungen nach. Dr. Stéphann schaute weiterhin oft nach ihm, allerdings kam er jetzt vor allem, weil es Monsieur Magnadère, dem anderen kranken Gast der *Victoria*, noch schlechter ging als zuvor.

Als sich das Wetter besserte, fand er wieder ein wenig zu Kräften. Der Arzt erlaubte ihm, gelegentlich warm angezogen vom Bett auf die Galerie umzuziehen, wo er vom Sessel aus in Decken eingepackt frische Luft und Aussicht genießen konnte. Auch das Sprechverbot wurde gelockert, also plauderte er ein wenig mit dem Arzt, erzählte ihm vom Tod seiner Frau.

Fermé hatte ihn während der Blutkrise nicht besuchen können, es wäre auch sinnlos gewesen, sie hätten nicht einmal miteinander reden dürfen. Doch nun kam er, sobald es der Arzt erlaubte, und brachte ihm einen besorgten Brief von Tochter Jenny aus Argenteuil. Sie hatte an den Richter geschrieben voller Unruhe, da sie von ihrem Vater nach den ersten Nachrichten über die Ankunft in Algier wochenlang keine weiteren Lebenszeichen mehr erhalten hatte. Und das, obwohl sie ihm doch umgehend geschrieben und ihn dringend um »two words« über seinen Gesundheitszustand gebeten hatte. Aber von dieser Antwort und Bitte seiner Tochter wusste er nichts, ihr Brief hatte ihn nie erreicht. Er beriet sich kurz mit Fermé, dann schickten sie einen Boten ins *Hôtel d'Orient*, wo das Antwortschreiben Jennys angekommen sein musste. Tatsächlich bewahrte der Concierge es seit zweieinhalb Wochen auf und übergab es vertrauensvoll dem Boten, der es endlich in die Pension *Victoria* zu seinem rechtmäßigen Empfänger brachte.

Aus jeder Zeile war zu spüren, wie viel Sorgen sich seine Tochter um ihn machte und wie sie sich zugleich Mühe gab, den Vater aufzumuntern. Seit seiner Abreise nach Algier hätten Jean und Edgar, seine Enkel, jeden Morgen als Erstes nach dem Großvater gefragt, wo er jetzt sei und ob er aus Afrika »quite black« zurückkehren werde wie ein Neger.

Auch über Eleanor hatte sie neue Nachrichten, eigentlich ein heikles Thema, aber sie versuchte, alles so zu schildern, dass er sich rundum bestätigt fühlen konnte.

Gedanken an Eleanor, seine jüngste, seine problematische Tochter, waren fast immer bedrückend. Wie lange zogen sich seine Spannungen mit ihr mittlerweile hin? Wohl fast zehn Jahre. Und das nur wegen dieses hochnäsigen Franzosen.

Schon die beiden älteren Töchter, Jenny und Laura, hatten sich in solche unzuverlässigen französischen Narren verliebt, Lafargue und Longuet. Es war abzusehen gewesen, dass sie seine Mädchen unglücklich machen würden, aber sie hatten sie um jeden Preis heiraten wollen, obwohl diese Männer beruflich nichts vorweisen konnten. Es war ihm nicht gelungen, diese Ehen zu verhindern. Der eine, Lafargue, hatte seinen Arztberuf hingeschmissen, nachdem ihm alle drei Kinder, die er mit Laura hatte, gestorben waren. Dann kaufte dieser Quacksalber das Patent für ein neues Druckverfahren, von dem er nichts verstand, und zerstritt sich mit seinem Partner. Der andere war ein bestenfalls mittelmäßiger Journalist und unbelehrbarer Anhänger Proudhons, der nach der Hochzeit für seine Frau kaum noch etwas anderes übrig hatte als Schimpfen und Brüllen.

Aber Eleanor wollte aus den Erfahrungen ihrer Schwestern nichts lernen. Mit gerade einmal 17 Jahren verliebte sie sich in einen Franzosen, der doppelt so alt war wie sie selbst, Prosper-Olivier Lissagaray. Der Mann, wie Lafargue und Longuet ein ehemaliger Kämpfer der Pariser Kommune, hatte nach London ins Exil fliehen müssen. Dort lebte er in schwierigsten Verhältnissen, außer Schulden hatte er einer

Frau nichts zu bieten. Bei einer ihrer ersten Begegnungen ermahnte er den jungen Mann, der einen talentierten Eindruck machte, ein Buch über den Aufstand der Kommune zu schreiben, zu diesem Thema gab es nur Plunder. Aber als Eleanor ihm gestand, in Lissagaray verliebt zu sein, verbot er ihr strikt jeden Umgang mit ihm und machte ihr klar, dass er ihr nie die Zustimmung zu einer Ehe mit ihm geben würde, niemals. Jenny hielt das für falsch, es war eine der wenigen Entscheidungen gewesen, bei denen ihm seine Frau widersprach. Sie hatte hinter seinem Rücken Treffen zwischen Lissagaray und Eleanor zugelassen, doch er erfuhr davon. Die beiden verlobten sich sogar, heimlich, wie sie glaubten, aber natürlich wusste die Familie auch darüber sehr bald Bescheid.

Eleanor wurde immer schwieriger und nervöser. Um der Sache ein Ende zu machen, fuhr er mit ihr zur Erholung nach Brighton. Dort sprach sie immerzu von ihrem Franzosen, Lissagaray morgens, Lissagaray mittags, Lissagaray abends, doch er sah keinen Grund, sein Urteil über ihn zu revidieren. Als er sich nach drei Wochen auf den Rückweg nach London machte, weigerte sie sich, mit ihm zu reisen. Sie blieb in Brighton und ließ sich von Arnold Ruge, ausgerechnet von Ruge, einem seiner ältesten Feinde, Arbeit in einer Mädchenschule vermitteln. Sie war gerade mal 18 Jahre alt. Vier Monate hielt sie es dort aus, war immerzu krank, fiel mehrfach am Tag in Ohnmacht und natürlich besuchte Lissagaray sie. Auch Jenny, die mitfühlende Mutter, fuhr nach Brighton, besorgte ihr Kleider, steckte ihr Geld zu, ja schrieb ihr aus London sogar stillschweigend Briefe, die sie bestärkten.

Aber für ihn änderte das nichts, er blieb beim Nein. Als Eleanor nach London zur Familie zurückkehrte, war sie weiterhin widerspenstig. Sie rauchte in aller Öffentlichkeit, setzte sich ins Café, um Zeitungen zu lesen, ging allein ins Theater oder legte ihm einen Brief auf den Schreibtisch, wann sie Lissagaray endlich wieder einmal sehen dürfe, sie habe sich mit all ihren Kräften bemüht, geduldig zu sein, aber sie halte es nicht länger aus. Sie plante sogar, einen Beruf zu erlernen, um zu arbeiten und unabhängig zu sein. Sie träumte von einer Bühnenkarriere und nahm Schauspielunterricht. Dann wieder versuchte sie sich als Übersetzerin oder Journalistin.

Sie wurde immer anfälliger und depressiver, manchmal aß sie tagelang nichts, klagte über Kopfschmerzen und Schlaflosigkeit. Oft war sie wochenlang nur einen Fingerbreit vom Nervenzusammenbruch entfernt. Ihre Galle und Leber machten Beschwerden, und da er selbst unter ähnlichen Symptomen litt, beschloss er, gemeinsam mit Eleanor zur Kur zu fahren, zunächst nach Harrogate, später zweimal nach Karlsbad. Manchmal schien seine Tochter ihren Kummer zu vergessen, verbrachte ein paar unbeschwerte Tage mit ihm und genoss das gemächliche gesellschaftliche Leben der Badeorte. Doch von Dauer war das nie.

Als nach Jahren Lissagarays Buch über die Kommune fertig wurde und es in Brüssel gedruckt werden sollte – in Paris hatte es bei den Verlegern natürlich keine Chance –, war Eleanor wie entflammt. Lissagaray hatte gute Arbeit geleistet, alle gedruckten Quellen benutzt, und außerdem besaß er Dokumente, die anderen nicht zur Verfügung standen. Es war die erste authentische Geschichte der Kommune, sie hatte einen memoirenartigen Charakter, schließlich war Lissagaray größtenteils Augenzeuge des Aufstands gewesen bis zu dem grässlichen Ende mit über 30 000 Toten. Eleanor

Eleanor Marx, 1880

machte sich sofort daran, das Manuskript ins Englische zu übersetzen, und er hatte ihr mit väterlicher Geduld dabei über die Schulter geschaut und sie, wenn nötig, korrigiert. Auch einem deutschen Verleger empfahl er das Buch und kümmerte sich um die Auswahl eines kompetenten Übersetzers.

Doch selbst wenn er Lissagaray als Autor achtete, änderte das nichts an seinen Ansichten über ihn als Mann. Eine Heirat mit Eleanor war und blieb ausgeschlossen, und er bemerkte mit Befriedigung, dass sich Eleanor nur selten noch gegen sein Urteil auflehnte. Sie kränkelte weiter, hatte ihre übernervösen Zuckungen und reagierte mürrisch, als er sie –

schließlich lag ihre Mutter inzwischen krank danieder – immer häufiger als Schreiberin für die tägliche Arbeit brauchte. Aber mit ihren Heiratsplänen hatte sie nach all den Jahren offenbar abgeschlossen.

Und jetzt schrieb Tochter Jenny, Eleanor habe sich mit Lissagaray doch noch einmal getroffen, als sie von Argenteuil nach London zurückreiste. Die beiden hatten sich in Paris auf dem Bahnhof Saint-Lazare verabredet, benahmen sich aber wie alte Freunde, nicht wie ehemalige Verlobte, vor allem Eleanors Benehmen sei recht kühl gewesen. Der Übergang in ein solches annähernd freundschaftliches Verhältnis sei, fügte Jenny hinzu, vielleicht das denkbar beste Ende dieser Affäre, wenn man sich vor Augen führe, in was für Krächen und Kämpfen Lissagarays Liebesgeschichten üblicherweise mündeten. Sie sei ihm jedenfalls dankbar, dass er seinen Plan, Eleanor zu seiner Frau zu machen, nicht ausgeführt habe, selbst in den besten Zeiten seien französische Ehemänner nicht viel wert, von den schlechten Zeiten ganz zu schweigen.

Er legte den Brief beiseite, erleichtert, dass Eleanor die zehnjährige Katastrophe nun endlich taktvoll gelöst hatte. Inzwischen war sie 27 und beklagte sich, ihre besten Jahre der Pflege der Mutter und als Schreiberin des Vaters geopfert zu haben. Sie war eben die nervöseste seiner drei Töchter. Doch diese Reise nach Algier hatte er ihr immerhin erspart, darüber konnte sie sich nicht beklagen.

Vielleicht würde Dr. Stéphann ihm nach der nächsten Untersuchung wieder seine Spaziergänge erlauben. Seit Tagen beschränkte er sich auf die Galerie oder die Veranda im Erdgeschoss der *Victoria*, um an die Luft zu kommen. Das Wetter wurde allmählich besser, auch Appetit hatte er wieder.

Diese erschreckende Krise war überwunden, hoffte er. Doch gleichgültig, wie sich die Witterung entwickelte, er konnte nicht abreisen, bevor er die Rippenfellentzündung vollständig auskuriert hatte. Nüchtern betrachtet konnte die Luftkur, wegen der er doch eigentlich nach Algier gekommen war, erst danach beginnen.

Paris und das Genie

Weshalb Marx den Journalisten Prosper-Olivier Lissagaray als möglichen Ehemann seiner jüngsten Tochter so konsequent zurückwies, ist ein Rätsel. Er stellte Eleanor damit vor eine Entscheidung, die über ihre Kräfte ging. Sie vermochte sich weder von Lissagaray noch von ihrem Vater zu lösen. Natürlich hatte Marx in gewisser Hinsicht recht: Die wirtschaftliche Lage des jungen Franzosen, der seine Tochter heiraten wollte, war lausig. Aber auch Marx war klar, dass er sich selbst, als er Jenny von Westphalen heiratete, finanziell in keiner besseren Situation befunden hatte. Allerdings machte ihn die Erinnerung an die verhängnisvollen Notzeiten seines Lebens nicht nachsichtiger, vielmehr leitete er daraus die Verpflichtung ab, noch gründlicher zu prüfen, welche Sicherheiten potentielle Schwiegersöhne zu bieten hatten.

»Vor der endgültigen Regelung Ihrer Beziehungen zu Laura«, hatte er 1866 an Paul Lafargue geschrieben, als der seiner Tochter hartnäckig den Hof machte, »muß ich völlige Klarheit über Ihre ökonomischen Verhältnisse haben. [...] Sie wissen, daß ich mein ganzes Vermögen dem revolutionären Kampf geopfert habe. Ich bedauere es nicht. Im Gegenteil. Wenn ich mein Leben noch einmal beginnen müßte, ich täte dasselbe. Nur würde ich nicht heiraten. Soweit es in meiner Macht steht, will ich meine Tochter vor den Klippen bewahren, an denen das Leben ihrer Mutter zerschellt ist. [...] Sie müssen etwas erreicht haben im Leben, bevor Sie an eine Ehe denken können [...].«[43] Einmal abgesehen davon, dass Marx nie ein bedeutendes Vermögen besaß, das er einem revolutionären Kampf hätte opfern können, war diese Argumentation einleuchtend und konsequent – doch Marx hielt sich nicht an sie. Sowohl Laura als auch die älteste Tochter Jenny durften die weitgehend mittellosen Exilanten Lafargue bzw. Charles Longuet heiraten. Eleanor aber wurde das gleiche Recht verwehrt, als sie Lissagarays Frau werden wollte.

Zugegeben, ihre Schwestern waren rund zehn Jahre älter als sie. Wenn Marx Eleanor mit 17 noch keine Lebensentscheidungen treffen lassen wollte, ist das nachvollziehbar, auch wenn er selbst nur 18 Jahre alt gewesen war, als er sich verlobte. 1873 schrieb Marx in einem Brief an Engels, er verlange nichts von Lissagaray, »als daß er Beweise statt Phrasen gebe, daß er besser als sein Ruf sei und daß man irgendein Recht habe, sich auf ihn zu verlassen«[44].

Da sich das verliebte Paar zu diesem Zeitpunkt erst einige Monate lang kannte, ist die väterliche Skepsis begreiflich. Doch als Lissagaray sechs, sieben Jahre später (ja sogar fast zehn Jahre später, wie der bislang unpublizierter Brief von Tochter Jenny an ihren Vater in Algier andeutet) noch immer um Eleanor warb, konnte der junge Franzose durchaus für sich in Anspruch nehmen, zumindest einen Nachweis der Ernsthaftigkeit seiner Gefühle erbracht zu haben.

Mehr hatte Marx auch nicht zu bieten gehabt, als er im Frühjahr 1841 mit 23 Jahren frisch promoviert aus Berlin ins Rheinland zurückkehrte. Jenny und er hatten sich in den vergangenen fünfeinhalb Jahren nur während seiner drei kurzen Besuche in Trier gesehen. Ihre Liebe, die sie in zahllosen Briefen leidenschaftlich beschworen hatten, musste sich nun im Alltag bewähren. Die Gefahren einer solchen, mit lange aufgestauten Erwartungen überfrachteten Wiederbegegnung umschifften sie, doch heiraten konnten sie noch immer nicht, weil Marx weiterhin ohne jedes Einkommen war. Und da ihm eine Habilitation und spätere Professur in Bonn als die beste Möglichkeit erschien, beruflich festen Boden unter die Füße zu bekommen, musste er sich nach sechs Wochen erneut von seiner Verlobten trennen, um an die Universität zurückzukehren, an der er sein Studium begonnen hatte.

Aber anders als Eleanor, die sich selbst noch mit Mitte zwanzig vom väterlichen Verbot einschüchtern ließ, nahmen Karl und Jenny auf elterliche oder gesellschaftliche Regeln nun keine Rücksicht mehr. Während einer Reise Jennys zu Freunden nach Neuss passten sich die beiden in Bonn oder Köln ab und verbrachten eine oder mehrere Nächte miteinander. Sie fühle deshalb, schrieb Jenny später an Karl, »keine Reue, halte ich mir die Augen fest, fest zu und seh ich dann Dein selig lächelndes Auge – sieh, Karl dann bin ich selbst in dem Gedanken selig – Dir alles gewesen – anderen nichts mehr zu sein. Ach Karl ich weiß sehr gut was ich gethan und wie ich vor der Welt geächtet wäre, ich weiß das Alles, alles und dennoch bin ich froh und selig und gäbe die Erinnerung an jene Stunden um keinen Schatz der Welt dahin.«[45]

Auch das zeigt, wie wenig sich das Paar um die Konventionen ihrer Zeit scherte. Natürlich war vorehelicher Sex um die Mitte des 19. Jahrhunderts in Deutschland nicht so selten, wie gelegentlich behauptet wird, die Zahlen unehelicher Geburten sprechen eine deutliche Sprache. Doch im gutbürgerlichen oder sogar adeligen Milieu, dem Jenny angehörte, galt der Verlust der Jungfräulichkeit für eine unverheiratete Frau nach wie vor als unaussprechlicher Makel. Die Liebesnächte vergrößerten also Jennys Abhängigkeit von ihrem Geliebten, da machte sie sich nichts vor. »Gelt«, schrieb sie an Marx, »ich bin aber schon ein bischen viel Dein Fräuchen? Karlchen sag werd' ich noch ganz Dein ganz. [...] Nie waren Deine Briefe willkommener, heülsamer, nothwendiger – denk Dir Karlchen, wenn Du mich jetzt vergässest – nein nein das kannst Du nicht – kannst es nie. Das Ende Deiner Liebe und das Ende meines Daseins fallen in einen Moment zusammen. Und nach diesem Tod gibt es keine Auferstehung – denn nur in der Liebe liegt der Glaube an Fortdauer. Ach Karl, das Zimmer dröhnt und tanzt um mich herum. Ich kann nicht mehr«[46].

Als dann ihr Vater Ludwig von Westphalen im März 1842 starb und Jenny, die inzwischen 28 Jahre alt war, ohne standesgemäße Mitgift zurückließ, war eine Zukunft für sie nur noch an der Seite von Marx vorstellbar. Alles hing von seinen Entscheidungen ab. Ihr briefliches Liebesgeflüster aus jener Zeit nimmt vor diesem Hintergrund einen mehrdeutigen Beiklang an: »Wärst Du doch jetzt hier mein lieb Karlchen; wie viel Empfänglichkeit für Glück würdest Du in Deinem Wackerchen, Deinem Vifchen antreffen, und solltest Du mit noch so schlechten Tendenzen, noch so böswilligen Absichten herausrücken; ich würde doch keine reactionairen Maaßregeln ergreifen; ich würde geduldig mein Haupt hinlegen, dem bösen Buben es Preis gebend. [...] Wie steht Dein Bild so glänzend, siegstark vor mir, wie sehnt sich mein Herz nach Deiner Gegenwart, wie bebt es Dir entgegen in Lust und Entzücken, wie folgt es Dir ängstlich auf all Deinen Wegen nach. Zum Paßschritier, zum Merten in Gold, zum Papa Ruge, zum Pansa, überall begleit ich Dich hin, und geh vor Dir, und folg Dir nach. Könnt ich Dir die Wege doch all ebnen und glätten und alles wegräumen, was hindernd Dir entgegentreten sollte.«[47]

Doch was den Berufsplänen ihres Karl hindernd entgegentrat, konnte Jenny nicht beseitigen: Nachdem Marx' universitäre Karrierepläne in Bonn an der Seite Bruno Bauers gescheitert waren, blieb ihm, wie fast allen Junghegelianern, nur noch die Aussicht, sich als freier Autor oder Journalist eine Existenzgrundlage zu verschaffen. Arnold Ruge, den er in Berlin bei den Zusammenkünften des »Doctorklubbs« kennengelernt hatte, bat ihn um Beiträge für seine *Deutschen Jahrbücher*, die er, da Preußen seine *Hallischen Jahrbücher* verboten hatte, im sächsischen Dresden drucken lassen musste. Und in Köln erschien seit Anfang 1842 die *Rheinische Zeitung*, eine Gründung vermögender Bürger, Geschäftsleute und Bankiers, die gegen den autoritären und frömmlerischen Herrschaftsstil des neuen preußischen Königs Friedrich Wilhelm IV. opponierten. Es waren Liberale, deren Interesse in erster Linie dem freien Handel galt. Und die sich – wie vermutlich schon Heinrich Marx und Ludwig von Westphalen in Trier – eine Verfassung wünschten, die der Monarchie klare rechtliche und demokratische Grenzen setzte.

Die *Rheinische Zeitung* war als öffentliches Sprachrohr

dieser Liberalen gedacht, doch hatten die Geldgeber wenig Ahnung vom Journalismus und anfangs keine glückliche Hand bei ihren Personalentscheidungen. Der erste leitende Redakteur – einen Chefredakteur im heutigen Sinne gab es nicht – plädierte für wirtschaftlichen Protektionismus statt für Freihandel, weshalb man ihn schnell wieder ablöste. Als Nachfolger wurde Adolf Rutenberg eingesetzt, dem Marx bereits in Berlin im »Doctorklubb« begegnet war und der sich vor allem unter den Junghegelianern nach Mitarbeitern umschaute. Bruno Bauer, Moses Hess, Karl Friedrich Köppen, Max Stirner oder Eduard Meyen schrieben für ihn und propagierten in ihren Artikeln ihre religionskritischen Ideen – was dem Blatt im tiefkatholischen Köln wenig Sympathien eintrug.

Nach seinen Erfahrungen mit dem unberechenbaren Bruno Bauer hatte bei Marx die Begeisterung für seine junghegelianischen Freunde spürbar nachgelassen. Dennoch wurde auch er von der *Rheinischen Zeitung* umworben, und am 5. Mai 1842, seinem 24. Geburtstag, druckte Rutenberg einen ersten Artikel von ihm. Die folgenden Monate wurden für Marx zu einer prägenden Zeit, in der er neben seiner Büchergelehrsamkeit den Journalismus als zweite Leidenschaft entdeckte. Er war kein schneller oder schwungvoller Autor, im Gegenteil, nicht selten brachte er Redaktionskollegen zur Verzweiflung, weil er nur mühevoll und oft in einer abstrakten, mit akademischen Begriffen gespickten Sprache schrieb. Doch er verlor von nun an das Tagesgeschehen nicht mehr aus den Augen und wurde ein passionierter Zeitungsleser. Der Kampf der Meinungen, das öffentliche Kräftemessen der Meinungsmacher und die tatsächlichen oder auch nur vermuteten publizistischen Intrigen zwischen den diversen Blättern wurden für ihn zu einem genau beobachteten und ausschweifend analysierten Schauspiel, von dem er sich keine Aufführung mehr entgehen ließ.

Gleich sein erster Aufsatz sorgte für Aufsehen. Es war der Auftakt zu einer Serie kämpferischer Artikel, in denen Marx die Pressefreiheit als Teil der universalen Menschenrechte gegen jegliche staatliche Repression verteidigte. Alle sechs Folgen erschienen anonym, dennoch sprach sich der Name des Verfassers schnell herum. Auch seine folgenden Beiträge, die Rutenberg zügig druckte, knüpften an diesen Anfangserfolg an, sodass Marx im Kreis der Macher und Finanziers der Zeitung rasch zu den wichtigsten Mitarbeitern zählte. Zur gleichen Zeit wurde Rutenberg allerdings von den preußischen Behörden wegen der liberalen, demokratischen Ausrichtung des Blattes und ihren oft religionsfeindlichen Seitenhieben angegriffen. Die Beamten drohten mit einem Verbot der Zeitung, was gleichbedeutend gewesen wäre mit einem Totalverlust der Gründungsinvestitionen. Im Spätsommer 1842 wandte Marx sich mit einem Brief direkt an einen der Geldgeber und unterbreitete ihm detaillierte Vorschläge, wie die Redaktion zu führen und ein mögliches Verbot abzuwenden sei. Mitte Oktober wurde Rutenberg abgelöst, und Marx übernahm dessen Stelle. Er erhielt einen mit immerhin 600 Talern jährlich dotierten Arbeitsvertrag – der ihm die Aussicht eröffnete, endlich heiraten zu können.

Doch zunächst einmal stürzte er sich in die Arbeit. Mit aller Entschlossenheit richtete er die Zeitung auf die Ziele ihrer Finanziers aus. Innerhalb der Redaktion zog er die Zügel straff an, seinen junghegelianischen Weggefährten aus dem Berliner »Doctorklubb« deutete er an, was er von ihren Artikeln hielt (»Gedankenleere Sudeleien in saloppem Styl, mit etwas Atheismus und Communismus«[48]), wirtschaftspolitisch schwor er das Blatt konsequent auf die Verteidigung des Freihandels ein und bat darüber hinaus führende Liberale Kölns, darunter einen Mitbesitzer der Zeitung, um Beiträge für das Blatt. Größere innere Widerstände hatte er bei solchen Entscheidungen wohl nicht zu überwinden, da er politisch bislang kaum festgelegt war. In Artikeln über ein Gesetz gegen Holzdiebstahl oder über das Elend der Moselwinzer, das er aus eigener Anschauung kannte, bewies er ein ausgeprägtes soziales Verantwortungsgefühl. Doch von sozialistischen oder kommunistischen Überzeugungen war Marx zu diesem Zeitpunkt, fünf Jahre bevor er mit Engels das *Kommunistische Manifest* schrieb, noch weit entfernt. Als ihm beispielsweise vorgeworfen wurde, mit der *Rheinischen Zeitung* linke Tendenzen zu vertreten, stritt er das in einem Artikel entschieden ab. Und warnte: »Wir haben die feste Überzeugung, daß nicht der *praktische Versuch*, sondern die *theoretische Ausführung* der kommunistischen Ideen die eigentliche *Gefahr* bildet«. Denn auf jede praktische Umsetzung solcher Ideen könne man ja, »durch *Kanonen* antworten, sobald sie gefährlich werden«[49]. Nicht erst der Revolutionär, sondern schon der Redakteur Marx war nicht zimperlich, wenn es um Forderungen nach dem Einsatz von Gewalt in der Politik ging.

In einer Hinsicht jedoch änderte Marx nichts an der Ausrichtung der Zeitung: Ihre durchweg preußenkritische Haltung behielt er bei. Mehr noch: Durch seinen bissigen, sarkastischen Stil wurden die Vorbehalte des Blattes gegen die autoritäre Beamtenschaft Preußens und die Politik der Regierung viel deutlicher und verletzender. Die Verantwortung für unterschiedlichste Missstände suchte er nicht in

Versäumnissen der Vergangenheit oder in Wirtschaftskrisen, sondern unbeirrbar bei den preußischen Beamten. Mit solchen direkten, polemisch vorgetragenen Angriffen brachte Marx die Behörden umso mehr gegen die *Rheinische Zeitung* auf. Seine Attacken auf den Landtag wegen des Gesetzes zum Holzdiebstahl fielen so heftig aus, dass der Oberregierungspräsident der Rheinprovinz die umgehende Entlassung Adolf Rutenbergs forderte, den er für den verantwortlichen Redakteur hielt, da ihm nicht klar war, dass inzwischen Marx diese Funktion übernommen hatte. Tatsächlich wurde Rutenberg, der nach seiner Ablösung zunächst noch als Übersetzer weiterbeschäftigt worden war, daraufhin gekündigt.

Das Blatt stand von Beginn an unter strenger Aufsicht der Zensur, der alle Artikel und Anzeigen zur Genehmigung vorgelegt werden mussten, bevor gedruckt wurde. Allerdings war der Bildungsgrad der Zensoren oft so niedrig, dass sie viele Beiträge nicht wirklich verstanden. Mitunter verlangten sie ganz und gar unsinnige Kürzungen, erkannten aber geschickt eingeflochtene antipreußische Seitenhiebe nicht und gaben sie ahnungslos frei zur Publikation. So habe einer von ihnen, berichtete Friedrich Engels Jahre später, auf der Streichung einer Anzeige für eine Neuübersetzung von Dantes *Göttlicher Komödie* beanstanden, denn mit göttlichen Dingen dürfe man keine Komödie treiben.[50] Das Bewusstsein, von solchen ihm geistig unterlegenen Staatsvertretern abhängig zu sein, provozierte Marx' Widerstandsgeist zusätzlich, und er ließ sich zu nicht eben subtilen Racheakten hinreißen: Als der zuständige Zensor eines Abends zu einem gesellschaftlich bedeutsamen Festessen eingeladen war, schickte ihm Marx keine Korrekturbögen. Die Zeit schritt voran, der Zensor wurde immer nervöser, bis er schließlich zu Marx' Wohnung fuhr: »Nach langem Klingeln streckte Marx den Kopf aus einem Fenster der dritten Etage heraus.

›Die Abzüge!‹, brüllte der Zensor hinauf.

›Gibt's nicht!‹ rief Marx hinunter.

›Aber!!‹ –

›Wir lassen morgen kein Blatt erscheinen!‹

Damit schlug Marx das Fenster zu.«[51]

Karl Marx war kein einfacher Charakter, und seine Mitarbeiter in der Redaktion der *Rheinischen Zeitung* bekamen das zu spüren. Bei der Ablösung und schließlich Entlassung Rutenbergs zeigte er wenig Kollegialität, sein ausgeprägtes Selbstbewusstsein machte es ihm unmöglich, sich in ein Team ein- oder gar anderen unterzuordnen. In seinen Augen gab es für ihn nur eine angemessene Position: die des Chefs. An eigene Artikel stellte er höchste Anforderungen, was ihm schnell einen herausragenden Ruf eintrug, aber Erfolge anderer konnte er nur schwer ertragen. Dieser Ernst und Ehrgeiz standen in einem bizarren Kontrast zu seinem kindlichen Hang, anderen Streiche zu spielen oder Konkurrenzgefühle mit körperlichen Rangeleien auszuleben. So schloss er sich nach einer längeren Kneipentour gemeinsam mit dem physisch weit überlegenen Kollegen Karl Heinzen in seiner Wohnung ein und versuchte, ihn durch Handgreiflichkeiten und Rempeleien einzuschüchtern. Woraufhin Heinzen die Geduld verlor und sich so entschieden wehrte, dass Marx »eine Reise in die Stubenecke« machte. Als Marx ihn daraufhin noch immer nicht freilassen wollte, riss Heinzen kurzerhand die Tür »aus dem Schloß«[52] und verschwand in die Nacht.

Das Ende der *Rheinischen Zeitung* kam Anfang 1843 nach dem Artikel von Marx über die Not der Moselwinzer und einer Polemik gegen den Wirtschaftsprotektionismus Russlands, die Zar Nikolaus I. angeblich dazu veranlasst haben soll, sich persönlich beim preußischen Gesandten zu beschweren. Belegen lässt sich, dass König Friedrich Wilhelm IV. seinem Zorn über die *Rheinische Zeitung* Luft machte: Am 21. Januar 1843 schrieb der preußische Innenminister Adolf Heinrich von Arnim-Boitzenburg an den zuständigen Regierungspräsidenten, »S. M. der König« habe »Allerhöchstdero ernstliches Mißfallen darüber auszusprechen geruht, daß diesem Blatte eine mit den Gesetzen und mit der Autorität der Staatsverwaltung so sehr in Widerspruch stehende Ungebundenheit verstattet worden ist«.[53] Eilfertig wandelte die preußische Bürokratie den königlichen Unmut in einen Verbots-Beschluss um: Per Erlass musste die Zeitung zum 1. April 1843 eingestellt werden.

Die Leser wollten die Entscheidung nicht widerstandslos akzeptieren. In Köln, aber auch in anderen rheinischen Städten, wurden Petitionen formuliert und Unterschriften für den Fortbestand des Blattes gesammelt. Die Eigentümer versuchten, bei den zuständigen Behörden in Berlin zu intervenieren, und schickten eine Bittschrift an den König selbst, um das Verbot abzuwenden. Vergeblich.

Für Marx bedeutete das Verbot, wieder einmal ohne Einkommen dazustehen. Doch in der kurzen Zeit als leitender Redakteur der *Rheinischen Zeitung* hatte er sich als hoch gebildeter, extrem streitbarer Journalist die Achtung einiger sehr wohlhabender Bürger Kölns erworben, die ihm in den kommenden Jahren gelegentlich finanziell unter die Arme griffen. An Arnold Ruge, dessen *Deutsche Jahrbücher* ebenfalls auf preußischen Druck hin verboten worden waren, schrieb er umgehend einen Brief, in dem er andeutete, Deutschland verlassen zu wollen. Nur neun Monate nachdem er seine Arbeit als Journalist begonnen hatte, wurde ihm die publizistische Situation in Preußen unerträglich: »Es ist schlimm, Knechtsdienste, selbst für die Freiheit zu verrichten und mit Nadeln, statt mit Kolben zu fechten. Ich bin der Heuchelei, der Dummheit, der rohen Autorität und unseres Schmiegens, Biegens, Rückendrehen und Wortklauberei müde gewesen. Also die Regierung hat mich wieder in Freiheit gesezt. [...] In Deutschland kann ich nichts mehr beginnen. Man verfälscht sich hier selbst.«[54]

Der Empfänger des Briefs war klug gewählt, denn Ruge plante bereits, seine *Jahrbücher* in anderer Form und unter neuem Namen im Ausland fortzusetzen. Die Nachricht, dass Marx auf Arbeitssuche war, bestärkte ihn in dieser Idee. Allerdings zogen sich die Vorbereitungen noch geraume Zeit hin. Schließlich fand Ruge einen geeigneten Verleger für das Projekt der *Deutsch-Französischen Jahrbücher*: Julius Fröbel, einen in die Schweiz ausgewanderten Deutschen, damals 33 Jahre alt, der wie Marx in Jena promoviert worden war und an der Universität Zürich Mineralogie lehrte. Doch der reaktionäre »Züriputsch« 1839 gegen die liberale Verfassung der Stadt hatte Fröbels Leben verändert: Er wurde ein profilierter Vertreter der demokratischen Bewegung und übernahm 1841 von einem Buchhändler das *Litterarische Comptoir*, in dem er vor allem Bücher verlegte, die in Deutschland von der Zensur aus politischen Gründen verboten worden waren.

Der Redaktionsstandort der neuen *Deutsch-Französischen Jahrbücher* sollte Paris sein, da die Stadt sich seit der Revolution von 1830 unter dem vergleichsweise liberalen Regime des Bürgerkönigs Louis-Philippe zum Anziehungspunkt aufsässiger, freiheitsgieriger, oft politisch verfolgter Intellektueller und Künstler entwickelt hatte. Sowohl von der stimulierenden Atmosphäre der Kulturmetropole Paris wie auch von der geistigen Unruhe und Erregbarkeit der Emigranten erhofften sich Ruge und Fröbel Impulse für seine neue Zeitschrift.

Marx erhielt einen Vertrag als Redakteur, der ihm ein Jahresgehalt von 550 Talern garantierte zuzüglich der Autorenhonorare für alle Beiträge, die er für die Zeitschrift schreiben würde. Diese Aussicht genügte ihm, um nun endlich den Termin für die Hochzeit mit Jenny von Westphalen festzulegen. »Ich kann Ihnen«, schrieb er an Ruge, »ohne alle Romantik versichern, daß ich von Kopf bis zu Fuß und zwar allen Ernstes liebe. Ich bin schon über 7 Jahre verlobt und meine Braut hat die härtesten, ihre Gesundheit fast untergrabenden Kämpfe für mich gekämpft, theils mit ihren pietistisch-aristokratischen Verwandten, denen ›der Herr im Himmel‹ und der ›Herr in Berlin‹ gleiche Cultusobjekte sind, theils mit meiner eignen Familie, in der einige Pfaffen und andre Feinde von mir sich eingenistet haben.«[55] Damit sollte nun endlich Schluss sein. Nach dem Tod des Vaters war Jenny mit ihrer Mutter von Trier nach Bad Kreuznach übergesiedelt. Dort heirateten Karl und Jenny am 19. Juni 1843 nicht nur standesamtlich, sondern auch kirchlich. Trotz seiner vielfach betonten atheistischen Grundsätze ließ das Paar ihrer Ehe also vom »Pfaffen« den Segen geben und brach dann zur Hochzeitsreise auf: »von Kreuznach über die Ebernburg nach der Rheinpfalz und kehrten über Baden-Baden nach Kreuznach zurück.«[56]

Ob Jenny, von dieser Reise abgesehen, viel Zeit mit ihrem frisch angetrauten Ehemann verbringen konnte, ist fraglich. Denn Marx arbeitete seit dem Verbot der *Rheinischen Zeitung* mit enormer Konzentration an zwei Aufsätzen, die er in den *Deutsch-Französischen Jahrbüchern* veröffentlichte, nachdem er sich mit seiner inzwischen schwangeren Frau in Paris niedergelassen hatte. Einer davon, *Zur Kritik der Hegelschen Rechtsphilosophie*, ist von großer Bedeutung: Man kann ihn als das erste Ergebnis eines originellen, selbstständigen Denkens betrachten, als den Auftakt zur Genie-Phase seines Lebens, in der Marx binnen weniger Jahre die Fundamente legte, auf denen er in den folgenden Jahrzehnten die komplexe Architektur seiner Theorien errichten würde. Er vertiefte sich noch einmal gründlich in die Philosophie Hegels, studierte die französischen Sozialisten Saint-Simon, Proudhon, Fourier, verschlang stapelweise Werke der wichtigsten Historiker seiner Zeit, machte sich vertraut mit etlichen Klassikern der Staatstheorie und arbeitete sich durch die volkswirtschaftlichen Studien von Adam Smith, James Mill oder David Ricardo, um sich auf den neuesten Stand der Forschungen zur Politischen Ökonomie zu bringen. Mit anderen Worten: Er pflügte sich in atemberaubender Geschwindigkeit durch Berge von Büchern, verstand es, die Flut der Erkenntnisse aus diesen Disziplinen in seinem Sinne zu strukturieren und zu schlagkräftigen, brillant formulierten Hypothesen zusammenzuführen. Dazu später mehr.

Der zweite Aufsatz, *Zur Judenfrage*, ist, verglichen mit dem ersten, inhaltlich unbedeutend: eine Rezension zu verschiedenen Essays Bruno Bauers über die politischen Gleichstellung der Juden. Doch Marx nutzte ihn, um mit dem ehemaligen Weggefährten Bauer, dem er intellektuell einiges zu verdanken hatte, öffentlich zu brechen. Ein Verhaltensmuster, das Marx später noch häufiger zeigen wird: Er gehörte nicht zu den Autoren, die mit ihren Gedanken ausdrücklich an Vorarbeiten von Wegbereitern anknüpfen, sondern die ihre Thesen in der aggressiven Abgrenzung gegen andere, auch gegen ehemalige Freunde und Förderer entwickeln.

Vor allem aber ließ sich Marx in diesem Aufsatz zu Sätzen über Juden oder Judentum hinreißen, die schon auf Zeitgenossen einen wenig differenzierten Eindruck gemacht haben dürften und die heute schlicht katastrophal klingen. Bereits ein Jahr zuvor hatte er ungefragt und – denkt man an die zahlreichen Rabbiner in seinem Stammbaum – mit erstaunlichem Bekenntniseifer an Arnold Ruge geschrieben, wie »widerlich« ihm »der israelitische Glaube«[57] sei. In *Zur Judenfrage* setzt er die Juden nun kurzerhand mit den Kapitalisten und den kapitalistischen Wirtschaftsverhältnissen gleich: »Welches ist der weltliche Grund des Judenthums? Das *praktische* Bedürfniß, der *Eigennutz*. Welches ist der weltliche Kultus der Juden? Der *Schacher*. Welches ist sein weltlicher Gott? Das *Geld*.« Mehr noch: Marx macht die Juden zwar nicht ausschließlich, aber doch in wesentlichem Maße für die beherrschende Stellung verantwortlich, die das kapitalistische Denken inzwischen errungen habe: »Der Jude hat sich auf jüdische Weise emancipirt, nicht nur, indem er sich die Geldmacht angeeignet, sondern indem durch ihn und ohne ihn, *das Geld* zur Weltmacht und der praktische Judengeist zum praktischen Geist der christlichen Völker geworden ist. Die Juden haben sich in so weit emancipirt, als die Christen zu Juden geworden sind.«

Das alles liest sich, als habe Marx einen ganzen Katalog

klassischer antisemitischer Ressentiments möglichst lückenlos abarbeiten wollen: Das Judentum sei, schreibt er, »ein allgemeines *gegenwärtiges antisociales* Element«. In der jüdischen Religion liege »die Verachtung der Theorie, der Kunst, der Geschichte, des Menschen als Selbstzweck«. Alles sei für den Juden Handelsgegenstand, selbst das »Weib wird verschachert«. Zu selbstständigen theoretischen Leistungen sei das Judentum unfähig, weil es ihm immer nur um praktische Vorteile gehe. Es profitiere lediglich wie ein Parasit von der Entwicklung der nichtjüdischen Kultur: »Das Judenthum konnte keine neue Welt schaffen; es konnte nur die neuen Weltschöpfungen und Weltverhältnisse in den Bereich seiner Betriebsamkeit ziehn, weil das praktische Bedürfniß, dessen Verstand der Eigennutz ist, sich passiv verhält, und sich nicht beliebig erweitert, sondern sich erweitert *findet* mit der Fortentwicklung der gesellschaftlichen Zustände.«[58]

Kein Wort verliert Marx in dem Aufsatz darüber, wie winzig der Anteil reicher jüdischer Kaufleute oder Bankiers war im Vergleich zur verarmten Mehrheit der Juden. Und er verliert – obwohl er über hervorragende historische Kenntnisse verfügte – kein Wort über die christlichen Berufsverbote für Juden, die sie in den verachteten Beruf des Geldverleihers drängten. Sicher, antisemitische Vorurteile waren im 19. Jahrhundert gang und gäbe, sie gehörten zum geistigen Inventar des europäischen Bürgertums und nahmen sich damals, hundert Jahre vor dem Holocaust, harmloser aus als heute, nachdem wir um ihre massenmörderischen Potenziale wissen. Doch weshalb übernahm Marx, der sonst die Denkmuster seiner Epoche scharfsichtig kritisierte, solche grobschlächtigen Klischees ohne jeden spürbaren Vorbehalt?

Viele Marx-Biografen neigen dazu, die judenfeindliche Haltung in diesem frühen Aufsatz als eine zwar peinliche, aber aus dem Geist der Zeit erklärbare Entgleisung zu betrachten. Doch macht man es sich zu einfach, wenn man sie lediglich als Jugendsünde eines fünfundzwanzigjährigen Heißsporns betrachtet. Von *Die heilige Familie* (1845), seiner ersten Gemeinschaftsarbeit mit Engels, bis hin zum *Kapital* (1867) findet sich, über die Jahre verteilt, in seinem Werk ein ganzes Netz antisemitischer Seitenhiebe und Ausfälle. Ferdinand Lassalle zum Beispiel, der Gründer des *Allgemeinen Deutschen Arbeitervereins*, taucht in den Briefen an Engels unter wenig freundlichen Beinamen wie Jüdel Braun, Ephraim Gescheit oder Itzig auf. Und nachdem Lassalle ihn 1862 in London besucht hatte, beschränkt sich Marx nicht mehr auf verächtliche Aliasnamen, sondern spricht von dem »jüdischen Nigger Lassalle« und fährt fort: »Es ist mir jetzt völlig klar, daß er, wie auch seine Kopfbildung und sein Haarwuchs beweist, – von den Negern abstammt, die sich dem Zug des Moses aus Ägypten anschlossen (wenn nicht seine Mutter oder Großmutter von väterlicher Seite sich mit einem nigger kreuzten). Nun, diese Verbindung von Judentum und Germanentum mit der negerhaften Grundsubstanz müssen ein sonderbares Produkt hervorbringen. Die Zudringlichkeit des Burschen ist auch niggerhaft.«[59] Marx vermengte seinen Antisemitismus bei Bedarf also munter mit einer kräftigen Portion Rassismus, was auch im 19. Jahrhundert in dieser Mixtur nicht zu den landläufigen Judenbeschimpfungen gezählt haben dürfte. Er hatte, von enormer Aggressivität und Verleumdungslust getrieben, keine Hemmungen, auf billige Stereotypen zurückzugreifen, wenn es darum ging, Kontrahenten zu treffen. Sein Bedürfnis, Gegenspieler zu beleidigen und so zumindest verbal zu unterwerfen, war maßlos. Vor allem aus seinen Briefen an Engels lässt sich eine ganze Sammlung fantasievollster Verunglimpfungen zusammenstellen.

Allerdings darf man manches davon wohl auch einer Freude an möglichst drastischen, provokativen Formulierungen zurechnen, wie sie bis heute nicht selten ist unter Journalisten. Dieser Genuss an der Zuspitzung, an der Pointe, an der Schlag-Zeile kennt – zwar nicht im Druck, wohl aber im verbalen Geplänkel untereinander – wenig Rücksicht und tastet sich oft spielerisch vor bis an die Grenze zur Bösartigkeit oder auch beherzt über sie hinaus. Marx scheint von dieser Neigung nicht frei gewesen zu sein. An seinem Schwiegersohn Paul Lafargue zum Beispiel, dessen Mutter eine kubanische Kreolin war, hatte er vieles auszusetzen. Doch zu der brutalen Demütigung, ihn wegen seiner Herkunft einen »Negrillo« und den »Abkömmling eines Gorillas« zu nennen, verstieg er sich bezeichnenderweise in einem Brief an Tochter Jenny, in dem er sich keineswegs zornig über Lafargue äußert, sondern ungewöhnlich gütig schrieb: »Ehrlich gesagt, ich hab' den Jungen gern.«[60]

Für den Polemiker und Philosophen Marx hätte es in den Vierzigerjahren des 19. Jahrhunderts keinen besseren Ort geben können als Paris. Zwar begann dort für das Ehepaar Marx – das im Mai 1844 das erste Kind bekam – eine finanziell entbehrungsreiche Zeit: Das kleine Erbe, das Jenny Marx kurz nach der Heirat zufiel, war schnell verbraucht. Und das Gehalt, das Arnold Ruge dem Redakteur Marx in Aussicht gestellt hatte, wurde nie vollständig ausgezahlt, da die erste Nummer der *Deutsch-Französischen Jahrbücher* in Preußen sofort verboten und die für den Verkauf gelieferten Hefte beschlagnahmt wurden. Der Verleger Julius Fröbel betrachtete das Unternehmen daraufhin als gescheitert und konnte oder wollte sich finanziell nicht mehr daran beteiligen. Da Ruge und Marx keinen anderen Geldgeber finden konnten, beschränkte Ruge sich darauf, die noch ausstehenden Honorare mit Belegexemplaren der Zeitschrift zu vergüten – womit er sich Marx' unversöhnliche Feindschaft zuzog.

Doch in intellektueller Hinsicht erwies sich Paris für Marx als ein Eldorado. Heinrich Heine, der in jenen Jahren bereits ein Schriftsteller von europäischem Rang war, wurde ein vertrauter Freund der Familie, mit dem er nicht nur nächtelang über Gedichte, sondern auch über politische Fragen debattierte. Er lernte den russischen Anarchisten Michail Bakunin kennen, der später zu seinem gefährlichsten Widersacher im Kampf um die Führung der internationalen Arbeiterbewegung werden sollte. Er schloss engen Kontakt mit Georg Herwegh, der mit seinen *Gedichten eines Lebendigen* (1841) zu den populärsten linken Dichtern der Zeit zählte. Und vor allem legte er hier den Grundstein für seine lebenslange Zusammenarbeit und Partnerschaft mit Friedrich Engels. Im Sommer 1844 besuchte Engels ihn für zehn Tage in Paris, und sie stellten, wie Engels im Nachhinein sehr pauschal schrieb, »unsre vollständige Übereinstimmung auf allen theoretischen Gebieten«[61] fest. Dreieinhalb Jahre später war die Verbindung zwischen ihnen schon so intensiv, dass sie gemeinsam als die Verfasser des *Kommunistischen Manifests* auftraten.

Neben der Freundschaft zwischen Goethe und Schiller gehört die zwischen Marx und Engels wohl zu den bedeutendsten der deutschen Geistesgeschichte. Aus der Nähe betrachtet, ist es allerdings verblüffend, wie reibungslos diese beiden Männer fast vierzig Jahre lang kooperierten, obwohl sie charakterlich höchst unterschiedlich waren. Marx rang zeitlebens darum, zumindest den Anschein gutbürgerlicher Lebensformen aufrechtzuerhalten, während Engels sie als Zwang empfand und sich von ihnen zu befreien suchte. Marx' Arbeitsweise war unberechenbar und chaotisch, es ist kein Zufall, dass er lauter halb fertige Manuskripte hinterließ und selbst einige seine wichtigsten Werke Fragmente blieben. Engels hingegen setzte sich als Autor präzise definierte Ziele, die er in erstaunlich kurzer Zeit und in klar strukturierten Texten auch zu erreichen pflegte. Marx hatte keinerlei Verhältnis zum Umgang mit Geld, Engels war ein erfolgreicher Geschäftsmann.

Marx stammte aus einer Familie, in der die Aufklärung das geistige Klima bestimmte, und wurde selbst als saumseliger Student von seinem Vater in jeder Hinsicht unterstützt, ja bewundert. Engels' Vater dagegen war ein autoritärer Patriarch und Fabrikbesitzer aus Barmen, der als gottesfürchtiger und staatsfrommer Pietist in dem nicht minder pietistischen König Friedrich Wilhelm IV. seinen maßgeschneiderten Monarchen fand. Engels Lebensgeschichte ähnelt in ihren Grundzügen vielen anderen Biographien rebellischer Intellektueller und Künstler des 19. Jahrhunderts: Religion, Staat und Familie, bzw. Gott, König und Vater bildeten für sie eine Dreifaltigkeit der Unterdrückung, gegen die sie unter oft großen Entbehrungen mit ihrem Werk aufbegehrten. Zu diesem Muster passt auch Engels' Lebensgier, seine etwas angeberisch zur Schau getragene Freude an Frauen, Wein, Festen oder sportlichen Vergnügungen, mit der er auf das dürre Asketentum seines Vaters reagierte.

Marx war komplizierter und widersprüchlicher. Er hatte eine in vielfältiger Hinsicht obsessive Persönlichkeit. Wie viele Wissenschaftler dachte er vor allem in abstrakten Begriffen. Anschaulichkeit oder sinnliche Präsenz bedeuteten ihm wenig. Er folgte eisern der inneren Logik seiner Theorien, ohne nach den Konsequenzen für sein Leben zu fragen. Für einen Denker, der sich mit sozialen Fragen beschäftigte, zeigte er ein erstaunlich unsoziales Verhalten: Menschen empfand er – vom engsten Familien- und Freundeskreis abgesehen – als lästig. Engels dagegen war eine gesellige Natur, er hatte spürbar Freude am Umgang mit anderen Leuten. Seine Talente lagen eher in der Kommunikation als in der Abstraktion, er schrieb eine lebendige, farbige Prosa, lernte mühelos Sprachen und kam im Milieu engagierter Journalisten oder Pariser Bohemiens ebenso gut zurecht wie in der englischen Geschäftswelt oder unter antipreußischen Revolutionären. Mit einigem Recht kann man die Frage stellen, ob die Freundschaft zwischen dem eher kontaktarmen und oft brüsken Marx und dem leutseligen, aufgeschlossenen Engels auch so glücklich verlaufen wäre, wenn sie nicht neunzehn Jahre in verschiedenen Städten gelebt hätten, also lange Zeit keinen alltäglichen Umgang miteinander hatten.

Wichtig für das Verhältnis der beiden war zweifellos, dass Engels nie in eine ernsthafte Konkurrenz zu Marx trat. Er fügte sich von Beginn an in die Rolle des anspornenden Bewunderers, der die Ideen seines Vordenkers überprüfend nachvollzog und nur sehr behutsam Kritik übte, dabei aber

Marx' Dominanz keinesfalls infrage stellte. Er spielte bewusst die »zweite Violine« und »war froh, so eine famose erste Violine zu haben wie Marx.«[62] Engels fand so, was er als Rebell gegen Gott, König und Vater radikal ablehnte: eine Autorität, die für ihn zum stabilisierenden, sinnstiftenden Zentrum wurde – die ihm aber dennoch die Möglichkeit bot, sich weiterhin als Rebell zu empfinden.

Marx dagegen war ein prototypisches Alphatier, getrieben von einem brennenden intellektuellen Ehrgeiz und unfähig, andere als gleichrangig zu akzeptieren. Bezeichnenderweise geriet seine noch junge Freundschaft mit Engels in eine vorübergehende Krise, als 1845 dessen Buch *Die Lage der arbeitenden Klasse in England* erschien und sowohl bei Rezensenten wie Lesern eine beachtliche Resonanz fand. Da Marx zwar immerzu enorme Buchprojekte plante, aber lange Zeit nur einzelne Aufsätze, Nebenwerke oder Broschüren fertigstellte, hatte er dem nichts entgegenzusetzen. Prompt beschwerte er sich aus Brüssel bei Kölner Freunden über Engels' leichtfertige Lebensweise und seine geringen geistigen Qualitäten.[63]

Doch dies blieb für lange Jahre der einzige erkennbare Konflikt zwischen ihnen, bis es 1863 zu einem kurzen, aber heftigen Krach kam. In einem um Fassung ringenden Brief hatte Engels seinen Freund über den plötzlichen Tod seiner erst einundvierzigjährigen Lebensgefährtin Mary Burns informiert. Marx antwortete, er sei »überrascht und bestürzt«, widmete dem Andenken der Verstorbenen dann einen einzigen, sehr allgemein formulierten Satz, bevor er zum finanziellen Dauerthema seiner Korrespondenz mit Engels zurückkehrte: »Ich weiß auch absolut nicht mehr, wo mir der Kopf steht. Meine Versuche in Frankreich u[nd]

D[eutschland] Geld aufzutreiben sind gescheitert.«[64] Engels reagierte empört auf diese Kaltherzigkeit seines Freundes, und während des folgenden elftägigen Schweigens muss beiden Männern die Möglichkeit eines endgültigen Zerwürfnisses vor Augen gestanden haben. Doch dann tat Marx etwas, was er sonst nie tat, etwas, das in Engels' Ohren wie eine Selbsterniedrigung seiner »ersten Violine« geklungen haben muss. Er bat nicht um Entschuldigung, sondern übte Selbstkritik: »Es war v[on] mir sehr unrecht, daß ich Dir den Brief schrieb, u[nd] ich bereute ihn, sobald er abgeschickt war.«[65] Woraufhin Engels sofort die Chance ergriff, ihm zu verzeihen, froh, »nicht auch mit der Mary gleichzeitig meinen ältesten & besten Freund verloren«[66] zu haben.

Die Vorteile, die Marx aus dieser Freundschaft zog, sind unübersehbar. Engels unterstützte ihn mit schier endloser Geduld – und ließ ihm alles in allem nach heutiger Kaufkraft wohl rund eine halbe Million Euro zukommen. Doch Engels' Beistand beschränkte sich keineswegs nur aufs Finanzielle. Marx war ein argwöhnischer Mensch, der oft den Eindruck hatte, von anderen verraten worden zu sein. Umso wichtiger war es für ihn, einen loyalen Partner zu haben, mit dem er Ideen im mündlichen oder brieflichen Dialog erproben konnte. In dieser Rolle wurde Engels unentbehrlich für ihn. Marx teilte jeden Gedanken mit ihm, ohne je fürchten zu müssen, sich eine Blöße zu geben. Engels wurde sein Mitstreiter, mit dem er sich in den verschiedenen Parteiorganisationen die Bälle zuspielen konnte, ohne mit Vertrauensbrüchen rechnen zu müssen, wie sie im politischen Geschäft sonst keine Seltenheit sind. Und er war der standhafte Gefolgsmann, der es auch Marx leichter machte, in Jahren der Erfolglosigkeit den Glauben an sich und seine Sache nicht zu verlieren.

Solche weitgehend ungetrübten Beziehungen waren unter den intellektuellen Exilanten selten. Stattdessen bestimmten Rivalitäten, Verdächtigungen und Intrigen die Atmosphäre. Die legendäre Fehde zwischen Heinrich Heine und Ludwig Börne, die beide von Paris aus für ein demokratisches Deutschland stritten, aber gleichzeitig mindestens ebenso wütend gegeneinander polemisierten, war dafür exemplarisch. Marx überzog seinen ehemaligen Partner Ruge mit einer hasserfüllten Rufmordkampagne, woraufhin dieser Marx als charakterlosen Egoisten hinstellte und künftige Publikationen von ihm in Fröbes *Litterarischen Comptoir* zu verhindern versuchte. Heine verhöhnte den erfolgreichen Herwegh in einem Spottgedicht, das er ihm persönlich überreichte, als »eiserne Lerche«. [67] Bakunin wiederum fühlte sich zwar »ziemlich befreundet« mit Marx, nannte ihn aber einen »perfiden und tückischen eitlen Menschen«, woraufhin der ihn als »sentimentalen Idealisten«[68] abtat.

Obwohl Marx, abgesehen von seinen Artikeln in der kurzlebigen *Rheinischen Zeitung* und den beiden Aufsätzen in den *Deutsch-Französischen Jahrbüchern*, von denen nur wenige hundert Exemplare um Umlauf gekommen waren, als Autor noch immer wenig vorzuweisen hatte, konnte er sich auch in der Pariser Emigrantengemeinde erstaunlich schnell Respekt verschaffen. Seine Begabung, in Dialog und Debatte andere von seinem Schaftsinn und seinem Kenntnisreichtum zu überzeugen, muss beeindruckend gewesen sein.

Im Laufe des Jahres 1844 sammelten sich einige der bekanntesten Exilanten um die Redaktion der deutschsprachigen, zweimal wöchentlich erscheinenden Zeitung *Vorwärts!*. Der ehemalige Theaterdirektor Heinrich Börnstein, der sie leitete, zählte später mit berechtigtem Stolz auf, dass unter anderem »Arnold Ruge, Karl Marx, Heinrich Heine, Georg Herwegh, Bakunin, G. Weber, Fr. Engels, Dr. Ewerbeck und H. Bürgers« für sein Blatt schrieben und fuhr fort: »Ich erinnere mich noch mit Vergnügen an die mehreremals wöchentlich stattfindenden Redaktionsversammlungen. [...] Ich hatte mehrere unbenutzte Zimmer, und in dem größten wohnte provisorisch der Russe *Bakunin*, d.h. er hatte in dem großen Zimmer ein Feldbett, einen Koffer und einen zinnernen Becher – daraus bestand sein ganzes Ameublement. – Denn er war der bedürfnisloseste aller Menschen. In diesem Zimmer kamen nun zu den Redaktions-Sitzungen zwölf bis vierzehn Menschen zusammen, die, teils auf Bett und Koffer sitzend, teils stehend oder herumgehend, alle furchtbar rauchend, dabei mit der größten Aufregung und Leidenschaftlichkeit debattierend. Die Fenster konnte man nicht aufmachen, weil sich sonst bald ein Volksauflauf auf der Straße gebildet hätte, um die Ursache dieses heftigen Schreiens zu erfahren –, und so war denn das Zimmer bald in solche dicke Rauchschwaden gehüllt, daß ein Neueintretender keinen der Anwesenden erkannte und wir uns zuletzt gegenseitig selbst nicht mehr sehen konnten.«

Je geringer der Einfluss der Emigranten auf die politische Lage in Deutschland wurde, je hilfloser sie den absolutistischen Regimen in ihrer Heimat gegenüberstanden, desto größer wurde ihre Neigung zu einem verbalen Extremismus. Und die Eskalation im Ton ebnete den Weg für eine Eskalation im Denken: »Immer schärfer und schroffer machte sich«, schreibt Heinrich Börnstein, »die sozialistische und kommunistische Richtung, gegenüber der rein humanistischen, geltend. *Ruge* konnte sich mit den Sozialisten und

Kommunisten nicht verständigen, *Marx* kritisierte *Ruges* Arbeiten in schonungsloser Weise, *Ruge* und die Gemäßigteren zogen sich immer mehr zurück, und der schroffe Radikalismus gewann die Oberhand.«[69]

Doch wie hilflos die kleine Gemeinde der aufsässigen Deutschen in Paris tatsächlich war, wurde ihr im Januar 1845 demonstriert. Ihre Reihen waren durchsetzt von zumeist preußischen Polizeispitzeln, die feindliche Äußerungen diensteifrig sammelten und nach Berlin meldeten. Alarmiert durch diese Berichte, bedrängte der preußische Botschafter die französische Regierung, den Unruhestifter und linken Propagandisten Marx auszuweisen. Ihr liberalkonservativer Außenminister und de-facto-Regierungschef François Guizot hatte wenig Anlass, einem absolutistischen Herrscher wie Friedrich Wilhelm IV. einen Gefallen zu erweisen. Doch da seine eigene Politik von französischen Sozialisten immer rabiater angegriffen wurde, sah er wohl eine Chance, ein Exempel zu statuieren, und ließ den drei Gründern und Redakteuren des *Vorwärts!* und den beiden Herausgebern der längst entschlafenen *Deutsch-Französischen Jahrbücher*, Arnold Ruge und Karl Marx, den Aufenthalt in Paris verbieten.

»Die Order lautete: ›Karl Marx hat Paris binnen 24 Stunden zu verlassen‹«, schreibt Jenny Marx in ihren Erinnerungen. »Mir selbst wurde eine längere Frist eingeräumt, die ich benutzte, um meine Meubles und einen Teil meiner Wäsche zu verkaufen. Es geschah für einen Spottpreis, aber Reisegeld musste geschafft werden.«[70] Marx entschied, Brüssel zu seiner neuen Zuflucht zu machen. Während der Kutschfahrt zur Grenze soll er, berichtete sein Begleiter Heinrich Bürgers, auffällig still und nachdenklich gewesen sein. Bei nüchterner Überlegung dürfte Marx klar geworden sein, wie grundlegend sich seine persönliche Lage in den knapp 16 Monaten seines Paris-Aufenthaltes verschlechtert hatte: Nach dem Verbot der *Rheinischen Zeitung* war er noch unbehelligt geblieben, ja die Behörden hatte ihm auf diskreten Umwegen sogar angeboten, Redakteur der *Allgemeinen Preußischen Staats-Zeitung* zu werden[71] – offensichtlich ein Korruptionsangebot, mit dem ein forscher und begabter Kritiker zu einem Wechsel der Lager verführt werden sollte. Wegen der *Deutsch-Französischen Jahrbücher,* waren dann allerdings Haftbefehle gegen ihn und Ruge erlassen worden, sie mussten, sobald sie preußischen Boden betraten, mit ihrer Festnahme rechnen. Und jetzt verfolgten ihn die Berliner Behörden sogar im Ausland, so wichtig war er ihnen geworden. Kurz: Er hatte sich einen mächtigen Feind gemacht, der ihn genau ins Visier nahm.

Algier IV: Hausarrest

Er war gleich nach dem Frühstück wieder zu Bett gegangen, um den Schlaf zu finden, den er die Nacht über vergeblich gesucht hatte. Am Tag zuvor hatte der fürsorgliche Maurice Casthelaz Teile seines Rückens erneut mit der ätzenden grünen Zugpaste versehen und ihn entsprechend verpflastert. Genau den Anweisungen von Dr. Stéphann folgend. Schon wenige Stunden später begann das Brennen und Jucken, und ihm blieb keine Hoffnung, in dieser Nacht noch zur Ruhe zu kommen. Er versuchte, so still wie möglich zu liegen, und überließ sich den Erinnerungen an eine bessere Zeit. Bis in den frühen Morgen gaben sie ihn nicht wieder frei.

Um acht Uhr fand sich Monsieur Casthelaz an seinem Bett ein und stellte fest, dass viele der in der Nacht entstandenen Pusteln bereits aufgeplatzt waren und trotz Pflaster für zahlreiche große nasse Flecken auf den Flanelllaken gesorgt hatten. Er schnitt die alte Haut weg und legte ihm einen Verband an, der die empfindliche frische Haut schützen und auch die nachsickernde Flüssigkeit während des Frühstücks auffangen sollte.

Vor den Fenstern ging ein verdrießlicher Landregen nieder,

dessen eintöniges Rausche gelegentlich übertönt wurde durch das nicht minder verdrießliche Stöhnen der Sturmböen, die gegen das Haus anrannten. Madame Rosalie hatte den Versuch unternommen, den Speiseraum zu beheizen, doch ohne Erfolg, die Kamine der Pension waren offenbar nur aus dekorativen Gründen vorhanden, nicht, um sie zu befeuern.

Die Reise erwies sich mehr und mehr als Fiasko. Er hatte den mühevollen Weg hin zu einem anderen, angeblich heißen Kontinent hinter sich gebracht, um dann krank im Bett vor der Kälte Schutz suchen zu müssen. Manchmal verließ er es stundenlang nicht und schrieb liegend an Engels oder seine Töchter. Doch wenn er seine Briefe oder Karten dann noch einmal durchlas, scheute er sich, sie abzuschicken. Er war zerstreut, unkonzentriert, gedankenverloren. Die arsenhaltigen Medikamente machten ihn benommen. Beim Schreiben stolperte er oft von einer Sprache in die andere, begann einen Brief in Deutsch, fuhr mit englischen oder französischen Phrasen fort, die ihm gerade auf der Zunge lagen, und blieb manchmal für ganze Absätze in dieser anderen Sprache hängen. Mitten im Gedanken verlor er aus den Augen, was und wie er es sagen wollen, und hatte seine Not, die Sätze zu einem Ende zu bringen. Worte fehlten, auch manche Buchstaben. Für die Briefe an seine Töchter riss er sich, so gut es ging, zusammen, er wollte ihnen keine Sorgen bereiten, aber in den Briefen an Engels war es oft schlimm, da ließ er sich gehen.

Worüber sollte er auch schreiben? Von Algier hatte er bislang kaum etwas gesehen, er kannte von der Stadt wenig mehr als den Anblick, den sie von der Galerie seiner Pension aus bot. Also berichtete er über das Wetter, wie nass und stürmisch und grau es war, oder über seinen körperlichen

Zustand, die Erkältungen, den Husten, Dr. Stéphanns Untersuchungen und die Behandlungen, die der Arzt verschrieb. Aber wer wollte so etwas lesen? Ihm war klar, dass er mit Briefen, die sich allein um solche Themen drehten, weder seine Töchter noch Engels beruhigen würde.

Umso dankbarer war er für jedes kleine Ereignis, von dem er erzählen konnte. Als ihn kürzlich zum Beispiel Lärm auf die Galerie gelockt hatte und er unten im Garten der Pension den tanzenden Schwarzen entdeckte. Der Mann spielte auf einer kleinen Fiedel, schlug lange Eisenkastagnetten und wand sich dabei mit breitem Lächeln in den wunderlichsten Verrenkungen. Was für ein seltsamer Anblick, er nahm sich sofort vor, ihn seiner Tochter Jenny in einem der nächsten Briefe zu schildern, damit sie das ihren kleinen Söhnen als Gruß vom Großvater vorlesen konnte. Doch es wurde noch seltsamer: Ein paar Meter hinter dem Schwarzen tauchte ein Maure auf, der in unvergleichlich würdevoller Haltung, sein Umhang kunstvoll um Schultern und Körper geschlungen, dem Tänzer zuschaute, bis er plötzlich mit lauter Stimme »Orangen« und »Hühner« zum Kauf anbot. Seltsames Sortiment. Schließlich schritt noch mit majestätisch gemessenem Gang ein Pfau zwischen den beiden Männern hindurch. Was für ein Trio: der schwarze, breit grinsende Musikant, das blaugrün glänzende Tier mit seiner prächtig verzierten Federschleppe und der Maure, der sein Wolltuch so elegant wie eine Toga zu tragen verstand. Wie würden seine Enkel lachen, wenn sie bei ihm wären und diese wunderliche Versammlung im Garten betrachten könnten.

Algier hielt sicher viele solche Merkwürdigkeiten für ihn bereit. Aber er war ein Gefangener seiner Krankheit, er musste sich schonen und durfte die Pension vorläufig nicht verlassen. Dr. Stéphann war in diesem Punkt unnachgiebig gewesen und hatte strengen Hausarrest verhängt. So blieb ihm vorläufig nichts anderes übrig, als sich so gut wie möglich vor der Kälte zu hüten, karge Briefe zu schreiben und seinen Gedanken an die Vergangenheit nachzuhängen.

Brüssel und die Theorie

Die Brüsseler Behörden empfingen ihn voller Misstrauen. Marx durfte nur in der Stadt bleiben, nachdem er schriftlich versichert hatte, »in Belgien nichts über Tagespolitik drucken zu lassen«[72]. Manch anderer hätte das angesichts seiner Lage vielleicht zum Anlass genommen, sich in eine innere Emigration zurückzuziehen. Zumal ihn seine privaten Lebensumstände angreifbarer machten, als es für einen Revolutionär ratsam ist: Seine Frau Jenny war, als sie ihm von Paris nach Brüssel folgte, erneut schwanger. Am 26. September 1845 wurde Tochter Laura geboren. Knapp anderthalb Jahre später folgte Sohn Edgar. Die tägliche Hausarbeit nahm sprunghaft zu, doch Marx war für praktische Tätigkeiten ungeeignet und seine Frau nicht nur durch die kurz aufeinanderfolgenden Schwangerschaften körperlich geschwächt, sondern als Tochter einer adligen Familie auch eher darauf vorbereitet, einen Hausstand per Anweisungen zu führen, statt selbst Hand anzulegen. Ihre Mutter Caroline von Westphalen schickte ihr deshalb 1846 von Trier aus zur Unterstützung das damals 25 Jahre alte Dienstmädchen Helena Demuth, die von nun an bis zu ihrem Tod das wechselvolle Leben der Familie Marx bedingungslos teilte und ihren Haushalt besorgte.

Während Marx' Verantwortung als Familienvater rapide wuchs, schrumpften seine finanziellen Einnahmen. Jenny und er trugen Schmuck und alle anderen Wertsachen, schließlich sogar die Bettwäsche zur Pfandleihe, dennoch blieb ihnen im Mai 1846 nichts anderes übrig, als ihre Wohnung zu räumen und in billige möblierte Zimmer umzuziehen. Da Marx außerdem damit rechnete, Preußen werde von den belgischen Behörden über kurz oder lang seine Auslieferung verlangen, gab Marx seine preußische Staatsangehörigkeit auf und war und blieb von nun an staatenlos. Doch ließ er sich weder von seinen ausschweifenden Studien abhalten, die er in den Brüsseler Bibliotheken fortsetzte, noch von seinen politischen Zielen. Er sammelte Gefolgschaft um sich, ein Team von Getreuen, darunter Friedrich Engels, Wilhelm Wolff, der fast fünf Jahre in preußischer Festungshaft gesessen hatte, Georg Weerth oder Moses Hess, mit denen gemeinsam er erste tastende Schritte in praktischer Parteiarbeit erprobte. Und er hielt nach möglichen Verbündeten und Mitstreitern Ausschau: Mit Engels reiste er im Sommer 1845 für sechs Wochen nach England, wo sie Kontakt mit dem *Bund der Gerechten* aufnahmen. Es war eine Geheimgesellschaft, der einige Hundert deutsche Arbeiter und Handwerker angehörten. Die meisten von ihnen waren vor den autoritären Verhältnissen in Preußen ins Exil geflohen und hingen vagen sozialistischen Vorstellungen an. In Paris und anderen Städten unterhielt der *Bund* Verbindungen zu ähnlichen Gruppen, was ihm einen internationalen Anstrich gab. Doch geführt wurde er in einem kuriosen vereinsbürokratischen Geist: Die drei Londoner Vorstände betrachteten sich als »Zentralbehörde« und bezeichneten die Untergruppierungen in anderen Städten als »Gemeinden«, denen jeweils »Kreisbehörden« vorstanden. Marx und Engels wurden aufgefordert, eine Brüsseler »Gemeinde« aufzubauen, für die sie in den folgenden beiden Jahren tatsächlich ein paar Dutzend Arbeiter gewinnen konnten.

Allerdings überwarf sich Marx mit dem Schneider Wilhelm Weitling, dem Chefagitator des *Bundes*, der zwar über ein feuriges Rednertalent, aber nur über vage Konzepte für eine künftige Gesellschaftsordnung verfügte. Mit seiner spezifischen Mischung aus christlichen Bekenntnissen und frühkommunistischen Überzeugungen appellierte er vor allem an die Emotionen seiner Zuhörer, was Marx, der jede Sentimentalität in der Politik schroff ablehnte, ein Gräuel war. Bei diesem Konflikt, der mit dem Ausschluss Weitlings aus dem *Bund* endete, ging es nicht allein um inhaltliche Differenzen, sondern auch um persönliche Animositäten: Marx, der allenfalls ein mäßiger Redner war, konnte es schwer ertragen, wenn Menschen in seiner näheren Umgebung über größere Fähigkeiten verfügten als er. Aber seine klar strukturierten politischen Ideen und seine Selbstgewissheit, die entscheidenden Mechanismen der geschichtlichen Entwicklung durchschaut zu haben, entwickelten eine Ausstrahlungskraft, der sich die Vorstände des *Bundes* offenbar nicht entziehen konnten. 1847 stimmten sie einem Namenswechsel zu, benannten sich um in *Bund der Kommunisten* und beauftragten Marx damit, ein Grundsatzprogramm, ein *Manifest der kommunistischen Partei* auszuarbeiten.

Moses Hess und Friedrich Engels hatten bereits Entwürfe dazu geliefert, die nach dem Vorbild von Martin Luthers *Kleinem Katechismus* im Schema von Fragen und Antworten ein politisches Grundsatzbekenntnis formulierten. Marx griff vor allem auf Engels' Entwurf zurück, entschied sich aber gegen die religiöse Form des Katechismus. Bislang war er noch ein Autor nahezu ohne Werk. Doch mit dem *Manifest* lieferte er nun binnen weniger Wochen sein schriftstellerisches Meisterstück ab, präzise und klar formuliert, voller einprägsamer Sätze, aber niemals trocken oder technokratisch, sondern getragen von einem mitreißenden Zorn auf die sozialen Ungerechtigkeiten seiner Zeit. Es gibt nur wenige Grundsatztexte der politischen Weltliteratur, die diesem mit seinen radikalen Erkenntnissen, seiner konzisen Argumentation und sprachlichen Perfektion das Wasser reichen können.

So brillant das *Kommunistische Manifest* in literarischer Hinsicht auch ist, es blieb zunächst weitgehend wirkungslos. Im Februar 1848 wurde es anonym auf Deutsch in London gedruckt, fand aber während der sich überschlagenden Ereignisse des Revolutionsjahrs fast keine Beachtung. Erst nachdem die alten Regime 1850 wieder fest im Sattel saßen, erschienen eine illegale Ausgabe in Köln und eine englische Übersetzung des ersten Abschnitts in einer Zeitschrift. Doch eine nennenswerte Breitenwirkung begann es erst ein Vierteljahrhundert später zu entfalten, als es nach 1872 häufiger nachgedruckt und übersetzt wurde. Zwar war es zu diesem Zeitpunkt, wie Marx und Engels schrieben, »noch richtig«, aber in manchen seiner Teile bereits »veraltet [...], weil sich die politische Lage total umgestaltet«[73] hatte.

Obwohl Marx das Manuskript in nur gut zwei Monaten fertigstellte, wurden die Londoner Vorstände des *Bundes* zwischenzeitlich ungeduldig und schickten ihm eine bemerkenswerte Mahnung: »Die Centraibehörde beauftragt hiemit die Kreisbehörde Brüssel, dem B[ruder] Marx anzuzeigen, daß, wenn das Manifest der kommunistischen Partei, dessen Abfassung er auf letztem Kongreß übernommen, nicht bis Dienstag, 1. Februar d. J. in London angekommen ist, weitere Maßregeln gegen ihn ergriffen werden. In dem Falle, daß B[ruder] Marx das Manifest nicht abfaßt, verlangt die Centraibehörde augenblickliche Zurücksendung der ihm vom Kongreß zugestellten Dokumente.«[74] Das Schreiben gibt eine Ahnung von der Atmosphäre der Kleinlichkeit und des Misstrauens, die das Leben der politischen Emigranten schon in Paris vergiftet hatte. Es übernimmt den autoritären preußischen Behördengestus, den Marx in der *Rheinischen Zeitung* oft angegriffen hatte und der darauf zielte, kritisches Bürgerbewusstsein oder den Wunsch nach Mitsprache gar nicht erst aufkommen zu lassen.

Anfang 1846 hatten Marx und Engels außerdem ein *Kommunistisches Korrespondenz-Komitee* gegründet, das Verbindungen zwischen allen revolutionären proletarischen Vereinigungen Europas knüpfen sollte. Zum Sitz des Komitees wurde Brüssel bestimmt, von wo aus es Informationen zur kommunistischen Theorie und politischen Ökonomie zu verschicken versprach und im Gegenzug über alle Aktivitäten der Gruppierungen informiert werden wollte. Schon bei der ersten Sitzung im März kritisierten Marx und Engels allerdings Karl Grün, den Wortführer einer an Proudhon orientierten Spielart des »Wahren Sozialismus«, derart scharf, dass sich nicht nur dessen Anhänger, sondern auch Moses Hess von Marx distanzierten. Zwar gründeten Engels und andere enge Verbündete noch Verbindungs-Büros in Paris, Köln oder Kiel, doch zu einem lebendigen Netzwerk entwickelte sich das Komitee nie.

An Marx und seinem barschen Auftreten schieden sich die Geister, es gab treu ergebene Parteigänger oder unversöhnliche Gegner. Er hatte wenig Talent zur Diplomatie und keines zum Kompromiss. Über die Familie und Engels hinaus zeigte er keine tieferen gefühlsmäßigen Bindungen. Sein Engagement für eine humane, gerechte Gesellschaft war intellektueller, nicht emotionaler Natur. Er fixierte sich ganz und gar auf sein Lebensthema und verfügte daneben nur über eine schmale Palette menschlicher Ausdrucksmöglichkeiten. Er hatte keine Hemmungen, mit Freunden oder langjährigen Weggefährten zu brechen, sobald sich politische Differenzen zeigten, genauer: sobald sie seinem politischen Kurs nicht folgten. Er zog Menschen in den Bann oder stieß sie vor den Kopf – und beides wird in den Berichten der Zeitgenossen über ihn spürbar, sie verherrlichen oder verteufeln, diffamieren oder glorifizieren ihn.

Wenig Grund zur Parteinahme für oder gegen ihn hatte der russische Gutsbesitzer und Literaturkritiker Pawel Annenkow, der Marx 1846 auf einer ausgedehnten Europareise mehrfach in Brüssel traf. Da Annenkow auf Distanz blieb und in den politischen Grabenkämpfen keine Rolle spielte, darf man seinem Charakterporträt des jungen Revolutionärs vielleicht etwas mehr Glaubwürdigkeit zubilligen als den meisten anderen. Marx stellte, erinnert sich Annenkow, den »Typus eines Menschen dar, der aus Energie, Willenskraft und unbeugsamer Überzeugung bestand, ein Typus, der auch der äußeren Erscheinung nach höchst merkwürdig war. Eine dichte, schwarze Mähne auf dem Kopfe, die Hände mit Haaren bedeckt, den Rock schief zugeknöpft, hatte er dennoch das Aussehen eines Mannes, der das Recht und die Macht hat, Achtung zu fordern, wenn sein Aussehen und sein Tun auch seltsam genug erscheinen mochte. Seine Bewegungen waren eckig, aber kühn und selbstsicher; seine Manieren liefen allen gesellschaftlichen Umgangsformen geradezu zuwider. Aber sie waren stolz, mit einem Anflug von Verachtung, und seine metallische Stimme stimmte merkwürdig überein mit den radikalen Urteilen, die er über Menschen und Dinge fällte. Er sprach nicht anders als in keinen Widerspruch duldenden Urteilen, die übrigens noch durch einen schmerzlich scharfen Ton, der alles, was er sprach, durchdrang, verschärft wurde. Diese Note drückte die feste Überzeugung von seiner Mission aus, die Geister zu beherrschen, ihnen seinen Willen aufzuzwingen und sie mitzureißen. Vor mir stand die Verkörperung eines demokratischen Diktators, wie sie der Phantasie vorschweben mochte.«[75]

Die Mission, der sich Marx nach Annenkows Beobachtungen schon in Brüssel verschrieben hatte, ist nicht leicht zu skizzieren. Marx hat die Grundlagen seines Denkens, den dialektischen und historischen Materialismus, nie zusammenhängend formuliert. Hegels Geschichtsphilosophie, die in allen materiellen Geschehnissen nur die körperliche Erscheinungsweise der Ideen und die inneren Konflikte eines universellen Geistes sehen will, klingt uns heute fremd bis zur Unverständlichkeit. Manche der Ideen von Marx haben dagegen die Moderne so stark durchdrungen, dass sie inzwischen wie Selbstverständlichkeiten wirken und es schwerfällt zu erkennen, welche fundamentale Neuausrichtung des Weltverständnisses sie seinerzeit darstellten. Dennoch fußten Marx' Gesellschafts- und Geschichtstheorien auf dem Hegel'schen Systemdenken und boten ebenfalls eine umfassende und einheitsstiftende geistige Ordnung an, die nach dem Verlust der religiösen Gewissheiten so schmerzlich vermisst wurde – auch von Marx selbst, wie sein Gedicht »Menschenleben.« deutlich macht.

Marx betrachtete sich nicht als Philosoph, sondern als Revolutionär. Im Zentrum seines Denkens standen die Ergebnisse der politischen Praxis und nicht ewige Wahrheiten. Er war von der wissenschaftlichen Richtigkeit, ja der Unfehlbarkeit seiner Geschichts- und Gesellschaftstheorien überzeugt. Doch das hielt ihn nicht davon ab, aus aktuellen politischen Gründen von diesem Grundsatzprogramm vorübergehend abzurücken, wenn er taktische Vorteile darin sah. Viele seiner Artikel und Bücher sind, wie der Historiker Wolfgang Schieder schreibt, nicht als »systematisch angelegte Abhandlungen«, sondern »tagesbedingte Kampfschriften«[76] zu verstehen. Niemand sollte also überrascht sein, wenn Marx die eigenen Theorien zu unterschiedlichen Zeitpunkten unterschiedlich auslegte. Man kann bei ihm zu den gleichen Themen oder Begriffen eine erstaunliche Bandbreite von divergierenden Stellungnahmen finden, und für Kommentatoren ist die Versuchung groß, sich aus diesem Angebot das zu ihrer jeweiligen Position passende Zitat herauszusuchen. Erschöpfende Debatten entzünden sich an der Frage, ob manche seiner Aussagen tatsächlich nur taktischen Rücksichten geschuldet sind oder ob es sich um kreative Fortentwicklungen des Grundsatzprogrammes handelt. Die Aussichten, dass diese Debatten zu allgemein anerkannten, jedermann überzeugenden Ergebnissen kommen, sind gering.

Während Hegel das Bewegungsgesetz der Menschheitsgeschichte in der Entfaltung des Weltgeistes zu immer höherer Vernunft suchte, fand Marx es in einer handfesten materiellen Größe: der Ökonomie. Auch er war überzeugt, dass sich die Antriebskraft der Geschichte in gnadenlosen dialektischen Konflikten manifestiert, aber eben nicht in Konflikten zwischen mehr oder minder abstrakten Thesen und Antithesen, sondern zwischen den gegensätzlichen Interessen gesellschaftlicher Gruppen, die er, wie Saint-Simon, Klassen nannte. Dieser permanente Widerstreit – in der antiken Gesellschaft zwischen Sklavenhaltern und Sklaven, in der feudalen Gesellschaft zwischen Adel und Leibeigenen, in der bürgerlichen Gesellschaft zwischen Kapitalisten und besitzlosen Proletariern – ist seiner Ansicht nach der entscheidende Faktor der geschichtlichen Entwicklung. Die übrigen Charakteristika einer Epoche, seien sie nun kultureller, religiöser, juristischer oder politischer Natur, gehen letztlich auf den Klassengegensatz zurück. Dieser Überbau richtet sich unweigerlich sowohl nach den Produktionsverhältnissen aus, die das materielle Überleben gewährleisten, als auch nach den Interessen der jeweils herrschende Klasse, die ihre Macht mit allen Mitteln zu sichern und zu rechtfertigen versucht. Es sind die ökonomischen Grundlagen, die das Denken der Menschen prägen.

Allerdings war Marx zu klug, um diesen Gedanken zu verabsolutieren. Er übersah nicht, dass der Überbau, auch wenn er durch die ökonomischen Strukturen bestimmt wurde, seinerseits feste gesellschaftliche Institutionen ausbildet, also Kirchen, Universitäten, Regierungsapparate, Justizbehörden, die ihrerseits regulierenden Einfluss auf die ökonomische Basis ausüben können – und vor allem, so Marx, die Aufgabe übernehmen, diese Basis zu legitimieren und vor Kritikern in Schutz zu nehmen. Nicht zuletzt mit diesem Blick auf die Wechselwirkungen zwischen ökonomischer Basis und Überbau, zwischen Sein und Bewusstsein wurde er zum Gründungsvater der modernen Soziologie. Allerdings hat er sich nie bemüht, die Details dieser Wechselwirkungen eingehend zu analysieren, er ließ diesen Teil seiner Theorie weitgehend unbestimmt.

Die ausschlaggebenden Kräfte der sozialen Entwicklung folgen nach Marx' Überzeugung objektiven Faktoren, die dem Einfluss des Menschen weitgehend entzogen sind. Der Geschichtsprozess wird vorangetrieben durch ökonomische Notwendigkeiten, die sich mit gleichsam naturgesetzlicher Gewalt durchsetzen. Deshalb kommt er, im Unterschied zu vielen sozialistischen oder kommunistischen Denkern seiner Zeit, weitgehend ohne emotionale Appelle an das moralische Gewissen, die Menschlichkeit oder den guten Willen aus.

»In der gesellschaftlichen Produktion ihres Lebens«, heißt es in Marx' Vorrede zur *Kritik der Politischen Ökonomie,* »gehen die Menschen bestimmte, notwendige, von ihrem Willen unabhängige Verhältnisse ein, Produktionsverhältnisse, die einer bestimmten Entwicklungsstufe ihrer materiellen Produktivkräfte entsprechen. Die Gesamtheit dieser Produktionsverhältnisse bildet die ökonomische Struktur der Gesellschaft, die reale Basis, worauf sich ein juristischer und politischer Überbau erhebt und welcher bestimmte gesellschaftliche Bewußtseinsformen entsprechen. Die Produktionsweise des materiellen Lebens bedingt den sozialen, politischen und geistigen Lebensprozeß überhaupt. Es ist nicht das Bewußtsein der Menschen, das ihr Sein, sondern umgekehrt ihr gesellschaftliches Sein, das ihr Bewußtsein bestimmt.«[77]

Tritt ein wesentlicher Wandel der Produktionsverhältnisse ein, ergibt sich daraus ein wachsender gesellschaftlicher Veränderungsdruck auch auf den Überbau. Die Eigentumsverhältnisse spielen hier eine wesentliche Rolle. So besitzt zum Beispiel ein selbstständiger Handwerker seine Werkzeuge, also die Produktionsmittel, und er ist in der Lage, die fertigen Produkte seiner Arbeit auf eigene Rechnung zu verkaufen. Werden vergleichbare Produkte jedoch im Zuge technischer Innovationen in der industriellen Fertigung billiger angeboten, sind die Produkte des Handwerkers nicht mehr konkurrenzfähig, und er verliert seine Existenzgrundlage. Wechselt er als Arbeiter in einen entsprechenden Industriebetrieb, der einem Fabrikbesitzer bzw. Investor gehört, hat er weder Einfluss auf die Produktionsmittel noch auf das fertige Produkt. Er wird zum Instrument in der Verfügungsgewalt anderer degradiert und damit nicht nur seiner Arbeit, sondern auch seiner Menschennatur entfremdet. Diese vollständige Abhängigkeit vom Unternehmer zieht ein ganzes Bündel mentaler, sozialer, finanzieller, politischer Folgen nach sich. Wenn ganze Bevölkerungsschichten dieses Schicksal teilen, beginnt eine mehr oder minder revolutionäre, mehr oder minder gewaltsame Umwandlung der sozialen Ordnung. Mit der Französischen Revolution war Marx und seinen Zeitgenossen ein solcher blitzartiger und gewaltsamer Umsturz sehr präsent: Fast über Nacht wurde ein feudales Regime durch ein bürgerliches abgelöst und damit eine vor allem militärische Leistungskraft freigesetzt, vor der die alten Monarchien halb Europas zusammenfielen wie Kartenhäuser.

Diese bürgerliche Revolution brachte mit ihrer kapitalistisch-industriellen Produktionsform ungeheuren Reichtum und ungeheures Elend zugleich hervor. Nach dem rigorosen Konkurrenzprinzip des kapitalistischen Marktes kann nur der Produzent auf Dauer erfolgreich sein, der seine Ware am günstigsten anbietet. Um im Wettbewerb zu bestehen, muss er also auch die Lohnkosten der für ihn tätigen Arbeiter senken. Auf diese Weise wächst unter kapitalistischen Produktionsbedingungen einerseits ein immer größeres Heer besitzloser Proletarier heran, die sich mit ihrer Arbeit unter elendesten Bedingungen gerade noch am Leben erhalten. Auf der anderen Seite entsteht eine immer kleiner werdende Gruppe durchsetzungsfähiger Produzenten bzw. Investoren, die dank ihres Erfolgs unvorstellbare Vermögen anhäufen. Da die Proletarier, deren Zahl immer weiter anwächst, die Waren zwar produzieren, sich diese Waren aber selbst nicht leisten können, also als Konsumenten ausfallen, kommt es zu zyklischen Krisen der Überproduktion, in denen enorme Vermögenswerte vernichtet werden. In solchen Krisen sah Marx die Vorboten der kommenden proletarischen Revolution, in der sich eine unüberschaubar groß gewordene, verarmte Arbeiterklasse gegen die verschwindend kleine Klasse der Kapitalisten und die kapitalistischen Produktionsbedingungen auflehnt, um ein neues kollektives Wirtschaftssystem zu installieren, das ohne Privateigentum an den Produktionsmitteln auskommt.

Mit dem heute sprichwörtlich gewordenen Manchester-Kapitalismus stand Marx um die Mitte des 19. Jahrhunderts ein Wirtschaftsmodell vor Augen, das seine düstere Bestandsaufnahme samt den Schlussfolgerungen vollauf bestätigte. So hatte der Einsatz von Dampfmaschinen unter anderem die Textilproduktion von Grund auf verändert: Mechanisierte Webstühle lösten die handwerkliche Arbeit der Weber ab, und in manchen Zentren der Textilfabrikation – wie eben in Manchester – wurden die Arbeitsbedingungen in den Fabriken tatsächlich mörderisch. Zugleich sanken die Löhne bis hart an die Grenze des Lebensminimums. Das Elend der täglich ohne freie Wochenenden oder Urlaub bis zu sechzehn Stunden schuftenden Menschen war unsäglich, selbst die simpelsten familiären oder sozialen Bindungen wurden durch Krankheit, Alkoholismus, Gewalt, Kriminalität, Prostitution zerstört. An solche Zustände dachte Marx, wenn er Arbeiter als entfremdete, enthumanisierte Anhängsel der von ihnen bedienten Maschinen beschrieb, die wie Vieh behandelt und für den Profit der Unternehmer buchstäblich verschlissen würden.

An eine Verbesserung dieser Situation durch Reformen glaubte Marx aus zwei Gründen nicht: Zum einen war die bürgerliche Klasse seiner Ansicht nach fast zwangsläufig unzugänglich für eine moralische Argumentation zugunsten der Arbeiter. Denn eine solche Argumentation war Teil des Überbaus, der letztlich durch die kapitalistischen Produktionsverhältnisse geprägt ist. Folglich konnte die Moral im Bewusstsein der Besitzenden niemals so viel Gewicht erhalten, dass sie aus freien Stücken in eine radikale Neuordnung der ökonomischen Basis einwilligten. Zum anderen würde jeder Kapitalist, der in seinen Betrieben für humanere Arbeitsbedingungen und höhere Löhne sorgte, im Wettbewerb mit seinen Konkurrenten, die auf rücksichtslose Ausbeutung setzen, zwangsläufig zurückfallen und also über kurz oder lang vom Markt verschwinden.

Der nächste Schritt der geschichtlichen Entwicklung werde also, so Marx, die proletarische Revolution sein. Zu dieser alles entscheidenden Schlacht gegen das Bürgertum müsse das Proletariat notgedrungen antreten, da es sonst keine Überlebenschancen habe. Schon in der Vergangenheit kämpfte es, gemeinsam mit anderen Klassen, gegen die jeweils aktuell Herrschenden für seine Befreiung. Doch wurde das Proletariat nach dem Sieg von jenen verbündeten Klassen, die alle Macht an sich rissen, wieder und wieder um die Früchte seines Erfolgs gebracht. Der ständige Kampf der Klassen kann erst mit dem Sieg der niedrigsten, genauer: der am stärksten erniedrigten Klasse enden, durch den alle Klassenunterschiede beseitigt werden und eine klassenlose Gesellschaft entsteht. Mit diesem Triumph endet die Vorgeschichte einer seit Jahrtausenden in Selbstentfremdung und Selbstzerfleischung gefangenen Menschheit, und die Geschichte einer wahrhaft menschlichen und gerechten Gesellschaft kann endlich beginnen. Das Proletariat kämpft also nicht allein für die eignen Interessen, sondern für die der gesamten Menschheit.

Über diesen Teil der Marx'schen Theorien, die von der Analyse der kapitalistischen Gegenwart hinübergleitet in Prognosen über eine kommende Gesellschaftsformation, ist endlos gestritten worden. Nicht zuletzt, weil sich Marx in diesem Punkt nie sehr konkret geäußert hat. Nach seinen Vorstellungen führt die erwartete Revolution zunächst zur Machtübernahme des Proletariats, das alle Produktionsmittel als Gesellschaftseigentum in seinen Besitz nimmt und so den Klassengegensätzen die Grundlage entzieht. In seinen Augen war das – zumindest für eine Übergangsphase – gleichbedeutend mit einer Übernahme der totalen Herrschaft im Staat und dessen Institutionen. Marx war kein Anarchist, der den Staat beseitigen wollte. Doch mit dem Verschwinden der Klassengegensätze würde der Staat, der vor allem die Aufgaben hatte, die Besitzenden vor den Besitzlosen zu schützen, seinen Zwangscharakter verlieren und schließlich einer freien, kommunistischen Gesellschaft Platz machen, die jedem Einzelnen den Spielraum verschafft, »heute dies, morgen jenes zu tun, morgens zu jagen, nachmittags zu fischen, abends Viehzucht zu treiben, nach dem Essen zu kritisieren, [...] ohne je Jäger, Fischer, Hirt oder Kritiker zu werden«[78].

Trotz solcher schwärmerischen Sätze tut man gut daran, sich Marx' Vision einer kommunistischen Gesellschaft nicht allzu paradiesisch vorstellen. Denn er orientierte sich bei der Verwendung eines Begriffes wie »frei« am Sprachgebrauch Hegels, der unter Freiheit die Einsicht in die Notwendigkeiten verstand, also das Wissen um die und die Zustimmung zu den unvermeidlichen Erfordernissen des sozialen Lebens. Die Freiheit der Zukunftsgesellschaft, wie Marx sie sah, lag darin, dass ihre Bürger in vollem Einverständnis mit den historischen Gesetzmäßigkeiten leben und alle objektiv notwendigen Arbeiten und Pflichten in freiwilliger Bereitschaft übernehmen. Einer der berühmtesten Sätze des *Kommunistischen Manifests* handelt von dieser Gesellschaft der Zukunft und lautet: »An die Stelle der alten bürgerlichen Gesellschaft mit ihren Klassen und Klassengegensätzen tritt eine Assoziation, worin die freie Entwicklung eines jeden die Bedingung für die freie Entwicklung aller ist.«[79] Setzt man die Hegel'sche Lesart des Wortes »frei« voraus, verliert der Satz viel von seinem gloriosen Klang.

Der Zusammenbruch des Kapitalismus ist nach Marx' Überzeugungen zwar unaufhaltsam, aber nicht die Folge eines blinden Mechanismus. Die Geschichte erweist sich, wenn man sie unvoreingenommen betrachtet, in allen Epochen als ein diskontinuierlicher Prozess, der abrupte Brüche, Rückschläge oder Stockungen kennt. Kommunisten können also nicht die Hände in den Schoß legen und warten, bis eine proletarische Revolution aus ihrer eigenen Dynamik heraus die bürgerliche Gesellschaft überrollt. Vielmehr fällt ihnen die Aufgabe zu, die ausgebeuteten Arbeitermassen über die von Marx entdeckten objektiven Gesetze der Geschichte aufzuklären, die jeweils aktuelle politische Lage, insbesondere die Kräfteverhältnisse zwischen den Klassen, sorgfältig zu analysieren und schließlich im geeigneten historischen Moment die hochkochende Revolution anzuleiten, um die Zerstörung der alten Ordnung und den Bau der neuen voranzutreiben.

Spätestens hier zeigt Marx' Argumentation Risse. Es ist nicht einzusehen, weshalb der geschichtliche Prozess, der von der Antike bis zur Französischen Revolution ausschließlich von ökonomischen Entwicklungen vorangetrieben wurde, nun die Anleitung durch eine am historischen Materialismus geschulte Avantgarde nötig hat, um das unvermeidliche kommunistische Finale zu erreichen. Dieser Widerspruch in Marx' Denken ist mehr als eine Bagatelle: Einerseits beschreibt er die Entwicklung der Geschichte streng materialistisch als Abfolge unbeeinflussbarer ökonomischer Prozesse. Andererseits betont er idealistisch die Möglichkeit, in strenger Organisation Macht über den Geschichtsprozess zu gewinnen.

Zudem ist nicht klar, ob Marx glaubte, seine grundlegende These, das zentrale Antriebsmoment der Geschichte sei der Klassenkampf, mit verlässlichen, empirisch überprüfbaren

Daten untermauern zu können, oder ob es sich bei dieser These nur um seine subjektive Interpretation der historischen Vorgänge handelt. Beruht sein Geschichtsbild, das durch fortwährende gesellschaftliche Spaltungen und wachsende Entfremdung geprägt ist, auf analytischem Scharfblick oder auf geschickter Rhetorik? Aus heutiger Sicht würde man den Einfluss kontingenter Faktoren, die möglicherweise, aber nicht notwendigerweise auf den Geschichtsprozess Einfluss nehmen, sicher höher veranschlagen, als Marx es getan hat: Die Geschichte ist ein so ungeheuer komplexer Prozess, auf den ein schier unbegrenztes Spektrum sozialer, individueller, klimatischer, kultureller und anderer Faktoren einwirkt, Faktoren, die sich laufend verändern und gegenseitig beeinflussen, dass seine Entwicklung eben nicht allein auf ökonomische Gesetzmäßigkeiten zurückgeführt werden kann.

Die zeitgenössischen Kritiker von Marx hielten sich mit solchen Argumenten nicht lange auf. Schon sein unbedingter Führungsehrgeiz und der Ausschließlichkeitsanspruch seiner Theorien sorgten für massive Konflikte mit Vertretern anderer Spielarten des Sozialismus. Zwei davon sind vielleicht auch heute noch von Interesse: Michail Bakunin, der ab Mitte der 1860er-Jahre zu einem wichtigen Gegenspieler von Marx heranwuchs, wandte sich vor allem gegen dessen These, das Proletariat müsse nach einer erfolgreichen Revolution zumindest für eine Übergangsphase die gesamte staatliche Gewalt übernehmen. In Bakunins Augen war der Staat als Unterdrückungsapparat für den Einzelnen ebenso gefährlich wie die kapitalistischen Wirtschaftsstrukturen. Er polemisierte gegen jede Form bürokratischer, militärischer oder religiöser Machtausübung und plädierte für die unbedingte Freiheit des Einzelnen. Jeder müsse das Recht haben, sich nach freiem Entschluss mit anderen zu autonomen Gemeinschaften zusammenzuschließen: »Der ganze Unterschied zwischen revolutionärer Diktatur und Staatlichkeit besteht nur in den äußeren Umständen. Faktisch bedeuten sie beide das Gleiche: die Verwaltung einer Mehrheit durch eine Minderheit im Namen der angeblichen Dummheit ersterer und der angeblichen Weisheit letzterer. Deshalb sind sie auch gleich reaktionär und haben, die eine wie die andere, als unmittelbares und notwendiges Ergebnis die Sicherung politischer und ökonomischer Privilegien für die herrschende Minderheit und die politische und wirtschaftliche Versklavung der Volksmassen.«[80]

Sicher, gegen Bakunins Vorstellung von radikaler individueller Freiheit lässt sich eine Menge Kritik vorbringen. Über die Frage, inwieweit sie Grundlage moderner Gesellschaftsmodelle sein kann oder ob vielleicht sogar manches davon in der Alternativwirtschaft liberaler westlicher Länder verwirklicht wurde, lässt sich ausführlich diskutieren. Doch seine Warnung, eine revolutionäre proletarische Diktatur werde keine Übergangsphase bleiben, sondern unweigerlich zur Entstehung eines allmächtigen, zentralistischen und militarisierten Staates führen, muss man angesichts der Geschichte des realen Sozialismus im 20. Jahrhundert als außergewöhnlich hellsichtig bezeichnen.

Ähnliches gilt für die frühe Kritik von Moses Hess an der Bedenkenlosigkeit, mit der Marx seine Zukunftsvorstellungen darauf ausrichtete, eine globale Revolution zu entfesseln. Hess fragte nach den traumatischen Folgen eines solchen Endkampfes der Klassen, der die Beteiligten brutalisieren und eben nicht zu friedlicher Kooperation motivieren werde. Warum sollte ausgerechnet aus den Trümmern der Gesellschaften, die dieser fundamentale Umsturz hinterließe, der allseits gebildete, gemeinschaftlich orientierte, tolerante Neue Mensch des Kommunismus hervorgehen? In seinen Augen musste es deshalb die Aufgabe der Arbeiterführer sein, die Revolution möglichst zu vermeiden und mit gewaltlosen Mitteln, also durch Verhandlungen oder Streiks, die gesellschaftlichen Ungleichheiten zu mildern und zu beseitigen. Gerechtigkeit könne, schreibt er »durch friedliche Schlichtung und durch gewaltsamen Kampf errungen werden. Derjenige aber, der sich des humanen Ziels klar bewusst geworden [ist], kann unmöglich den *letzten* Weg einschlagen wollen, er kann nicht wünschen, daß die Ausgleichung im blinden *Kampfe* errungen werde.«[81]

Hess war in seiner Kritik allerdings nie konsequent. Mal distanzierte er sich von Marx' Positionen, dann wieder schwärmte er voller Begeisterung von den kommenden revolutionären Kämpfen – was möglicherweise auch an seinem tagtäglichen Umgang mit Marx lag: Das Ehepaar Hess und die Familie Marx lebten in Brüssel zeitweise Tür an Tür. Doch die Frage, ob die proletarische Revolution, auf die Marx' Geschichtstheorie hinausläuft, den gesellschaftlichen Zielen, von denen Marx spricht, überhaupt zuträglich sein kann, ist berechtigt. Die Antwort, die von den westlichen Industriestaaten im vergangenen Jahrhundert gegeben wurde, zeigt viel eher Ähnlichkeit mit den reformerischen, um Interessenausgleich bemühten Ideen von Moses Hess als mit den revolutionären von Karl Marx.

Algier V: Das Palais im Park

Von dem frisch ausgehobenen Grab aus, vorbei an einigen Palmen und hohen Bäumen, sah er aufs Meer. Der Friedhof stieg in Terrassen ein gutes Stück den Hang hinab. Unten breitete sich die Bucht vor der Stadt aus, das Meer lag grau unter einem trüben Himmel. Der lange, gewundene Weg hier herauf hatte ihn erschöpft, er spürte den schnellen Takt von Herz und Atem. Es gab nur wenige Gräber, und sie alle waren noch nicht alt. Die Gemeinde Mustapha hatte den Friedhof erst vor ein paar Jahren angelegt für die Christen des Ortes. Der für die Muslime lag tiefer. Mit langsamen Schritten hügelan war er an ihm vorübergestiegen.

Obwohl ein kühler Wind blies, schwitzte er. Er zog seinen Überrock auf Brusthöhe enger. Armand Magnadère, der blasse junge Mann, war ruhig gestorben, ohne viel Aufhebens von seinem Siechtum zu machen. Dr. Stéphann hatte ihm nicht helfen können, die Schwindsucht hatte ihm keine Chance gelassen. Natürlich war das Erschrecken groß gewesen unter den Gästen der Pension *Victoria*. Madame Alisse, die Hausherrin, telegrafierte an Magnadères Mutter und an die Bank in Paris, für die er gearbeitet hatte. Die Direktion der Bank erwies sich als unerwartet großzügig, sie hatte Magnadère das Gehalt auch während seines Aufenthaltes in Algier weitergezahlt und bot nun an, den Leichnam auf ihre Kosten nach Paris überführen zu lassen. Doch die Mutter lehnte ab, so wurde Magnadère auf dem neuen Christenfriedhof Mustaphas beerdigt. Die aufgeworfene Erde neben dem Grab war schwer, nicht schwarz und locker, sondern rötlich grauer Ton voller kleiner Felsbrocken, sie fiel in festen Klumpen auf den Sarg.

Als sie im Dezember Jenny in London begruben, hatte er gefehlt. Er durfte sich nicht aus dem Bett rühren, Dr. Donkin hatte ihm so lange zugesetzt, bis er sich fügte. Aber seither nistete das Gefühl in einem Winkel seines Bewusstseins, etwas versäumt und Jenny zu leicht hergegeben zu haben. Schon aus diesem Grund zögerte er jetzt nicht, als Madame Alisse und die anderen Gäste beschlossen, Magnadère zum Friedhof zu begleiten. Er hatte den Bluthusten überstanden und seither das Haus gehütet. Es war sicher unvernünftig, sich den weiten Weg hinauf zuzumuten, Dr. Stéphann hatte ihn ermahnt, sich zu schonen. Doch irgendwann musste er ja wieder mit seinen Spaziergängen beginnen.

Die Sicht auf die Bucht war auch bei bedecktem Himmel schön. Ein Friedhof hatte den Lebenden Trost zu spenden, nicht den Toten. Auf diesem hier wirkten die wenigen Gräber einsam, wie verloren. Natürlich konnte der Blick aufs Meer niemanden wirklich trösten, dennoch blieb er für Momente eine willkommene Ablenkung.

Müde, sehr müde war er, als er die Pension wieder erreichte. Neben dem Eingang lag die Post auf einem der Tische. Seit er Tochter Jenny in einem langen Brief so sachlich wie möglich – er wollte niemanden unnötig ängstigen – von den

Tagen berichtet hatte, an denen ihm der Husten das Blut aus den Lungen presste, schrieben ihm alle in heller Aufregung. Laura und Eleanor machten sich Vorwürfe, dass sie ihn hatten allein reisen lassen, Eleanor hatte offenbar sogar mit Engels beratschlagt, ob sie ihm nach Algier hinterherreisen solle, um ihm beizustehen. Aber Engels war es gelungen, ihr das auszureden, schließlich ging es ihrem Vater inzwischen wieder besser.

Laura schrieb, wie anhaltend mild die Witterung bei ihr in London sei. Die wenigen Tage im Januar nach seinem entsetzlich verregneten Aufenthalt auf der Isle of Wight und vor seinem Aufbruch nach Algier seien dort die einzig schlechten seit Jahresbeginn gewesen. Er werde offenbar auf seinen Reisen von einem einzigartigen Wetterunglück verfolgt, wenn er nun selbst in Afrika kalte und stürmische Wochen erlebe, die Sonne aber jeden Ort verwöhne, sobald er ihn verlassen habe.

Sogar von Paul Lafargue, Lauras Mann, kam ein Brief, allerdings war er voller banaler Fragen und flüchtig aufgeschnappter, bestenfalls halb richtiger Vermutungen. Also musste er ihm in seiner Antwort lauter geistlose Auskünfte erteilen und mühsam all das geraderücken, was dieser Schwiegersohn durcheinandergebracht oder nicht begriffen hatte. Wieso erkundigte er sich nach der Bedeutung des Ortsnamens Mustapha supérieur? Kaum etwas könnte unwichtiger sein. Woher glaubte der Bursche zu wissen, er würde »alle französischen Zeitungen verschlingen, die in Algier verkauft werden«? Nein, schrieb er ihm, er beschränke sich auf ein kleines algerisches Blatt namens *Petit Colon*, mehr lese er nicht. Dann noch die Frage nach den »Jodumschlägen«, die er über sich ergehen lassen müsse. Auch falsch, obwohl

Lafargue doch Arzt war. Nicht mit Jod, erklärte er ihm, sondern mit Collodion cantharidal werde seine Brust und sein Rücken eingepinselt, und zwar so intensiv, dass sich derzeit am ganzen Oberkörper keine trockene Stelle mehr finde, an der die Behandlung in den kommenden Tagen wiederholt werden könne. Zu allem Überfluss behauptete der Kerl noch, seinem Brief eine Einladung beigelegt zu haben, »über die Sie lachen werden«, hatte aber offensichtlich vergessen, sie tatsächlich in den Umschlag zu stecken. Was für ein sonderbarer Narr.

Die Vernünftigste in dieser Familie war Tochter Jennychen. Ihre vier Jungs ließen ihr kaum je Gelegenheit, Atem zu holen, ihr Mann war fast nie zu Hause, manchmal kam er erst um halb zwölf nachts mit dem Zug aus der Redaktion, und doch fand sie Zeit, Briefe zu schreiben, bevor sie todmüde ins Bett fiel. Ihr gestand er, was er keinem anderen anvertrauen konnte: Erst jetzt hatte er allmählich wieder jenen Gesundheitszustand erreicht, in dem er sich befand, als er London verlassen hatte, um sich zu erholen. Die Rippenfellentzündung war nahezu ausgestanden gewesen, bevor er auf diese absurde Reise in den algerischen Regen geschickt wurde, in dem er mit einem schweren Rückfall ankam. Aber Engels und Donkin hatten sich, als sie für ihn eine Zuflucht vor der Nässe Londons suchten, in einen solchen Afrika-Enthusiasmus hineingesteigert, dass sie keine anderen Ziele als Algier mehr gelten ließen. Er hatte hin und wieder durch Andeutungen zu verstehen gegeben, dass er Menton oder Nizza für geeigneter hielt. Dort herrschte seit Wochen schon herrlichster Sonnenschein, während hier das Wetter von einem Extrem ins andere fiel, von einer Stunde zur anderen alle Phasen durchlief, Regen, Sonne, Sturm, Gewitter. Nichts war gefährlicher für einen Genesenden. Aber sein alter sanguinischer Freund Engels habe alle Bedenken in den Wind geschlagen, Engels könne einen – das schreibe er ihr im Vertrauen – aus aufrichtiger Liebe leicht umbringen.

Ansonsten jedoch gab er sich Mühe, Jenny zu beruhigen. Bei Madame Alisse und bei Rosalie, dem dienstbaren Geist des Hauses *Victoria*, fühlte er sich in besten Händen. Der geduldige Monsieur Casthelaz versah seine Aufgaben beim Herrichten der Zugpflaster und Aufschneiden der Pusteln mit ebenso viel Geschick wie Diskretion. Und Dr. Stéphann, der Casthelaz genau eingewiesen hatte, war zuverlässig, kompetent und jederzeit für ihn da. Jenny brauche sich keine Sorgen zu machen, seine Heilung komme zwar langsam, aber stetig voran. Vor allem würde er gern, so beendete er seinen Brief, ihren Ältesten, den kleinen Jean, per Wunschkappe herbeizaubern, um ihm die Stadt und die Menschen hier zu zeigen. An den sonnigen Tagen sei Algier zauberhaft, wie ein Märchen aus Tausendundeiner Nacht. Wie würde Jean staunen über die Mauren, Araber, Berber, Türken, Schwarze, mit einem Wort über dieses Babel und die Kleider, von denen die meisten sehr poetisch waren. Diese ganze orientalische Welt, gemischt mit den »zivilisierten« Franzosen und den langweiligen Briten.

Bei einer der Visiten von Dr. Stéphann stellte sich im Gespräch heraus, dass der Arzt nicht nur einen deutsch klingenden Namen trug, sondern sein Vater Karl tatsächlich in Deutschland, in Landau in der Pfalz, geboren worden war. Er war Architekt gewesen und nach Algier ausgewandert, noch bevor die Franzosen Algerien 1830 zur Kolonie machten. Viele Gebäude der Stadt trugen seine Handschrift. Doch er starb früh, sein Sohn war gerade zwei Jahre alt, hatte keine Erinnerungen mehr an ihn und sprach auch kein Wort Deutsch. Die Mutter hatte dann ein zweites Mal geheiratet, einen Arzt, Dr. Trollier, der ihn erzogen hatte und der ihm bei der Wahl des Berufes zum Vorbild wurde.

Diese Stadt beherbergte ein wunderliches Völkergemisch. Er hatte bislang noch viel zu wenig von ihr gesehen. Nur den großen Boulevard am Hafen und ein paar Gassen, die von der Porte d'Isly zur Apotheke führten, aber das wollte er ändern, sobald das Wetter und Dr. Stéphann es ihm gestatteten. Nicht einmal hundert Meter von der Pension entfernt, und so viel erlaubte ihm der Arzt immerhin, begann der kleine, aber exotisch verzauberte Park, der den Sommerpalast des französischen Generalgouverneurs umgab. Spaziergänge dorthin hatten in landschaftlicher und architektonischer Hinsicht immer ihren Reiz. Das Palais war von einem der letzten arabischen Herrscher, Dey Mustapha Khodjet El-Kheil, aus weißem Marmor erbaut worden, zweistöckig, mit maurischen Bogengängen, drei Kuppeln über dem luftigen Portikus, Kachelmosaiken und feinen Stuck-Ornamenten. Es galt als eines der schönsten Gebäude im Umkreis von Algier, und natürlich hatten die Franzosen es nicht nur in Besitz genommen, sondern nach ihren Vorstellungen umgebaut und erweitert. Doch es war trotz allem ein entzückender Anblick, wenn er durch das weit offene Tor die Zufahrt mit ihren blütenüberfluteten Beeten und den säulengeschmückten Prachtbau betrachtete. Näher herantreten durfte er nicht, die Gesten der Torwachen waren unmissverständlich. Angeblich konnten sich die Kurgäste im Stadtpalast Erlaubniskarten aushändigen lassen, mit denen ein Besuch des Parks gestattet war, falls der Gouverneur und seine Gattin nicht im Palais residierten. Aber daran hatte er kein Interesse, es war auch nicht nötig. Wenn er ein paar Hundert Schritte bergauf ging, fiel die Straßenböschung steil ab, und er hatte einen bequemen Blick von oben auf den ganzen Park und das Gebäude.

Nur ein paar Serpentinen oberhalb der Pension *Victoria* und damit für ihn inzwischen ebenfalls wieder in erreichbarer Entfernung lag das Café de Tremble, wo er bei Morgenspaziergängen gelegentlich Pause machte oder sich vor plötzlichen Regengüssen ins Trockene rettete. Wie in allen Cafés lagen auch hier mehrere algerische und französische Zeitungen aus. Er hatte ein wenig übertrieben, als er Lafargue schrieb, er beschränke sich ganz auf die Kurznachrichten des *Petit Colon*. Zumal ihm Engels die wichtigsten Ausschnitte aus der *Daily News* schickte und einige Nummern der *Kölnischen Zeitung* und Fermé ihn mit der *Justice* aus Paris versorgte, in der Carl Hirschs langer Aufsatz über den Sozialismus in Deutschland übersetzt nachgedruckt worden war. Tochter Jenny hatte in ihrem Brief von dem Artikel geschwärmt, er habe Sensation gemacht in Deutschland, nicht zuletzt, weil Bismarck ihn verbieten ließ. Doch als er den Aufsatz schließlich lesen konnte, entpuppte er sich als Ansammlung von Hirngespinsten, und das schrieb er seiner Tochter auch.

Wenn zutraf, was Jenny in ihrem Brief andeutete, dann war Hirsch, der sich besser mehr um seine Arbeit für die Partei kümmern sollte, zwar glücklich über den großen Erfolg seines Artikels, aber zugleich unglücklich in Liebesdingen. Offenbar suchte er jetzt wieder einmal Eleanors Nähe, nachdem er erfahren hatte, dass sie ihre Verlobung mit Lis-

Einfaches maurisches Café in Algier (um 1880)

sagaray aufgelöst hatte. Es gebe da sehr, sehr deutliche Hinweise, betonte Jenny. Aber, so beschwor sie ihn, er dürfe Eleanor um Himmels willen nicht darauf ansprechen, sonst werde sie gewiss allzu harsch mit diesem unwillkommenen Verehrer umspringen.

Dieser Hirsch wurde immer lästiger. Was kümmerte er ihn? Nicht nur hier in Algier, sondern lange schon fehlte ihm seine Arbeit, es tat ihm leid um die leere Zeit. Vor Monaten hatte sich sein Verleger aus Hamburg gemeldet, die dritte

Auflage des *Kapitals* werde vorbreitet, er solle baldmöglichst die Revisionsbögen mit eventuell nötigen Korrekturen und Ergänzungen schicken. Doch wie hätte er sich darauf konzentrieren können, während der Wochen, in denen Jenny langsam starb? Dazu kam seine eigene Krankheit. Er hatte die Korrekturbögen mit auf die Reise genommen, aber sie nicht einmal angerührt. Er werde, gab ihm Dr. Stéphann zu verstehen, noch auf Jahre hinaus vorsichtig mit sich umgehen müssen. Arbeit, mahnte der Arzt, komme nicht infrage. Was also blieb ihm zu tun? Immer wieder dachte er an die fieberhaften Jahre, die er mit Jenny in Paris, in Brüssel, in Köln zugebracht hatte, diese engen Wohnungen, möblierten Zimmer, billigen Pensionen, die voller Lärm und Leben gewesen waren.

Erleichterung verschaffte ihm vor allem der Schlaf, der nach den Schrecken der durchwachten Nächte endlich zurückkehrte. Er genoss diesen wohltuenden Zustand umso mehr, als er wusste, wie rasch er wieder vorüber sein würde. Sobald neue Zugpflaster aufgelegt werden konnten, würde ihn das Gefühl, seine Haut sei zu kurz geworden und der Körper wolle förmlich aus ihr herausplatzen, wieder einholen und wach halten.

Köln und die Revolution

Bart zu tragen oder keinen Bart zu tragen entwickelte sich mit Beginn des 19. Jahrhunderts zu einer Frage von politischer Bedeutung. Nach den Niederlagen fast aller europäischen Mächte gegen die Truppen Napoleons regte sich in den besiegten Ländern zunehmend Widerstand gegen die Vorherrschaft der französischen Kultur. Sie wurde als »welsche« Affektiertheit abgetan, und da die Rasur zur damaligen französischen Mode gehörte, verbreitete sich, zumal im deutschsprachigen Raum, eine Vorliebe für Bärte, vorzugsweise Vollbärte. Sie galten nun als urwüchsig, trutzig, gediegen und als Bekenntnis sowohl zur bodenständigen Kultur als auch zum angeblich kernig-bärtigen Mittelalter, von dem die Romantiker schwärmten.

Dieses gestärkte Nationalbewusstsein ging in Deutschland eine enge Verbindung ein mit der Hoffnung auf ein künftig geeintes Vaterland und auf mehr demokratisch-parlamentarische Mitwirkungsrechte. Beides wurde vor und während der Befreiungskriege gegen Napoleon immer lauter gefordert, aber nach dem Sieg von den alten Herrscherhäusern verweigert. Die Enttäuschung war enorm, und schnell wandelte sich der Bart vom Kennzeichen des antifranzösischen Patrioten zu dem des innenpolitischen Oppositionellen –

was auch deshalb nahelag, weil sich die meisten Monarchen ebenso wie der diplomatische Architekt der Restaurationszeit, Klemens Fürst von Metternich, rasierten.

Vor allem Studenten bevorzugten Bärte als Ausdruck ihrer rebellischen Gesinnung. Spätestens nach der Revolution von 1830 sprachen Anhänger des absoluten Königtums verächtlich von Demagogen- oder Demokratenbärten. Festgenommene Verdächtige wurden in der Haft nicht selten zwangsweise rasiert, und in manchen deutschen Ländern verhängten die Behörden Bartverbote für Beamte. Fast alle europäischen Anführer des radikaldemokratischen, nationalistischen oder sozialistisch-kommunistisch-anarchistischen Widerstands gegen den Absolutismus trugen Vollbärte: der Ungar Lajos Kossuth, der Pole Ludwik Mieroslawski, der Russe Michail Bakunin, die Italiener Giuseppe Mazzini und Giuseppe Garibaldi und die Deutschen Friedrich Hecker, Gustav Struve oder Robert Blum. Ebenso legte Friedrich Engels, obwohl kein Student, schon als Zwanzigjähriger Wert darauf, durch Bartwuchs seinen Widerstand gegen den vermuteten Untertanengeist seiner Mitmenschen zu dokumentieren: »Ich trage jetzt einen ungeheuren Schnurrbart«, schrieb er stolz an seine Schwester, »und werde mir nächstens einen Henri quatre und Ziegenbart zulegen [...] Ich habe nämlich ein Cirkular ausgehen lassen an alle schnurrbartsfähigen jungen Leute, daß es endlich Zeit wäre, alle Philister zu perhorrescieren und daß das nicht besser geschehen könnte als daß wir Schnurrbarte trügen.«[82]

Auch Karl Marx verzichtete, wie zwei frühe Zeichnungen zeigen, schon als Student an der Universität in Bonn auf Rasur. Mit widerspenstiger Mähne und Vollbart wurde er sehr bald zu einer eindrucksvollen Erscheinung. In keinem der zeitgenössischen Berichte über ihn fehlt der Hinweis auf seinen dichten schwarzen Schopf, und fast immer wird auch der ebenso schwarze, imposante Bart hervorgehoben. Von Löwenkopf bis Jupiterhaupt reichten die Beinamen, die ihm gegeben wurden. Aus heutiger Sicht sieht es so aus, als habe sich Marx – bewusst oder instinktiv – mit den Mitteln des Haarwuchses zum eigenen Markenzeichen modelliert, zur unverwechselbaren, bei Auftritten oder auf Bildern leicht wiedererkennbaren Ikone. Entsprechende Überlegungen, welches Erscheinungsbild einem Rebellen angemessen sei, waren ihm zumindest nicht fremd: So spöttelte er 1852 über den aus preußischer Gefängnishaft nach London geflohenen Theologen und Demokraten Gottfried Kinkel, der sich zunächst einmal »in häuslicher Zurückgezogenheit den Bart wieder wachsen«[83] ließ, bevor er in die Öffentlichkeit zurückkehrte. Auf jeden Fall zählte, so viel steht fest, Unauffälligkeit nie zu Marx' Zielen. Und seine Neigung zur optischen Selbststilisierung hat seinem Aufstieg im politischen Geschäft, der mit der Revolution von 1848 Fahrt aufzunehmen begann, sicher nicht geschadet.

Andererseits belegt die Vielfalt der Bärte auch die Vielfalt der ideologischen Strömungen, aus denen die 1848er-Revolution sich speiste. Manche Marx-Biografien rücken die Hauptfigur ihres Interesses derart in den Vordergrund, dass es wirkt, als habe die Abfolge europäischer Unruhen, Aufstände und Revolten jenes Jahres zuallererst sozialistische Motive gehabt. Zu ihren politischen Triebfedern gehörten aber ebenso nationalistische, demokratische oder konstitutionelle Tendenzen, die je nach regionaler Konstellation bunte Koalitionen eingingen und nicht leicht zu trennen sind. Die revolutionären Kämpfe begannen im Winter 1847 in der sonst so stillen Schweiz, setzten sich im Januar in Süditalien fort, sprangen im Februar über nach Paris, von dort aus im März nach Berlin, Wien, Mailand, Venedig und Ungarn, später nach Polen und Prag und setzten sich bis ins Jahr 1849 fort.

Zu den Auslösern gehörte neben einem stark angestiegenen Bevölkerungswachstum, das Befürchtungen vor katastrophaler Überbevölkerung weckte, eine seit Mitte der vierziger Jahre schwelende europäische Wirtschaftskrise. Nicht zuletzt die Kartoffelfäule hatte zu mehreren Missernten geführt. Die Preise für Nahrungsmittel stiegen rasant, die Ärmsten kämpften buchstäblich ums Überleben, in Irland fielen der Großen Hungersnot jener Jahre eine Million Menschen zum Opfer. In der Folge kam es zu einem empfindlichen Konjunktureinbruch in Großbritannien, der Lohnkürzungen, Massenentlassungen und Streiks nach sich zog, was lähmende Auswirkungen auf die Wirtschaft ganz Europas hatte. Die folgenschwerste politische Erschütterung war der Aufstand der Pariser Bevölkerung gegen Bürgerkönig Louis-Philippe. Nach heftigen Straßen- und Barrikadenkämpfen vom 22. bis 24. Februar 1848 dankte der König ab, sein Thron wurde auf offener Straße verbrannt und die Republik ausgerufen.

Für Karl Marx im Brüsseler Exil verknüpfte sich dieser Sieg der Revolution durch zeitlichen Zufall mit einem persönlichen Erfolg. Da sich die finanzielle Not seiner stetig wachsenden Familie verschärfte, hatte er seine Mutter immer energischer bedrängt, ihm vorab Teile seines Erbes auszuzahlen. Nach langem Zögern gab sie nach und schickte ihm ausgerechnet Ende Februar 1848 etwa 1 250 preußische Taler.

Die Zahlung alarmierte die belgischen Behörden, die nach der Revolution in Paris ohnehin hochnervös waren und Marx überwachten. Er könnte, mutmaßten die Beamten, das Geld möglicherweise für Waffenkäufe verwenden, und entschieden, ihn umgehend auszuweisen. Ganz aus der Luft gegriffen war ihr Verdacht wohl nicht, immerhin notierte Jenny Marx in ihren Erinnerungen, damals sei es für deutsche Arbeiter an der Zeit gewesen, »sich auch nach Waffen umzusehen. Dolche, Revolver etc. wurden angeschafft. Karl gab gerne die Mittel dazu her, war er doch eben in einigen Besitz gekommen.«[84]

Am 3. März 1848 erhielt Marx also zum zweiten Mal in seinem Leben den offiziellen Befehl, binnen 24 Stunden das Land, in dem er gelebt hatte, zu verlassen. Dem Übereifer einiger Polizisten verdankten Jenny und er, dass sie festgenommen wurden und die Nacht in Arrestzellen verbringen mussten. Eine überflüssige Schikane, denn Marx – der ahnte, dass sich etwas gegen ihn zusammenbraute – hatte bereits von einem ihm wohlgesinnten Minister der neuen provisorischen französischen Regierung, Ferdinand Flocon, eine offizielle Einladung nach Paris erbeten und erhalten: »Wackerer, aufrichtiger Marx, der Boden der französischen Republik ist eine Freistätte für alle Freunde der Freiheit. Tyrannenmacht hat Sie verbannt, das freie Frankreich öffnet Ihnen seine Tore wieder. […] Mit brüderlichem Gruß!«[85] Flocon war seit 1845 Chefredakteur der republikanischen Zeitung *La Réforme*, in der mehrfach Artikel von Marx und Engels gedruckt worden waren. Zudem gab es in Paris eine mitgliederstarke Gemeinde des *Bundes der Kommunisten*, zu der Engels enge Kontakte unterhielt. Als Marx mit seinen Gefolgsleuten Anfang März in die aufgewühlte französische

Hauptstadt zurückkehrte, war er also keineswegs isoliert, sondern verfügte über exzellente politische Verbindungen und einen größeren Unterstützerkreis. Mehr als ein Mal hatte er die Vorreiterrolle der Franzosen für kommende Revolutionen in Europa beschworen – hätte es für einen Mann mit weltrevolutionären Ambitionen in diesem historischen Moment einen besseren, chancenreicheren Aufenthaltsort geben können als Paris?

Kaum war er eingetroffen, erreichten ihn weitere dramatische Nachrichten: Am 13. März erhoben sich in Wien Studenten und eine Bürgerwehr gegen die Regierung Metternichs, woraufhin der Fürst zurücktrat und fliehen musste. Am 18. März sicherte in Berlin der verunsicherte König Friedrich Wilhelm IV. seinen Bürgern nach blutigen Barrikadenkämpfen die Pressefreiheit, die Einberufung des Landtags und eine liberale Verfassung für Preußen zu. Falls Marx trotz seiner dezidiert globalen Revolutionstheorie den eigenen Platz als Vordenker des Umsturzes eher im deutschsprachigen Raum suchte, standen ihm nun die Hauptstädte zweier Großmächte als mögliche Bühnen offen.

Doch er entschied sich anders, nicht für Paris, Wien oder Berlin. Sondern für Köln. Er wandte sich zurück in die vertraute rheinische Metropole. Für Köln habe, behauptete Friedrich Engels später, vor allem ein juristisches Argument gesprochen: »In Berlin herrschte das elende preußische Landrecht, und politische Prozesse kamen vor die Berufsrichter, am Rhein bestand der Code Napoléon, der keine Preßprozesse kennt […], am Rhein hatten wir unbedingte Preßfreiheit.«[86] Tatsächlich standen Marx und Engels schon ein paar Monate darauf in Köln vor Gericht, und es erwies sich als großer Prozessvorteil für sie, sich buchstäblich mit den napoleonischen Zivil- oder Strafgesetzbüchern in der Hand verteidigen zu können.

Dennoch waren mit der Wahl Kölns empfindliche Einschränkungen verbunden. Die ersten revolutionären Unruhen machten sich hier zwar ein paar Tage früher bemerkbar als in Berlin. Und Köln entwickelte sich, wie der Historiker Jürgen Herres anmerkt, in den folgenden Monaten zum »Kommunikationszentrum der rheinisches Revolution«[87]. Doch zur Vorreiterin wurde die Stadt nie und spielte bei den maßgeblichen Ereignissen des Jahres nur eine Nebenrolle. Fast zwangsläufig blieb auch Marx lediglich eine Randfigur dieser Revolution, der einzigen, an der er jemals persönlich beteiligt war. Er verschaffte sich als Publizist Gehör, durchaus landesweit, war innerhalb Kölns ein politischer Faktor, mit dem man rechnen musste, gehörte aber nie zu den wesentlichen Akteuren, die Einfluss auf die Zukunft Deutschlands hatten. Zudem war Marx, der drei Jahre zuvor seine preußische Staatsangehörigkeit zurückgegeben hatte, ein Staatenloser, der im preußischen Köln jederzeit von Abschiebung bedroht blieb, wogegen ihm in Frankreich das Bürgerrecht »von Mitgliedern der provisorischen Regierung angetragen wurde«[88], das er jedoch nicht annahm.

Schon Engels' Hinweis auf das Presserecht macht deutlich, dass Marx und er vor allem von dem Gedanken beherrscht waren, sich mit einer Zeitung ins politische Geschehen einzuschalten. Und in Köln bot sich für Marx die konkrete Möglichkeit, rasch wieder eine Redaktion zu leiten. Moses Hess hatte bereits erste Kontakte geknüpft und verhandelte mit Geldgebern und Verlegern über die Gründung eines Blattes, das *Neue Rheinische Zeitung* heißen sollte. Dieses Projekt reizte aber möglicherweise nicht allein Marx' journalistische Leidenschaften. In Frankreich hatten nach der Revolution mehrere leitende Redakteure einflussreicher Zeitungen politische Schlüsselpositionen besetzt, Louis Blanc von der *Revue indépendente* und Flocon von *La Réforme* waren zu Ministern berufen worden. Schon nach der Revolution von 1830 war Adolphe Thiers, Chefredakteur des *National*, bis zum Ministerpräsidenten aufgestiegen. Wenn Marx bei den kommenden Kölner Konflikten gern öffentlich mit seinen Redakteuren auftrat und sie sich als die »Partei der *Neuen Rheinischen Zeitung*« apostrophieren ließen, hatte das einen handfesten politischen Beiklang.

Am 11. April kam Marx in Köln an, schon am Tag darauf nahm er Moses Hess die Verhandlungen über die neue Zeitung aus der Hand – und zwar so gründlich, dass Hess wenig später nach Paris abreiste und von dort aus nur noch als Korrespondent für die *Neue Rheinische Zeitung* tätig war. Marx kannte, wie schon 1842, als er Adolf Rutenberg von der Leitung der *Rheinischen Zeitung* verdrängte, auch in diesem Fall wenig kollegiale Rücksicht. Es war nicht einfach, in kurzer Zeit das Startkapital zusammenzubringen, es fanden sich nicht genügend Subskribenten, die das Blatt vorab abonnierten, also mussten Aktien ausgegeben werden. Marx beteiligte sich persönlich mit einem Teil des vorgezogenen Erbes, das ihm seine Mutter ausgezahlt hatte: Die Druckmaschinen wurden sein persönlicher Besitz. In seinem Vertrag ließ er sich den Titel eines »Redakteur en Chef«, unbegrenzte journalistische Unabhängigkeit und ein fürstliches Jahresgehalt von 1500 Talern zusichern.

Die Zeitung erwies sich für Marx in den kommenden

Monaten nicht nur als Machtbasis, sondern auch als Problem. Sie war letztlich unterfinanziert und hatte keine Reserven. Als sie im Herbst wegen des über Köln verhängten Kriegsrechts für zwölf Tage nicht erscheinen konnte, war sie existenziell gefährdet. Vorübergehend konnte Marx den Druckern die Löhne nicht auszahlen, was für ihn politisch überaus heikel war. Also musste er, während sich die revolutionären Ereignisse überschlugen, in Köln oder auf Reisen viel Zeit mit der Suche nach neuen Geldgebern verbringen.

Vor allem aber bezog Marx – seinen theoretischen Vorstellungen folgend – in den aktuellen politischen Debatten Positionen, die Uneingeweihten widersprüchlich erscheinen mussten. In seinen Augen war Preußen, ja waren selbst die wirtschaftlich fortgeschrittenen Rheinprovinzen noch nicht reif für eine proletarische Revolution. Streng historisch-materialistisch gedacht, mussten die Arbeiter zunächst einmal zusammen mit dem Bürgertum die überlebten feudalen Strukturen des Landes beseitigen. Sie sollten, so Marx, nicht gegen die Unternehmer aufbegehren, die sie als Ausbeuter empfanden, sondern mit diesen in einem gemeinsamen Kampf den Absolutismus und die Monarchie überwinden. Denn nur so konnten die Produktivkräfte einer modernen kapitalistischen Wirtschaftsordnung tatsächlich freigesetzt werden, die dann die notwendigen materiellen Voraussetzungen, aber auch das Bewusstsein der Arbeiterklasse schaffen würden für eine Revolution des Proletariats.

Seine Haltung wurde nicht leichter verständlich durch einen Leitartikel, den Marx in einer der ersten Ausgaben der *Neuen Rheinischen Zeitung* schrieb. Da seiner Ansicht nach die wirtschaftlichen Verhältnisse Frankreichs bereits so weit entwickelt waren, dass ihm ein Aufstand des Proletariats sinnvoll erschien, feierte er mit bebendem Pathos die blutige »Junirevolution« der Pariser Arbeiter gegen die bürgerlich dominierte Nationalversammlung. Es war ein erfolgloses Gemetzel gewesen, das Tausenden das Leben gekostet hatte, mit dem das »Volk« aber, meinte Marx, zum ersten Mal gewagt habe, »seine *allereigensten* Interessen *selbständig* zu vertreten«[89]. Seine Begeisterung für die direkte proletarische Gewalt irritierte nicht nur die Kölner Arbeiter, denen Marx Kooperation mit dem Bürgertum predigte. Es verschreckte auch das Bürgertum Kölns, darunter die Finanziers seiner Zeitung, zu deren entsetzlichsten Albträumen die Vorstellung einer ungezügelten Arbeiterrevolte gehörte.

Kurz, Marx gelang es, in kürzester Zeit alle Parteien gegen sich aufzubringen: Die preußischen Behörden hätten ihn lieber heute als morgen verhaftet, die Nationalisten und die in Köln mächtige katholische Kirche brüskierte er als internationalistisch denkender Atheist, die bürgerlichen Liberalen verängstigte er mit seiner Begeisterung für den französischen Arbeiteraufstand, und die Arbeiter wiederum ließen sich verständlicherweise nicht leicht erwärmen für seine Idee, durch eine Revolte an der Seite des Bürgertums ihre Abhängigkeit von den Kapitalisten und damit ihr Elend zunächst einmal absehbar zu verschärfen. Zudem hatte er in dem kommunistischen Arzt Andreas Gottschalk, einem Freund von Moses Hess, einen charismatischen Gegenspieler, der sich seit Jahren für die Ärmsten der Stadt einsetzte und einen Arbeiterverein mit mehreren Tausend Mitgliedern führte. Da Marx zeitlebens dazu neigte, persönlich Distanz zum realen Leben der Proletarier zu halten, fiel es Gottschalk leicht, ihn mit emotionalen Argumenten anzugreifen: »Ihnen ist es nicht Ernst mit der Befreiung der Unterdrückten. Das Elend des Arbeiters, der Hunger der Armen hat für Sie nur ein wissenschaftliches, ein doktrinäres Interesse.« Zudem machte sich Gottschalk, der ein furioser Redner war, über die prognostische Selbstgewissheit von Marx in Sachen Revolution lustig, »deren Gang Sie für viele Jahrzehnte hinaus mit der Genauigkeit des Habakuk verzeichnet haben«. Genüsslich rechnete er ihm die eigentümlichen Systemzwänge seiner Theorien vor, wegen denen er »den Ausbruch der Revolution in Deutschland von einer Revolution der französischen ›Kleinbürger‹ […], den Sieg der Proletarischen Revolution überhaupt von einer erst noch zu erwartenden Entwicklung der Industrie und Herrschaft der Bourgeoisie abhängig«[90] machte.

Auch dieser Konflikt, der die Arbeiterschaft der Stadt politisch schwächte, war unterschwellig geprägt von persönlichen Rivalitäten. Marx' Hang zum Dogmatismus und sein Machtanspruch machten ihm eine Zusammenarbeit mit Gottschalk unmöglich. Er war für ihn kein Kommunist mit eigenem Kopf, sondern ein Kontrahent, mit dessen *Zeitung des Arbeiter-Vereins zu Köln* er auch noch publizistisch konkurrierte. Als Gottschalk im Juli unter fadenscheinigen Vorwänden von der preußischen Polizei verhaftet wurde, übernahmen Marx und seine Anhänger dessen Arbeiterverein. Aber sie waren letztlich Fremde in der Stadt, sie sprachen weder die Sprache der proletarischen Mitglieder, noch genossen sie deren Vertrauen. In wenigen Wochen schmolz die zuvor schlagkräftige Organisation auf ein Zehntel ihrer ehemaligen Größe zusammen.

Im Demokratischen Verein der Stadt, in dem sich liberale

und bürgerliche Gruppen formierten, hatte Marx mit seinem Engagement ebenfalls wenig Glück. Er versuchte vor allem eine antipreußische Allianz zwischen Anhängern konstitutioneller Ideen und radikaldemokratischen Republikanern zu schmieden, doch da Diplomatie nie zu seinen Stärken gehörte, konnte er offenbar schwer verleugnen, dass er insgeheim andere, viel weiter gehende, ganz und gar nicht bürgerliche Ziele verfolgte. Der neunzehnjährige Student Carl Schurz, der nach dem Zusammenbruch der Revolution nach Amerika floh und es dort bis zum Innenminister brachte, beobachtete Marx auf einem Kongress des Vereins und schrieb später in seinen Erinnerungen: »Er war damals 30 Jahre alt und bereits das anerkannte Haupt einer sozialistischen Schule [...] Was Marx sagte, war in der Tat gehaltreich, logisch und klar. Aber niemals habe ich einen Menschen gesehen von so verletzender, unerträglicher Arroganz des Auftretens. Keiner Meinung, die von der seinigen wesentlich abwich, gewährte er die Ehre einer einigermaßen respektvollen Erwägung. Jeden, der ihm widersprach, behandelte er mit kaum verhüllter Verachtung. Jedes ihm mißliebige Argument beantwortete er entweder mit beißendem Spott über die bemitleidenswerte Unwissenheit oder mit ehrenrühriger Verdächtigung der Motive dessen, der es vorgebracht. Ich erinnere mich noch wohl des schneidend höhnischen, ich möchte sagen des ausspuckenden Tones, mit welchem er das Wort ›Bourgeois‹ aussprach; und als ›Bourgeois‹, das heißt als ein unverkennbares Beispiel einer tiefen geistigen und sittlichen Versumpfung, denunzierte er jeden, der seinen Meinungen zu widersprechen wagte. Es war nicht zu verwundern, daß die von Marx befürworteten Anträge in der Versammlung nicht durchdrangen, daß diejenigen, deren Gefühl er durch sein Auftreten verletzt hatte, geneigt waren, für alles zu stimmen, was er nicht wollte.«[91]

Ganz anders als auf einer großen und kontroversen politischen Versammlung muss Marx in der Redaktion der *Neuen Rheinischen Zeitung*, also in einem viel kleineren Kreis von Vertrauten und Anhängern gewirkt haben. Natürlich beanspruchte er auch hier das letzte Wort in allen ideologischen Fragen, aber von seiner Mannschaft wurde ihm das problemlos zugestanden: »Die Verfassung der Redaktion«, resümierte Engels einmal, »war die einfache Diktatur von Marx. Ein großes Tageblatt, das zur bestimmten Stunde fertig sein muß, kann bei keiner anderen Verfassung eine folgerechte Haltung bewahren. Hier aber war noch dazu Marx' Diktatur selbstverständlich, unbestritten, von uns allen gern anerkannt.«[92] Unter solchen Voraussetzungen trat Marx offenbar weitaus konzilianter und vermittelnder auf als auf der großen Bühne. Er verstand es in der Redaktion – zu der neben Engels noch Wilhelm Wolff, Heinrich Bürgers, Ernst Dronke, Ferdinand Wolff sowie die Schriftsteller Georg Weerth und ab Oktober 1848 Ferdinand Freiligrath gehörten – keine internen Konflikte entstehen zu lassen oder aufkommende Spannungen frühzeitig zu entschärfen.

Denn die Zusammenarbeit war nicht unkompliziert. Als Marx Ende August zu einem Demokratischen Kongress nach Wien reiste, bei dem er unter anderem Julius Fröbel wiederbegegnete, dem früheren Verleger der *Deutsch-Französischen Jahrbücher*, übergab er die Leitung der Redaktion an seinen Stellvertreter Engels. Der war der heimliche Starautor des Blattes, er schrieb rasch, kompetent und leichthändig über eine Vielzahl von Themen, wogegen die anderen, vom Feuilletonchef Freiligrath abgesehen, nur über recht beschränkte journalistische Fähigkeiten verfügten. Doch ein Talent als Redaktionsleiter besaß Engels nicht, er war seinen Kollegen gegenüber schroff statt anspornend, ungeduldig statt wertschätzend. Als Marx von seiner Reise zurückkehrte, drohte die Redaktion in zahllosen Streitigkeiten auseinanderzubrechen – doch Marx zeigte genügend diplomatisches Geschick, um die Wogen in kurzer Zeit zu glätten. Engels dagegen ließ gern anklingen, wie schwer sich Marx mit seinen Artikeln tat, wie mühsam er um jedes Wort rang, und strich so indirekt die eigenen professionellen Qualitäten heraus: »Er ist kein Journalist [...] und wird nie einer werden. Über einem Leitartikel, den ein anderer in zwei Stunden schreibt, hockt er einen ganzen Tag, als handele es sich um die Lösung eines tiefen philosophischen Problems; er ändert und feilt und ändert wieder das Geänderte und kann vor lauter Gründlichkeit niemals zur rechten Zeit fertig werden.«[93]

Nüchtern betrachtet hatte die *Neue Rheinische Zeitung*, auch wenn sie eine damals respektable Auflage von fünf- bis sechstausend Exemplare erreichte, nie eine Chance, direkten Einfluss auf ein proletarisches Publikum zu gewinnen. Die meisten Beiträge waren so anspruchsvoll und anspielungsreich geschrieben, dass ihnen allenfalls gebildete bürgerliche Leser gewachsen waren. Die jedoch fühlten sich oft genug durch die radikalen Ansichten der Autoren schockiert. So plädierte Marx energisch für einen Krieg gegen das zaristische Russland, das er für den Inbegriff des reaktionären Absolutismus in Europa hielt: Nach dem Vorbild der Kriege der Französischen Revolution sollte ein solcher Feldzug sowohl einen äußeren Gegner erledigen als auch im Inneren die Reihen fester schließen. Und gleich in der ersten Ausgabe der Zeitung wütete Engels nicht nur gegen den Mangel an revolutionärer Entschlossenheit der soeben erst gewählten Nationalversammlung in der Frankfurter Paulskirche, sondern machte sich zudem lustig über die Umständlichkeit der Abgeordneten, die sich in endlosen Verfahrensfragen verstrickten. In der Sache hatte er zweifellos recht, andererseits säte er so frühzeitige Zweifel an der noch kaum entwickelten Autorität des neuen Parlaments, an das sich die Hoffnungen der deutschen Revolutionäre klammerten.

Deren Situation wurde schon nach wenigen Monaten nahezu aussichtslos. *Erstens* hatten die vielen blutigen Aufstände des Sommers in den verschiedenen Teilen Europas das bürgerliche Lager in Panik versetzt. Es herrschte keine Aufbruchstimmung mehr, sondern ein Bedürfnis nach Sicherheit und Ordnung. Die Furcht vor jeder Form von Gewalt war größer als die vor der Rückkehr der absolutistischen Machtverhältnisse. *Zweitens* erschöpfte sich der revolutionäre Schwung des Frühjahrs, bevor fundamentale Reformen verwirklicht worden waren. Viele Institutionen und Rechte der Monarchie blieben unangetastet. So hatte der preußische König nach wie vor den Anspruch auf die Kabinettsbildung, auch wenn die von ihm ernannten Minister den Parlamenten gegenüber verantwortlich waren. Vor allem aber verloren die alten Regime *drittens* nie die Kontrolle über das Militär. Die Streitkräfte standen fast ausnahmslos und unbeirrbar zu ihren Herrschern. Letztlich war es also nur eine Frage der Zeit, bis die konservativen Kräfte sich wieder sammelten und gewaltsam in ihre alten Machtpositionen zurückdrängten. Im Oktober 1848 belagerten und erstürmten kaiserliche Truppen das aufständische Wien, richteten die Anführer des Widerstandes hin, darunter den im Grunde unbeteiligten Robert Blum, und beendeten so de facto die Revolution in Österreich. Am 10. November marschierte General Friedrich von Wrangel mit 13 000 Soldaten in Berlin ein, woraufhin sich die Bürgerwehr ergab und entwaffnet wurde. Am 5. Dezember erließ Friedrich Wilhelm IV. aus eigener Machtvollkommenheit eine preußische Verfassung, durch die er wieder zum Herrscher von Gottes Gnaden erklärt wurde, und veranlasste seine Regierung, die revolutionäre Preußische Nationalversammlung aufzulösen.

Marx zögerte nicht. Er reagierte mit allen ihm zur Verfügung stehenden Mitteln, versuchte Arbeiter-Verein und Demokratischen Verein in Stellung zu bringen, schrieb flammende Appelle, ließ Sonderbeilagen und Extrablätter drucken. Ängstlichere Journalisten argumentierten angesichts der unübersehbaren Rückkehr zu den alten Machtverhältnissen behutsamer. Marx nahm kein Blatt vor den Mund und bezeichnete die Berliner Vorgänge bündig als »Konterrevolution«, bestand darauf, dass die vom Volk gewählte Nationalversammlung der Souverän des Landes sei, und nannte deren Auflösung einen »Staatsstreich« und »Hochverrat«, ja forderte fast unverhüllt zum gewaltsamen Widerstand auf: »*Der Kampf scheint also unvermeidlich*, und es ist die Pflicht der Rheinprovinz, mit Männern und Waffen der Berliner Nationalversammlung zu Hülfe zu eilen.«[94] Da die Abgeordneten als eine ihrer letzten Amtshandlungen einen Aufruf verabschiedet hatten, die Bürger Preußens sollten keine Steuern mehr zahlen, bis das Parlament wieder in seine Rechte eingesetzt sei, startete Marx in seiner Zeitung eine Kampagne, um den Kölnern förmlich einzuhämmern, dass Steuerverweigerung nun das Gebot der Stunde sei: »Von dem heutigen Tage an sind also die Steuern aufgehoben!!! Die Steuereinzahlung ist Hochverrat, die Steuerverweigerung erste Pflicht des Bürgers!«[95]

Bereits im September waren gegen Redakteure der *Neuen Rheinischen Zeitung* Haftbefehle wegen Hochverrat erlassen worden, nachdem sie – ohne Marx – an einer Massenversammlung Kölner Arbeiter nördlich von der Stadt teilgenommen hatten. Georg Weerth floh daraufhin nach Bingen, Wilhelm Wolff, der bereits einige Jahre in preußischen Gefängnissen hinter sich hatte, setzte sich in die bayerische Pfalz ab, und der steckbrieflich gesuchte Friedrich Engels wandte sich gemeinsam mit Ernst Dronke nach Brüssel. Doch dort wurden sie von der Polizei sofort festgenommen und wegen »Landstreicherei« nach Paris abgeschoben. Während Marx mit der stark reduzierten, nun jedoch mit Freiligrath verstärkten Redaktion den Betrieb der Zeitung aufrecht hielt, nahm sich Engels eine mehrwöchige Auszeit von der Revolution. Er wanderte von Paris, wo Napoleon III. seine diktatorische Herrschaft zu festigen begann, in die Schweiz und genoss, wenn man seinen Reisenotizen trauen darf, das Leben in vollen Zügen. Er verliebte sich in die französischen Landschaften und Frauen und schwärmte: »Und welcher Wein! Welche Verschiedenheit, vom Bordeaux bis zum Burgunder, vom Burgunder zum schweren St. Georges, Lünel und Frontignan des Südens, und von diesem zum sprudelnden Champagner! […] Und wenn man bedenkt, daß jeder dieser Weine einen verschiedenen Rausch macht. […] Auf jeden Schritt fand ich die heiterste Gesellschaft, die süßesten Trauben und die hübschesten Mädchen; […][man möge] mir verzeihen, wenn die reingewaschenen, glattgekämmten, schlankgewachsenen Burgunderinnen von Saint-Bris und Vermanton einen angenehmeren Eindruck auf mich machten als jene naturwüchsig schmutzigen, struppigen, molossischen Büffelkälber zwischen Seine und Loire.«[96]

In der Schweiz angekommen, begann Engels sich schnell zu langweilen, erfuhr zu seiner Erleichterung, dass die Behörden den Vorwurf des Hochverrats gegen ihn hatten fallen lassen, und kehrte im Januar aus Bern nach Köln zurück. Marx war jedoch inzwischen angeklagt worden wegen Beleidigung und wegen seines Aufrufs zur Steuerverweigerung. Mitte Februar stellte er sich den Verfahren, die nach dem im Rheinland gültigen Code Napoléon vor unabhängigen Geschworenen verhandelt wurden. Marx erwies sich als geschickter Anwalt seiner selbst und setzte den Geschworenen auseinander, dass eine sachliche, auf Tatsachen beruhende Kritik am Verhalten von Beamten keine Verleumdung darstelle, auch wenn preußische Behörden jeden Einspruch gegen ihr Handeln als Beleidigung empfanden, und dass die Gesetze, die gegen seine Steuerverweigerung-Kampagne ins Feld geführt wurden, durch die neue Verfassung, die der König dem Land aufgezwungen hatte, außer Kraft gesetzt worden waren. Der Freispruch der Geschworenen erging einstimmig und führte den Vertretern Preußens wieder einmal vor Augen, wie gering die Sympathien waren, mit denen sie im Rheinland rechnen konnten.

Angesichts der Erfolge der herrschertreuen Truppen bei der Niederschlagung der Revolutionäre ließ Marx alle Rücksichten auf das bürgerliche Zielpublikum seiner Zeitung fallen. Er vollzog mit seinem Blatt eine abrupte Linkswende und schlug radikale Töne an: »Der Kannibalismus der Konterrevolution selbst wird die Völker überzeugen, daß es nur ein Mittel gibt, die mörderischen Todeswehen der alten Gesellschaft, die blutigen Geburtswehen der neuen Gesellschaft *abzukürzen*, zu vereinfachen, zu konzentrieren, nur *ein Mittel* – den *revolutionären Terrorismus*.«[97] Fortan machte er das Bürgertum, das er zuvor noch als den künftigen Herren der gesellschaftlichen Entwicklung hofiert hatte, zur bevorzugten Zielscheibe seiner Angriffe, da es nicht zu der nötigen Entschlossenheit gefunden habe, seine bürgerliche Revolution zu vollenden. Wortstark entrüstete er sich über den Zynismus und die Willkür, mit der die Bourgeoisie die Ausbeutung der Proletarier betreibe, und trat aus dem Demokratischen Verein aus. Aber auch mit einem solchen demonstrativen Positionswechsel konnte er die Kluft, die ihn von dem mittlerweile aus der Haft freigekommenen Gottschalk und dessen Arbeiterbewegung trennte, nicht wieder schließen. Lokalpolitisch hatte sich Marx ins Abseits manövriert.

Die Agonie der Revolution zog sich noch einige Monate hin. Im März 1849 verabschiedete die Deutsche Nationalversammlung in Frankfurt ihre Verfassung und bot Friedrich Wilhelm IV. von Preußen an, Kaiser Deutschlands zu werden. Doch der König zögerte, schließlich zogen Österreich und Preußen ihre Abgeordneten aus der Nationalversammlung zurück und schwächten so deren ohnehin geringe Autorität weiter. Ende April lehnte Friedrich Wilhelm IV. die ihm angebotene Krone ab, womit er das Parlament endgültig desavouierte. Die verbliebenen Abgeordneten übersiedelten von Frankfurt nach Stuttgart, da sie sich dort mehr

Schutz erhofften, wurden aber drei Wochen später von den Dragonern des württembergischen Königs Wilhelm I. an weiteren Sitzungen gehindert und kurzerhand auseinandergetrieben.

Vom nördlichen Rheinland bis ins südliche Baden flackerten nun Unruhen auf. Revolutionäre Freischärler versuchten alles, die Wiederherstellung der alten Machtverhältnisse noch im letzten Moment zu verhindern. Als in Elberfeld, also in unmittelbarer Nachbarschaft zu seiner Geburtsstadt Barmen, Barrikaden errichtet wurden, war Engels nicht mehr zu halten und stürzte sich in die Straßenkämpfe. Um seinen Einsatz dort ranken sich Legenden: Während er in der Nähe einer Brücke Kanoniere in Stellung brachte, sei er seinem Vater begegnet, der auf dem Weg in die Kirche war. Außerdem habe er den Bruder des preußischen Ministers August von der Heydt gefangen genommen, um Lösegeld zu erpressen. Fest steht wohl, dass sich die Aufständischen temperamentvoll gegen ihn wandten, als er die schwarz-rot-goldenen Fahnen auf den Barrikaden gegen rote austauschen lassen wollte. Vor ihrem Unmut musste er Hals über Kopf die Stadt verlassen.

Mitte Mai erhoben die Behörden in Köln erneut Vorwürfe wegen Hochverrat gegen die *Neue Rheinische Zeitung* und wiesen alle Redakteure aus, die kein preußisches Bürgerrecht besaßen. Damit war das Ende des Blattes gekommen. Die letzte Ausgabe wurde in roter Farbe gedruckt und zu einem begehrten Sammelobjekt. Marx, der zum dritten Mal den Befehl erhielt, ein Land binnen 24 Stunden zu verlassen, hatte inzwischen Routine im Umgang mit solchen Anweisungen. Er verkaufte die Druckmaschinen, konnte mit dem Erlös die Drucker auszahlen und verließ die Stadt drei Tage später weitgehend mittellos in Begleitung von Familie und Getreuen per Dampfboot rheinaufwärts. Frau und Kinder schickte er vorübergehend nach Trier und schlug sich über einige Umwege nach Paris durch. Seine alten Freunde aus der provisorischen Regierung waren inzwischen entmachtet, die französische Hauptstadt befand sich fest im Griff der Reaktionäre um Napoleon III. sowie der Cholera. Dennoch ließ er seine Familie nachkommen und plante offenbar, sich für längere Zeit in Paris niederzulassen. Die neue französische Regierung hatte aber kein Interesse daran, notorischen Revolutionären eine Zuflucht zu bieten. Sie wollte Marx verpflichten, sich nicht in Paris, sondern in einem öden, sehr gottesfürchtigen und tief konservativen Landstrich an der südbretonischen Atlantikküste anzusiedeln. Das war für Marx unzumutbar, er hätte jeden Kontakt zu politischen Weggefährten und damit als Publizist jede Existenzgrundlage verloren. Also ließ er die inzwischen wieder schwangere Jenny mit den Kindern in dem immer noch seuchengeplagten Paris zurück, setzte nach England über und traf Ende August in London ein, wo mittlerweile ebenfalls die Cholera wütete.

Engels dagegen schloss sich nach dem Abschied von Köln in Baden den Arbeiter- und Studententruppen um August von Willich an, die bei Rastatt dem anrückenden preußischen Militär Widerstand leistete. Dort stieg er schnell zu Willichs Adjutant auf und erwarb unter dem begabten Kommandeur, der es später im Amerikanischen Bürgerkrieg bis zum Brigadegeneral brachte, beachtliche militärische Kenntnisse. Doch die Aufständischen waren gegen die Übermacht der regulären Soldaten chancenlos. Nach etlichen verlorenen Gefechten flohen die Überlebenden über die Grenze in die

Schweiz, wo Engels bald darauf ein Brief von Marx erreichte: »Und was sollst Du in *der* Schweiz, wo Du nichts thun kannst? […] In London werden wir Geschäfte machen.«[98] Also schlug sich Engels, der in Frankreich oder Deutschland mit Verhaftung und vermutlich mit der Todesstrafe rechnen musste, über Norditalien nach Genua durch, wo er sich auf dem englischen Schoner *Cornish Diamond* einschiffte und im November London erreichte.

Algier VI: Vom Wunsch zu schweigen

Bei seinem nächsten Besuch weihte Fermé ihn in die Vorhersagen der algerischen Meteorologen ein. In den kommenden drei Tagen werde der Schirokko wüten, danach sei noch drei oder vier Tage lang Regen zu erwarten, bis endlich gespornt und gestiefelt ein normaler Frühling Einzug halte. Draußen, vor den Fenstern der *Victoria,* zerrte der Wind bereits seit zwei Tagen an den Bäumen, jagte Staubwirbel über die Straßen, zauste die rote Blütenpracht im Garten und scheuchte jeden, der vor die Tür treten wollte, ins Haus zurück. Aber das, meinte Fermé, sei noch lange kein Schirokko.

Die Besuche des Richters waren willkommene Unterbrechungen, die ihn aus seinen Erinnerungen rissen, aber es waren auch Geduldsproben. In der Woche vor und der Woche nach Ostern machten die Gerichte Ferien, Fermé hatte also Zeit, und da er am unteren Teil der Route Mustapha Supérieur wohnte, dort, wo sie noch rue Michelet hieß, am Fuß jener Anhöhe, von der die Pension *Victoria* zum Meer herabschaute, brauchte er nachmittags nur ein paar Minuten den Hang hinaufzusteigen, um ihm seine Aufwartung zu machen.

Das strenge Sprechverbot, das Dr. Stéphann nach dem

Bluthusten über ihn verhängt hatte, schreckte Fermé nicht lange ab. Er erbot sich, ihm mit seinen Plaudereien die Zeit zu vertreiben, antworten brauche er nicht. Inzwischen hatte der Arzt ihm wieder begrenzte Sprecherlaubnis erteilt, aber Fermé gegenüber sagte er nichts davon, so verschaffte er sich die Freiheit, lange stumm zu bleiben, zuzuhören, eigenen Gedanken nachzuhängen, und verlieh seinen Worten, wenn er endlich etwas sagte, umso größeres Gewicht.

Einmal war es ihm gelungen, den Richter während eines Besuches fast ganz zum Schweigen zu verpflichten. Fermé hatte ihm einen Brief von Eleanor gebracht, den er sogleich aufbrach und las, während seinem Gast nichts übrig blieb, als still zu warten. Sobald er mit Eleanors Brief fertig war, die offenbar aus Freude darüber, dass die Blutkrise nun glücklich hinter ihm lag, mit Engels gleich ein paar Glas »Extra Pilsner« getrunken hatte, sagte er zu Fermé, es handele sich um dringende Nachrichten, die seine sofortige Rückäußerung verlangten. Wenn er auf der Stelle schreibe, könne das heutige Postschiff nach Marseille noch erreicht werden. Also musste Fermé ihm im Zimmer schweigend und lesend gegenübersitzen, bis er seine Antwort beendet, den Umschlag verschlossen und dem Boten zum Transport nach Algier übergeben hatte.

Dabei waren ihm Fermés Erzählungen über das Juristenleben in Algerien im Grunde nicht unangenehm. Es gab wenig Neues zu erfahren, letztlich wusste er das natürlich alles, aber manche Details erhellten die Lage der Stadt zusätzlich. Fermé liebte Algier nicht, das Klima machte ihm zu schaffen und seiner Familie ebenfalls, sie alle würden oft vom Fieber heimgesucht. Und das Gehalt als Richter sei, trotz seiner sehr bescheidenen Lebensart, angesichts der hohen Kosten in einer Kolonialhauptstadt kaum hinreichend.

Er habe jetzt allerdings, berichtete Fermé, zwei Offerten der Regierung erhalten. Er könne wählen, entweder nach Neukaledonien zu gehen, mit 10 000 Francs Gehalt und Wohnsitz auf Kosten des Staates, um in der Tropenkolonie mit ihren Straflagern eine neue Gerichtsordnung einzuführen. Oder er könne nach Tunis wechseln, wo er einen höheren Rang bekleiden und ein besseres Einkommen erhalten würde. Er habe noch Zeit für seine Entscheidung, eines der Angebote werde er annehmen und Algier den Rücken kehren.

Denn die Verhältnisse seien unerträglich. Die Stadt verfüge über viel zu wenig Polizisten. Die Polizei bestehe größtenteils aus Einheimischen, die nie verlässlich seien, und das, obwohl es im Völkermischmasch dieser Stadt immerfort zu irgendwelchen Zusammenstößen komme. Die Katalanen, um nur ein Beispiel zu nennen, trügen ihre weißen oder roten Gürtel nicht unter, sondern über den Mänteln, um so die langen, schmalen Dolche zu verbergen, Stecknadeln genannt, die sie im Streitfall ohne Weiteres und unterschiedslos gegen Italiener, Franzosen oder Einheimische benutzten. Verdächtige Araber würden in der Haft mit größter Selbstverständlichkeit gefoltert, um Geständnisse zu erpressen, und von den Richtern werde erwartet, dass sie so täten, als hätten sie davon keine Kenntnis. Meist gehe es um Raub oder Raubmorde auf den Plantagen der Franzosen. Wenn dann die Täter tatsächlich mal erwischt, verurteilt und hingerichtet worden seien, gäben sich die geschädigten Kolonistenfamilien nicht zufrieden, sondern wollten mehr Blut sehen und verlangten, es sollten mindestens noch ein halbes

Dutzend unschuldiger Araber mit dem Täter ins Jenseits befördert werden. Natürlich würden sich die Richter, namentlich die des Appellationsgerichts in Algier, auf solche Forderungen nicht einlassen. Aber ein vereinsamter Friedensrichter in irgendeinem Provinznest müsse in so einem Fall damit rechnen, dass ihm aufgebrachte Kolonisten nach dem Leben trachteten, wenn er nicht wenigstens ein paar unbeteiligte Araber zusätzlich als verdächtig einsperren lasse.

Und dann die Willkür der örtlichen Behörden! Unlängst sei ein Araber wegen Raubes und mehrfachen Mordes zum Tode verurteilt worden. Kurz vor der Hinrichtung entdeckte er, dass er – entgegen der Absprache mit dem Gericht! – nicht erschossen, sondern guillotiniert werden solle. Obwohl ihm der Richter Erschießung zugesichert hatte! Doch sein wildes Aufbäumen half ihm nichts, er kam panisch schreiend unters Fallbeil. Damit noch nicht genug. Seine Familie erwartete, dass ihr Kopf und Körper übergeben werde, damit sie beides zusammennähen und gemeinsam beerdigen könne. Aber nichts da! Die Behörden weigerten sich, den Leichnam auszuliefern, und nun müssten, nach der Vorstellung der Verwandten, Rumpf und Kopf im Jenseits getrennt vor Mohammed hintreten, der beide daraufhin unter die Christenhunde jagen werde, denn getrennt seien sie nicht würdig, Zutritt zum Paradies zu erhalten.

Er widersprach Fermé nicht, obwohl dessen Berichte natürlich übertrieben waren. Vor zwei, drei Jahren erst hatte er in dem Buch seines russischen Freundes Maxim Kowalewski über das Gemeindeeigentum in Algier gelesen und sich ausführlich Notizen gemacht. Er wusste, dass europäische Kolonisten, ob sie nun dauerhaft unter den Einheimischen siedelten oder nur geschäftehalber vorübergehend bei ihnen lebten, im Allgemeinen als unantastbar betrachtet wurden. Im Übrigen übertrafen Briten und Holländer die Franzosen an schamloser Arroganz und Sühne-Wut gegenüber den Angehörigen der, wie sie es nannten, »unteren Rassen«.

Kowalewski war nicht einfach dick, er war fett, aber ein guter Wissenschaftler. Er lebte in Moskau und kam jedes Jahr nach London, um in den Schätzen des British Museums zu forschen. Der fleißige Maxim Maximowitsch hatte es geschafft, alles zusammenzutragen, was es zu wissen gab über Kollektivgrundeigentum bei den Eingeborenen in Amerika und auch in Indien und Algerien. Diese archaischen Formen von gemeinsamem Besitz erwiesen sich als ein bemerkenswertes Hindernis für den Erwerb oder den Handel mit Grund und Boden. Wie konnte ein Kapitalist Land kaufen, wenn es keine Verkäufer gab, da das Land nicht einem Eigentümer oder einer Familie allein gehörte, sondern einer ganzen Gemeinde? Kein Wunder, dass die Franzosen alles taten, um in Algerien jeden Gemeinschaftsbesitz zu beseitigen. In der Nationalversammlung war lange über diese Frage debattiert worden, da die Gefahr bestünde, solches Kollektiveigentum werde in den Köpfen der Araber kommunistische Tendenzen befördern. Also erzwangen sie per Gesetz, dass jedes gemeinsame Grundeigentum verteilt wurde unter den Angehörigen der jeweiligen Gemeinde, die es daraufhin bedenkenlos verkauften.

Kollektives Grundeigentum spielte auch in Russland eine bedeutende Rolle. In der Obschtschina gehörte der Boden der Dorfgemeinschaft, die dem Zaren und den Behörden gegenüber gemeinsam für ihre Steuerschuld verantwortlich war. Den einzelnen Familien wurde, je nachdem wie groß sie waren und wie viele Köpfe sie ernähren mussten, Land zur Bearbeitung zugeteilt. Vor einem Jahr hatte er den Brief einer Emigrantin bekommen, Vera Sassulitsch, die in Genf mit einer Gruppe von russischen Revolutionären sein *Kapital* studierte. Es sei für sie und ihre Freunde, hatte Vera Sassulitsch geschrieben, eine Frage auf Leben und Tod, von ihm zu erfahren, wie er die Rolle der Obschtschina auf dem Weg zum Kommunismus beurteile. Das Thema war nicht einfach, die Frage klug gestellt. Mit der Antwort hatte er sich schwergetan, mehrfach Briefe begonnen und wieder beiseitegelegt.

Einerseits war klar, wie dringend das rückständige Russland eine bürgerliche Revolution brauchte, die den Zaren samt seiner Kamarilla hinwegfegen und die Produktivkräfte des Landes freisetzen würde. Erst das konnte die Proletarier zu ihrer Revolution befähigen, die dann in den Kommunismus münden werde. Doch das Bürgertum musste, sobald sie die Macht in Händen hielt, das kollektive Grundeigentum der Obschtschina natürlich sofort in Privateigentum umwandeln, so wie es die Franzosen in Algerien getan hatten, um es in ihre Verfügungsgewalt bringen und ausbeuten zu können. Oder war es andererseits möglich, wollte Vera Sassulitsch wissen, das russische Gemeindeland vor den Kapitalisten zu schützen, es den Bauern, die es seit Generationen bearbeiteten, zu erhalten, um es in eine künftige kommunistische Gesellschaft zu überführen?

Die Frage gärte in ihm. Für Engels war Kollektiveigentum wie die Obschtschina das bloße Überbleibsel einer Vorgeschichte, lächerliche Reste einer Urzeit, die aus Zufällen heraus erhalten geblieben waren und bei Lichte besehen immer von irgendeinem Dorfdespoten beherrscht wurden.

Auch er hatte die Obschtschina lange Zeit den primitiven Gesellschaftsformen zugeordnet, in denen finsterstes reaktionäres Denken, Dummheit und Aberglauben gezüchtet wurden. Doch Bücher wie das seines fetten, aber sorgfältigen Freundes Kowalewski stellten ihn vor die Frage, ob hinter dem Gemeindegrundeigentum nicht doch Züge eines frühen Kommunismus der Urgemeinschaft sichtbar wurden. Auch im deutschen und englischen Raum hatten Forscher Spuren kollektiven Eigentums entdeckt, die ein Hort der Volksfreiheit und des Volkslebens waren. Konnte man also im Ältesten das Neueste finden, in der Frühgeschichte den Kommunismus?

Vera Sassulitsch schrieb er in ermutigendem Ton. Die gnadenlose Enteignung der Ackerbauern durch das kapitalistische Privateigentum habe bislang nur in England stattgefunden und sei wohl auf die Länder Westeuropas beschränkt. Seine Analyse im *Kapital* liefere also keine Beweise für oder gegen die Lebensfähigkeit einer Dorfgemeinde wie der Obschtschina. In neuen Studien habe er sich davon überzeugt, dass solche Dorfgemeinschaften Stützpunkte der sozialen Wiedergeburt Russlands seien können. Sofern es gelinge, die zerstörenden Einflüsse, die von allen Seiten auf die Dörfer einstürmen, zu beseitigen.

Erst kurz vor seiner Abreise nach Algier hatte er mit Engels noch einmal wegen dieser Fragen gerungen. Sie sollten ein Vorwort schreiben für Vera Sassulitschs Übersetzung des *Kommunistischen Manifests* ins Russische. Engels sperrte sich gegen jeden Satz, der als Relativierung der Erkenntnisse über die Abfolge der Gesellschaftsformationen verstanden werden konnte: Die Obschtschina werde sich auflösen und Russland denselben Weg nehmen müssen wie die Länder des Westens auch. Schließlich einigten sie sich darauf anzudeuten, dass eine russische Revolution zu einem Signal für die proletarische Revolution im Westen werden und sich dann der gemeinsame Landbesitz in den Dörfern zum Ausgangspunkt einer kommunistischen Gesellschaftsform entwickeln könne. Eine Kompromissformel, mit der sie alles offenhielten.

Er fühlte sich ausgelaugt. Schon bei den Diskussionen mit Engels in London hatte ihm die Kraft gefehlt, seine Argumente durchzusetzen. Nun musste er wieder Dr. Stéphanns Behandlung mit den Zugpflastern über sich ergehen lassen. In der ersten Nacht hatte die Paste derart auf seiner Haut gebrannt, dass er nicht einschlafen konnte. In der folgenden Nacht hatte er dann keine Ruhe gefunden, weil die neue Haut, die sich unter den aufgeschnittenen Pusteln bildete, über Stunden kitzelte und er sich um keinen Preis kratzen durfte.

Er erhob sich und bat Fermé, der sich noch immer ausließ über die Misere der französischen Justiz in Algerien, um Verständnis: Er müsse sich hinlegen, um noch vor dem Abendessen ein wenig Schlaf nachzuholen. Der Richter stand sogleich auf, zückte aber seine Taschenuhr und fragte, ob sie, bevor er ihn verlasse, nicht noch ein besonderes Schauspiel betrachten sollten? Fermé machte eine Geste in Richtung der Galerie vor dem Zimmer und erzählte, die Zeitungen hätten für den späten Nachmittag die Ankunft des russischen Panzerschiffs *Peter der Große* angekündigt, das Algier einen Freundschaftsbesuch abstatte.

Auf der Galerie hatten sich schon andere Mitbewohner der *Victoria* eingefunden. Der Sturm wühlte die See auf, und die *Peter der Große* näherte sich sehr langsam der Hafenzufahrt. Es war ein massiges Schiff mit einem mächtigen Schornstein und drei Stahlmasten, die zerbrechlich und schmal wirkten. Die beiden Geschütztürme vor und hinter der Kommandobrücke waren gut zu erkennen. Fermé, der solche Ankünfte schon häufiger beobachtet hatte, bereitete die Zuschauer warnend vor: Es sei üblich, sagte er, dass ein Kriegsschiff Salut schieße, bevor es in den Hafen einlaufe.

Es brauchte noch Minuten, in denen der riesige graue Schiffsleib sich bedächtig auf die Hafeneinfahrt zubewegte, bevor die Geschütze der *Peter der Große* aufblitzten und dann auch ihr Donner die Pension *Victoria* erreichte. Schon Sekunden darauf signalisierte ein zweites Donnern, dass die Batterien auf der Kasbah über Algier den Salut erwiderten.

Er fror im Wind und war froh, sich wieder ins Zimmer zurückziehen zu können. Als er Fermé verabschiedete, wurde er jedoch noch kurz von den anderen Gästen aufgehalten. Sie waren neugierig auf das Schiff und fragten ihn, ob er sie in den nächsten Tagen zum Hafen begleiten wolle, um es aus der Nähe zu bestaunen. Er nickte, wenn das Wetter es erlaube, entgegnete er, und der Arzt keine Einwände habe, mit Vergnügen.

Intermezzo: Julius Fröbel

Nicht nur was jemand tut, kann charakteristisch für ihn sein, sondern auch das, was er unterlässt. Deshalb muss hier noch einmal die Rede sein von Julius Fröbel.

Zwischen 1843 und 1845 war Fröbel für den ehrgeizigen Nachwuchsautor Karl Marx ein wichtiger Mann gewesen. Fröbel hatte 1841 den Buch- und Zeitschriftenverlag *Litterarische Comptoir Zürich/Winterthur* übernommen. Es ging ihm dabei weder um Geld noch um verlegerischen Ruhm, sondern um Politik. Sein erklärtes Ziel war, Bücher in der Schweiz zu drucken, die in den deutschen Ländern verboten worden waren, um sie auf diesem Umweg doch an die deutschen Leser zu bringen. Gleich der erste Titel, die *Gedichte eines Lebendigen*, wurde zu einem überragenden Erfolg und machten den zuvor unbekannten Dichter Georg Herwegh für einige Jahre zum Lieblingslyriker der innerdeutschen Opposition gegen den Absolutismus.

1843 suchte Arnold Ruge für die gemeinsam mit Marx konzipierten *Deutsch-Französischen Jahrbücher* einen Verleger und konnte Fröbel das Vorhaben schmackhaft machen. In Paris begegneten sich Marx und Fröbel wenig später zum ersten Mal und standen danach wegen der Arbeit an den *Jahrbüchern* in Briefkontakt. Als aber die erste Nummer der

Zeitschrift schon an der preußischen Grenze beschlagnahmt und das Projekt damit absehbar zu einem wirtschaftlichen Desaster wurde, ließen Fröbel und Ruge umgehend die Finger davon. Marx' Zorn wegen nicht gezahlter Honorare, die ihm als Redakteur und Autor der *Jahrbücher* zustanden, entlud sich allerdings nicht über Fröbel, sondern über Ruge, der ihm angeboten hatte, die Außenstände mit Belegexemplaren der schwer verkäuflichen Zeitschrift zu begleichen. Als 1845 schließlich alle Schriften des *Litterarischen Comptoirs* von der Deutschen Bundesversammlung pauschal auf den Index gesetzt wurden, hatte der Verlag seinen Sinn verloren, und Fröbel gab ihn auf.

Drei Jahre später, 1848, trafen sich Marx und Fröbel in Wien auf einem Kongress der demokratischen Vereine und haben, wenn man Fröbels Erinnerungen trauen darf, als Sitznachbarn vertrauensvoll miteinander getuschelt[99]. Fröbel, der zuvor bereits einen ersten demokratischen Kongress in Frankfurt geleitet hatte, und Marx, der dem demokratischen Verein von Köln – nicht aus Überzeugung, sondern aus taktischen Gründen – angehörte, waren also vorübergehend so etwas wie revolutionäre Parteifreunde. Im November 1858 sind sie sich noch einmal in London begegnet[100], zwei Jahre darauf polemisierten beide einträchtig, aber in verschiedenen Zeitungen gegen den deutschen Emigranten Karl Vogt[101]. Doch ihre politischen Ansichten trennten mittlerweile Welten, zwischen ihnen gab es, auch wenn sich beide weiter auf der politischen und publizistischen Bühne Deutschlands engagierten, zwei Jahrzehnte lang keine Berührungspunkte mehr.

Bis sich Marx 1882 zu seiner Reise nach Algier entschloss. Denn dort lebte und arbeitete Julius Fröbel von 1876 bis

Julius Fröbel, 1805–1893

1888 als deutscher Konsul. In dieser Funktion war er zwar nicht für Marx zuständig, denn der hatte als Staatenloser keinen gültigen Pass und also keinen Anlass, sich an einen deutschen Amtsträger im Ausland zu wenden. Doch dass Marx nicht wusste oder während seiner zehn Wochen in Algier nicht erfuhr, wer das deutsche Konsulat in der Stadt leitete, ist sehr unwahrscheinlich. Zumal Dr. Stéphann – mit dem Marx bei den Behandlungen nicht nur über medizinische Themen geplaudert hat – Fröbel gut gekannt haben muss, denn er wohnte mit ihm lange im gleichen Haus in der rue Rovigo 18.

Doch weder in den erhalten gebliebenen Briefen noch in anderen Zeugnissen – wie Fröbels Memoiren – ist der kleinste

Hinweis zu finden, Marx könnte seinen Bekannten aus revolutionären Zeiten in Algier getroffen oder auch nur Kontakt zu ihm gesucht haben. Und dass obwohl er sich in den letzten Wochen dort offenkundig gelangweilt hat, häufiger von Mustapha Supérieur zu Ausflügen nach Algier aufbrach und ihm Dr. Stéphann nicht mehr mit Sprechverboten zusetzte. Marx ging Fröbel offenbar bewusst aus dem Weg.

Dieses Desinteresse an einem Treffen mit Fröbel macht einen seiner Charakterzüge sichtbar: Marx war kein sentimentaler Mensch. Gefühle ließ er vor allem erkennen, wenn es um den allerengsten Familien- oder Freundeskreis ging, um seine Frau und seine Kinder, aber schon im Umgang mit Engels kultivierte er seinen sarkastischen, eher kühlen als gemütsbetonten Ton. Die Aussicht, bei einem Gespräch mit Fröbel sich in Erinnerungen an stürmische Jahre ergehen zu können, hatte keinen Reiz für ihn. Auf einen nostalgischen Abend mit einem Mann zu verzichten, dessen Überzeugungen er in keiner Weise teilte, empfand er kaum als Verlust, sondern vermutlich eher als Erleichterung.

Aus heutiger Sicht ist Julius Fröbel vor allem eine an- und aufregende Kontrastfigur zu dem gelehrten Revolutionär Marx. In seiner Biographie wird ein völlig anderer Weg erkennbar, auf das Scheitern des deutschen Aufstandes von 1848 gegen Absolutismus und Kleinstaaterei zu reagieren, als ihn der unbeirrbare Marx wählte.

Fröbel, Neffe des Pädagogen Friedrich Fröbel und geboren in einem thüringischen Dörfchen, hatte keine philosophische, sondern eine naturwissenschaftliche Ausbildung. Er war dreizehn Jahre älter als Marx, studierte Geographie und wurde Professor für Mineralogie in Zürich. Als Gegner des Metternich-Regimes trug er standesgemäß einen mächtigen Vollbart und engagierte sich 1848 vor allem als Politiker, nicht als Verleger oder Publizist. Er ließ sich in die Deutsche Nationalversammlung wählen und wurde dort den linksrepublikanischen Abgeordneten zugerechnet, obwohl soziale Fragen ihn allenfalls vorübergehend interessierten. Im Herbst entsandte ihn das Parlament gemeinsam mit Robert Blum nach Wien, wo sie beide an Gefechten zwischen Revolutionären und königstreuen Truppen teilnahmen. Nach der Niederschlagung des Aufstands wurden sie vom siegreichen Fürst zu Windisch-Graetz zum Tode verurteilt. Nur Blum wurde tatsächlich hingerichtet, Fröbel hingegen begnadigt, die Gründe dafür haben sich nie überzeugend klären lassen. Trotz dieser traumatischen Erfahrungen mit Österreich lehnte Fröbel den Beschluss der Deutschen Nationalversammlung ab, Friedrich Wilhelm IV. die deutsche Kaiserkrone anzubieten, da dies zwangsläufig den Ausschluss Österreichs aus dem vereinigten Deutschland bedeutet hätte. Nach der endgültigen Auflösung des Parlaments in Stuttgart schloss er sich, wie Friedrich Engels, den Freischärlern bei Rastatt an und rettete sich vor den siegreichen preußischen Truppen in die Schweiz, von wo er, wie viele andere verfolgte 48er-Revolutionäre, über England in die USA auswanderte.

Die Reise nach Amerika versetzte ihn nicht nur dem Klischeewort nach in eine neue Welt. Der ehemalige Professor, Verleger, Abgeordnete schlug sich in New York zunächst als Seifensieder durch und arbeitete dann als Journalist für deutsche und amerikanische Zeitungen. Wegen seiner Kenntnisse als Mineraloge und Geograph wurde er für eine Nicaragua-Expedition angeworben, die ein Jahr lang Möglichkeiten prüfte, dort einen Kanal zwischen Atlantik und Pazifik zu bauen (der Panamakanal wurde erst 1914 eröffnet). Nach seiner Rückkehr scheiterte er als Herausgeber der deutschsprachigen *New Yorker Allgemeinen Zeitung*, nahm dann an zwei Handels-Trecks von New York nach Mexiko teil, wechselte als Redakteur zu einer Zeitung in San Francisco und verbrachte schließlich – wiederum wegen eines Kanalprojekts – ein halbes Jahr in Honduras.

Ermutigt durch eine Amnestie für die ehemaligen 48er-Revolutionäre, kehrte er 1857, inzwischen verheiratet mit der wohlhabenden Tochter des Grafen Joseph von Armansperg, nach Deutschland zurück und schrieb mehrere Bücher, in denen er mit meist sehr großräumigen Thesen, die auf die Möglichkeiten der Tagespolitik wenig Rücksicht nahmen, die Weltlage zu klären versuchte. Mit solchen geopolitischen Sandkastenspielen und vor allem mit einer Denkschrift, in der er für eine Vereinigung Deutschlands unter österreichischer Führung warb, machte er immerhin so viel Eindruck, dass er von der österreichischen Regierung als eine Art diplomatischer Berater engagiert wurde. Seine Mission scheiterte auf dem Frankfurter Fürstentag 1863, dennoch erhielt er später ähnliche Beraterverträge vom württembergischen und bayerischen König. Nachdem Österreich von Preußen 1866 bei Königgrätz besiegt worden war und damit seine Chancen auf eine Führungsrolle im Deutschen Reich endgültig verspielt hatte, gründete Fröbel in München mit finanzkräftiger bayerischer Unterstützung eine Zeitung, die *Süddeutsche Presse*, in der er nun für die Führungsrolle Preußens warb. Dieser publizistische Beistand war Bismarck immerhin so wertvoll, dass er das Blatt über geheime Kanäle subventionierte und sich mit Fröbel zu Gesprächen traf, auf die Fröbel großen Wert legte. Nachdem Deutschland 1871 schließlich unter preußischer Vorherrschaft vereinigt worden war, versiegten die Subventionen für die *Süddeutsche Presse*. Fröbel verkaufte die Zeitung und bewarb sich, im Alter von inzwischen 68 Jahren, für den diplomatischen Dienst des neuen Deutschen Reiches, das ihn dann für drei Jahre als Konsul in Smyrna und für zwölf Jahre in Algier einsetzte.

Mit seinem Lebenslauf war Fröbel aus der Sicht jedes soliden preußischen oder deutschen Diplomaten ein Albtraum und Sicherheitsrisiko. Vermutlich hat er, nicht zuletzt wegen seiner früheren Kontakte zu Bismarck, mit glanzvolleren Aufgaben gerechnet, als im osmanischen Smyrna oder französischen Algier konsularische Dienste zu leisten. Doch man schob ihn unübersehbar aufs Abstellgleis. Seine politischen Ansichten waren überaus eigensinnig, und er hielt mit ihnen nicht hinter dem Berg, was sich für einen Diplomaten schnell als Karrierehindernis erweisen kann. Sein am hartnäckigsten verfolgtes Ziel war lange Zeit eine Vereinigung Deutschlands in möglichst weit gefassten Grenzen, ohne dass man ihn deshalb als Nationalisten hätte bezeichnen können. Denn alles Volkstümelnde lag ihm fern. Für ihn machten nicht ethnische oder kulturelle Faktoren die Grundlage eines Staates aus, sondern wirtschaftliche und geopolitische Gegebenheiten. Er betrachtete Staaten nicht als Schicksals- oder Volksgemeinschaften, sondern als bloße Interessen- und Zweckgemeinschaften. In der Vermischung von Bevölkerungsgruppen über Staatsgrenzen hinweg sah er einen Segen, denn die jeweiligen Kulturen würden sich so gegenseitig bereichern und die Spannungen zwischen den Volksgruppen abgebaut.

Sein frühes Engagement gegen die deutsche Kleinstaaterei und auch gegen die Ausgrenzung Österreichs aus dem neuen Deutschen Reich hatte vor allem machtpolitische

Motive. Je stärker ein Staat war, desto besser konnte er die Interessen seiner Bürger vertreten. Aus einer Vereinigung Preußens, Österreichs und den Ländern der Deutschen Bundes könne, glaubte er, die entscheidende europäische Führungsmacht entstehen. Obwohl er 1848 für die Demokratisierung Deutschlands gekämpft hatte, gab es für ihn im Alter wenig gegen autoritäre Regierungsformen einzuwenden. Im Gegenteil: Große Führungsfiguren mit erheblichen Machtbefugnissen waren in seinen Augen eine Voraussetzung für politische Erfolge, weshalb er erst Napoleon III. und später Bismarck bewunderte. Mit dieser Haltung war er nicht nur für Marx, sondern ebenso für viele andere Sozialisten der Prototyp des Renegaten.

Aber im Grunde hielt Fröbel nach seiner Rückkehr aus Amerika die Streitigkeiten zwischen den europäischen Staaten nur noch für historische Nachhutgefechte. Er prophezeite, dass die USA und Russland bald zu Weltmächten aufsteigen würden und sich Westeuropa zwischen ihnen nur behaupten könne, wenn es sich als zusammengehöriges Ganzes begreife und zu einer freiwilligen, föderativen Form der Kooperation finde. Wegen solcher prognostischer Bemerkungen statteten Historiker[102] Fröbel hundert Jahre später einigen Respekt ab. Doch ihn zu einem Vordenker der heutigen EU aufzubauen, dürfte schwerfallen. Dafür sind sowohl seine Vorliebe für ein rein macht- und geopolitisches Denken als auch seine, milde formuliert, paternalistische Haltung außereuropäischen Völkern gegenüber nicht gut geeignet. Er war, im Gegensatz zu Marx, zwar frei vom typischen Antisemitismus des 19. Jahrhunderts und setzte sich in den USA für die Abschaffung der Sklaverei ein, ließ aber keinen Zweifel daran, dass seiner Überzeugung nach mit

Farbigen oder Indianern kein moderner Staat zu machen sei und sie nichts dringender bräuchten als eine fürsorgliche, väterliche Regierung weißer Männer.

Wie hätte ein Gespräch zwischen diesen beiden graubärtigen 48er-Veteranen in Algier verlaufen können? Der eine ein detailbesessener Sozialtheoretiker, dessen Analysen des Kapitalismus noch zu Beginn des 21. Jahrhunderts bewundert werden, dessen oft vorhergesagte, alle Klassenkonflikte lösende Revolution aber nicht eintrat. Der andere ein Mann, der sein Aufbegehren um ein Haar mit seinem Leben bezahlt hätte und nun zu einem nahezu standpunktlosen Real- und Interessenpolitiker geworden war, dessen Prognosen jedoch die machtpolitischen Konstellationen der zweiten Hälfte des 20. Jahrhunderts überraschend genau beschreiben. Wie er sich denn, hätte eine Frage an Fröbel lauten können, eine freiwillige, föderative Vereinigung Westeuropas vorstelle, wenn er sich entscheidende historische Fortschritte vor allem von der Herrschaft starker Männer verspreche? Warum er denn, hätte eine Gegenfrage an Marx lauten können, im angeblich so zukunftsmächtigen *Kommunistischen Manifest* die Gefahr des Nationalismus, der dann hundert Jahre lang die Geschichte Europas dominierte, mit keinem Wort erwähnt habe? Aber letztlich ist es wohl dreist, als Nachgeborener Stichworte geben zu wollen für ein Gespräch historischer Gestalten, die ihre Gründe hatten, es zu diesem Gespräch gar nicht erst kommen zu lassen.

London und das Elend

»Nach der Schweiz giebt man mir keinen Paß, ich muß also nach London«, hatte Marx im August 1849 an Engels in Lausanne geschrieben, um den Freund ebenfalls zur Flucht nach England zu bewegen. »Die Schweiz wird ohnehin bald hermetisch verschlossen sein und die Mäuse mit einem Schlag würden gefangen sein. Ausserdem: In London habe ich positive Aussicht ein deutsches Journal zu stiften. Ein Theil der Gelder ist mir *sicher.* Du also mußt sofort nach London. Zudem erheischt es Deine Sicherheit. Die Preussen würden Dich doppelt erschiessen: 1) wegen Baden, 2) wegen Elberfeld. [...] Du *kannst* nicht in der Schweiz bleiben. In London werden wir Geschäfte machen.«[103] Die Ankündigung klang vielversprechend, erwies sich aber als drastische Fehleinschätzung. Marx war inzwischen 31 Jahre alt, und in London erwartete ihn die fürchterlichste Zeit seines Lebens. Er machte dort keine Geschäfte, sondern geriet in eine verhängnisvolle Sackgasse. Auch Engels, jetzt 28 Jahre alt, kam derart in Bedrängnis, dass er sich zur wohl schwierigsten Entscheidung seines Lebens gezwungen sah.

England war, als die Konterrevolution auf dem Kontinent von einem Sieg zum nächsten eilte, einer der letzten liberalen Staaten Europas, die den erklärten Gegnern des Absolutismus noch Zuflucht boten. Aber das Land hielt nichts weiter für sie bereit als die Möglichkeit einzureisen. Es gab keine Unterstützung oder Starthilfen für die Asylsuchenden, die zu Tausenden in das Land strömten. Sie waren auf sich allein gestellt und konnten allenfalls auf private Almosen, wohltätige Suppenküchen oder den gegenseitigen Beistand der Emigranten hoffen. Hinzu kam, dass die Lebenshaltungskosten in der Metropole London bereits damals schwindelnde Höhen erreichten. Die Stadt erwies sich für sie als ein ungeheuer vitaler, kosmopolitischer Rettungshafen und zugleich als ein gnadenloser, maßlos kostspieliger und in den armen Vierteln notorisch choleraverseuchter Moloch.

Anfangs sah Marx darin wohl kein großes Problem, denn er rechnete nur mit einem vorübergehenden Aufenthalt in England. Die Revolution war, glaubte er, lediglich in eine vorübergehende Kampfpause geraten. Wie viele andere 48er wollte er die Niederlage nicht wahrhaben und auf den Kontinent zurückkehren, sobald die Unruhen wieder aufflammten. Doch die Wirtschaftskrise von 1847 war inzwischen überwunden und ging ab 1850 in eine Phase der Hochkonjunktur über, die Arbeitslosen Arbeit verschaffte und ihren revolutionären Unmut besänftigte. Ein nüchterner Blick auf die ökonomischen Daten hätte dem Ökonom Marx verraten, dass es vorläufig wenig Sinn hatte, auf ein weiteres Aufbegehren verelendeter Massen zu spekulieren.

Seit der Abwicklung der *Neuen Rheinischen Zeitung* war er weitgehend mittellos und kam mit der erneut hochschwangeren Jenny, ihren drei Kindern und dem Dienstmädchen Helena Demuth zunächst in einem Boardinghouse, einer Art Obdachlosenheim, unter. Mehrfach mussten sie das Quartier wechseln, bevor sie 1850 in dem Haus 28, Dean Street, zwei möblierte Zimmer fanden, in denen sie die nächsten sechs Jahre lebten. Die Straße lag in Soho, nicht weit vom Zentrum und – was für Marx wichtig wurde – nur zwanzig Gehminuten vom British Museum mit seiner legendären Bibliothek entfernt. Doch der Stadtteil selbst zählte zu den Elendsvierteln Londons, ein enger, düsterer, überbevölkerter Slum, dessen Luft Tausende Kamine vergifteten.

Gleich nach seiner Ankunft entfaltete Marx hastige politische Aktivitäten. Er beteiligte sich an der Gründung eines Flüchtlingskomitees, das einen Spendenaufruf zugunsten der aus Deutschland entkommenen Revolutionäre startete. Tatsächlich kamen Hilfsgelder zusammen, jedoch nahm Marx persönlich, von einer einzigen Ausnahme abgesehen, für sich und seine Familie davon nichts an, da er das mit seinem Stolz nicht vereinbaren konnte und jeden Verdacht der Selbstbereicherung vermeiden wollte.

Parallel dazu plante er ein neues Monatsmagazin mit altem Titel: *Neue Rheinische Zeitung. Politisch-Ökonomische Revue*. Die Zeitschrift sollte sein revolutionäres Sprachrohr werden, denn natürlich wollte er den publizistischen Einfluss, den er sich mittlerweile in Deutschland erschrieben hatte, wegen der erzwungenen Emigration nicht widerstandslos aufgeben. Allerdings hatte er, da er über praktische Talente nicht verfügte und vorerst kaum Englisch sprach, auch gar keine andere Möglichkeit, Geld zu verdienen. Die einzige Chance, seine Familie zu ernähren, bot der vertraute heimatliche Pressemarkt. Er konnte jedoch absehen, dass jede deutsche Redaktion ein erhebliches politisches Risiko eingehen würde, sobald sie Beiträge von einem bekannten Kommunisten und Revolutionär wie ihm druckte. Also lag es nahe, eine eigene Zeitschrift zu gründen, die von England aus operierte. Er fand einen Verleger im vergleichsweise liberalen, von Preußen unabhängigen Hamburg und publizierte im Laufe des Jahres 1850 fünf Ausgaben. Der Verleger stellte sich jedoch als nicht sehr vertrauenswürdig heraus, er verzögerte aus unklaren Gründen den Druck der Hefte, was die Abonnenten verärgerte, und rechnete unzuverlässig ab, sodass Marx das Magazin wieder einstellen musste, ohne einen finanziellen Erfolg erzielt zu haben.

Außerdem reaktivierte er seine Verbindungen zum *Bund der Kommunisten* in London. Als in Deutschland während des Revolutionsjahrs 1848 einige Monate lang Presse- und Meinungsfreiheit herrschte, hielt Marx den *Bund* für überflüssig und hatte dessen Kölner Gemeinde kurzerhand aufgelöst. Doch nun bemühte er sich darum, dem *Bund* neues Leben einzuhauchen und über Kontakte zu Kölner Freunden auch dort die Gemeinde wieder aufzubauen. Da die Polizei Preußens und Österreichs die Exilanten in London zu überwachen versuchte und alle Flüchtlingsorganisationen schon bald von Spitzeln durchsetzt waren, wurde die Organisation nach konspirativen Regeln geführt. Bedauerlicherweise war die Geheimhaltung so erfolgreich, dass bis heute über die Tätigkeit von Marx und seinen Mitstreitern in diesem Zeitraum wenig bekannt ist. Lediglich über die Aktivitäten der Kölner Gemeinde war die deutsche Öffentlichkeit schon bald sehr gut informiert.

Für die Familie Marx brach, da sie kaum nennenswerte Einkünfte hatte, eine grauenvolle Zeit an. Bei den Lebensmittelhändlern konnten sie zunächst noch anschreiben lassen, auch im Pub, in dem sich Marx mit seinen Genossen traf, stundete man ihm die Rechnung. Aber ab und zu musste er, um kreditwürdig zu bleiben, bei diesen Gläubigern zumindest Teilbeträge abbezahlen. Vor allem die Miete konnte er nur kurze Zeit schuldig bleiben, da der Landlord sehr ernsthaft drohte, die Familie sonst auf die Straße zu setzen. Also trug Marx alles, was entbehrlich war, ins Pfandhaus, stellte Schuldscheine und Wechsel aus, um sich kurzfristig Luft zu verschaffen. Wieder einmal versuchte er, seine Mutter in Trier wegen eines Vorschusses auf sein Erbe unter Druck zu setzen: Er werde, wenn sie ihm nicht helfe, nach Preußen gehen und sich verhaften lassen. Aber auch solche ultimativen Drohungen fruchteten nicht.

In einem Brief beschrieb Jenny Marx einen Tag in diesen Jahren der Not: »Da die Ammen hier unerschwinglich sind, entschloß ich mich, trotz beständiger schrecklicher Schmerzen in der Brust und im Rücken, mein Kind selbst zu nähren. Der kleine arme Engel trank aber mir so viel Sorgen und stillen Kummer ab, daß er beständig kränkelte, Tag und Nacht in heftigen Schmerzen lag. Seit er auf der Welt ist, hat er noch keine Nacht geschlafen, höchstens 2 bis 3 Stunden. In der letzten Zeit kamen nun noch heftige Krämpfe hinzu, so daß das Kind beständig zwischen Tod und elendem Leben schwankte. In diesen Schmerzen sog er so stark, daß meine Brust wund ward und aufbrach; oft strömte das Blut ihm in sein kleines bebendes Mündchen. So saß ich eines Tages da, als plötzlich unsere Hauswirtin, der wir im Lauf des Winters über 250 Reichstaler gezahlt und mit der wir kontraktlich übereingekommen waren, das spätere Geld nicht ihr, sondern ihrem Landlord auszuzahlen, der sie früher hatte pfänden lassen, eintrat und den Kontrakt leugnete, die 5£, die wir ihr noch schuldeten, forderte, und als wir sie nicht gleich hatten [...] traten zwei Pfänder ins Haus, legten all meine Habe mit Beschlag, Betten, Wäsche, Kleider, alles, selbst die Wiege meines armen Kindes, die beßren Spielsachen der Mädchen, die in heißen Tränen dastanden. In 2 Stunden drohten sie alles zu nehmen – ich lag dann auf der flachen Erde mit meinen frierenden Kindern, meiner wehen Brust. Schramm, unser Freund, eilte in die Stadt, um Hilfe zu schaffen. Er steigt in ein Kabriolett, die Pferde gehen durch, er springt aus dem Wagen und wird uns blutend ins Haus gebracht, wo ich mit meinen armen zitternden Kindern jammerte.«[104]

Das Elend blieb nicht ohne Folgen. Der Sohn Heinrich Guido, der kurz nach der Ankunft in London zur Welt kam, hatte unter diesen Umständen keine Überlebenschance. Gerade ein Jahr alt geworden, starb er an einem der Krämpfe, die ihn seit seiner Geburt quälten. Dennoch traf sein Tod die erschütterte Familie unvorbereitet, denn noch Minuten zuvor hatte der Junge gelacht und mit den Eltern geschäkert. Seine Mutter war zu diesem Zeitpunkt wieder schwanger; und ihr blieb wenig Zeit sich von ihrem Schock zu erholen. Ihr fünftes Kind, Franziska, wurde am 28. März 1851 geboren. Auch diese Tochter kam nicht zu Kräften, war beständig krank und starb ebenfalls kurz nach ihrem ersten Geburtstag.

»3 Tage rang das arme Kind mit dem Tode«, schrieb Jenny Marx in ihren Erinnerungen. »Es litt so viel. Sein kleiner entseelter Körper ruhte in dem kleinen hinteren Stübchen;

wir alle wanderten zusammen in das vordere, und wenn die Nacht heranrückte, betteten wir uns auf die Erde, und da lagen die 3 lebenden Kinder mit uns, und wir weinten um den kleinen Engel, der kalt und erblichen neben uns ruhte. Der Tod des lieben Kindes fiel in die Zeit unserer bittersten Armut.« Nicht einmal die Beerdigung konnte die Familie bezahlen, deshalb, so schreibt Jenny Marx weiter: »[...] lief ich in der Angst meines Herzens zu einem französischen Flüchtling, der in der Nähe wohnte und uns besucht hatte. Ich bat ihn um Hilfe in der schrecklichen Not. Er gab mir gleich mit der freundlichsten Teilnahme 2£, und mit ihnen wurde der kleine Sarg bezahlt, in dem mein armes Kind nun jetzt in Frieden schlummert. Es hatte keine Wiege, als es zur Welt kam, und auch die letzte kleine Behausung war ihm lange versagt. Wie war uns, als es hinausgetragen wurde zu seiner letzten Ruhestätte!«[105]

Marx schilderte das familiäre Trauerspiel in einem Brief an Engels nicht nur im Tonfall anders. Zudem richtete er sein Augenmerk nicht auf das tote Mädchen: »Ich. habe die vergangne Woche eine Scheisse durchgemacht, von der Du Dir keine Vorstellung machen kannst. Am Tage des Begräbnisses, blieben die versprochnen Gelder von allen Seiten aus, so daß ich schließlich gezwungen war zu benachbarten Franzosen zu laufen, um die englischen Todtenhunde zu zahlen. [...] Quoique de dure complexion [Trotz zäher Konstitution] griff mich dießmal die Scheisse bedeutend an.«[106]

Da in beiden Todesfällen Atemprobleme eine Rolle spielten, lag der Verdacht auf der Hand, die miserable Luft Sohos trage zumindest eine Mitschuld am Schicksal der Kinder. Doch diese Erkenntnis half der Familie nicht weiter, denn selbst wenn sie eine bezahlbare Unterkunft in einem gesünderen Viertel oder auf dem Land gefunden hätte, konnte sie mittlerweile nicht mehr umziehen. Die Eltern waren bei den Händlern der Umgebung derart verschuldet, dass jedes Anzeichen eines geplanten Ortswechsels als Fluchtversuch betrachtet und von den Gläubigern mit allen Mitteln verhindert worden wäre.

In diese familiären Katastrophenjahre fiel dazu noch eine ernste Ehekrise der Eltern. Am 23. Juni 1851, drei Monate nach der Geburt Franziskas, brachte das Dienstmädchen Helena Demuth einen Jungen zu Welt. Er wurde Henry Frederick getauft, doch darüber, wer der Vater des Kindes war, schwieg sich die Mutter aus. Schließlich übernahm Friedrich Engels die Vaterschaft, aber diese Behauptung akzeptierte Jenny Marx wohl nur wider besseres Wissen. Die Ähnlichkeiten zwischen dem Jungen und ihrem Ehemann waren schwer zu verleugnen. Auf seinem Sterbebett 1895 offenbarte Engels Eleanor Marx, dass ihr Vater in Wahrheit auch der Vater von Henry Frederick war. Engels hatte die Verantwortung für Helena Demuths Schwangerschaft übernommen, um den Ehefrieden zwischen Karl und Jenny Marx zu retten. Auch Eleanor und ihre Schwester Laura bewahrten nach diesem Bekenntnis weitgehend Stillschweigen über die Affäre, da sie den Ruf des Vaters schützen und der Arbeiterbewegung Schaden ersparen wollten. Erst in den Sechzigerjahren des 20. Jahrhunderts publizierten Marx-Forscher einige Briefe, die das Familiengeheimnis lüfteten. Henry Frederick hat das nicht mehr erlebt. Seine Mutter musste ihn, wie es damals für Kinder lediger Hausangesteller üblich war, zu Pflegeeltern geben. Marx kümmerte sich, wohl weil er bei seiner Frau keinen weiteren Verdacht gegen sich schüren wollte, nicht um das Schicksal des Sohnes. Gelegentlich besuchte Henry Frederick seine Mutter, wurde aber nur über die Hintertür ein- und bis zur Küche vorgelassen. Engels scheint zumindest für eine Ausbildung gesorgt zu haben: Vermutlich mit seiner finanziellen Unterstützung absolvierte Henry Frederick eine Büchsenmacherlehre, heiratete, adoptierte einen Sohn namens Harry, wurde von seiner Frau verlassen und starb 1929.

Doch es waren nicht nur private, sondern auch politische Dramen, die Marx in diesen Londoner Anfangsjahren durchzustehen hatte. Im *Bund der Kommunisten* geriet er zunehmend in die Isolation. Getreu seiner geschichtsphilosophischen Überzeugungen beharrte Marx darauf, dass es nach der nächsten – bald schon kommenden! – deutschen Revolution das Kleinbürgertum sein werde, das die Herrschaft übernehme: »Es liegt nicht in der Macht der Arbeiter, den kleinbürgerlichen Demokraten dieses zu verwehren.«[107] Damit die Bürgerlichen ihre frisch erworbene Macht nicht zur Unterdrückung des Proletariats missbrauchen könnten, müssten die Proletarier sich in einer straff organisierten Partei zusammenschließen. Die Aufgabe der Parteiführung werde es dann sein, die Interessen der Arbeiter zu verteidigen und sie schließlich – nach langen Kämpfen – zur politischen Herrschaft zu bringen. Marx revidierte damit zwar nicht sein theoretisches Grundsatzprogramm, wohl aber seine politische Taktik. Seine Erfahrungen aus den Niederlagen von 1848/49 sprachen dafür, dass die deutsche Arbeiterklasse noch weit davon entfernt war, ihre historische Mission zu erkennen oder nach einem Sieg erfolgreich die Regierungsgewalt ausüben zu können. Die Phase der kommenden bürgerlichen Herrschaft und des proletarischen Kampfes gegen diese Herrschaft würde folglich deutlich länger dauern als zunächst vermutet.

In Marx' Augen war es also falsch, den Mitgliedern des *Bundes* eine schnelle Eroberung der Macht zu versprechen. Es musste zunächst einmal darum gehen, der gesamten Arbeiterklasse in langfristigen Schulungsprogrammen ihre kommenden politischen Aufgaben begreiflich zu machen. August Willich dagegen, unter dessen Kommando Engels bei Rastatt in Baden gegen die preußischen Truppen gekämpft hatte, und Karl Schapper, der seit Jahren zu den Führern des *Bundes* gehörte, vertraten weitaus unkompliziertere Ansichten und schwärmten von einem baldigen, unmittelbaren Sieg der proletarischen Revolution. »Während wir«, brachte Marx den Konflikt auf eine knappe Formel, »den Arbeitern sagen: Ihr habt 15, 20, 50 Jahre Bürgerkrieg durch zu machen, um die Verhältnisse zu ändern, um euch selbst zur Herrschaft zu befähigen, ist statt dessen gesagt worden: Wir müssen gleich zur Herrschaft kommen oder wir können uns schlafen legen.«[108] Wie so oft in Marx' Leben spielten allerdings auch bei diesem Konflikt Konkurrenzgefühle eine Rolle: Seine Führungsanspruch und der des ehemaligen Offiziers Willich, der das Kommandieren gewöhnt war, schlossen sich gegenseitig aus.

Ein empfindlicher Nachteil in diesem Machtkampf im *Bund* war für Marx, dass er nach wie vor wenig Kontakt zu den Mitgliedern pflegte. Theoretisch hatte er viel zu sagen über die Welt der Arbeiter und Handwerker, aber praktisch blieb sie ihm fremd. Er war ein Revolutionär mit einer Vorliebe für traditionelle Lebensformen. Trotz seiner Armut versuchte er mit allen Mitteln, die Fassade einer gutbürgerlichen Existenz aufrechtzuerhalten, beschäftigte ein Dienstmädchen, trug Anzüge und Gehrock und klemmte sich wegen seiner Kurzsichtigkeit ein Monokel ins Auge. Auch seine Reden und Artikel hatten weiterhin den Tonfall eines Gelehrten. Willich und Schapper hingegen waren Berufsrevolutionäre ohne familiären Anhang, die ihre Tage nicht in Bibliotheken verbrachten, sondern auf Versammlungen oder in Kneipen, wo sie regelmäßig alte Anhänger trafen und neue umwarben. Sie lebten im Milieu der Proletarier und sprachen deren Sprache. Kein Wunder also, dass sie nach einer Spaltung des *Bundes der Kommunisten* den größten Teil der Mitglieder auf ihre Seite ziehen konnten, während Marx und Engels in London nur noch wenige Getreue blieben.

Die Unsicherheit der beiden Freunde nahm rapide zu. Wem konnten sie noch vertrauen, wenn überall Spitzel lauerten und ehemalige Freunde sich brüsk in Gegner verwandelten? Mögliche neue Anhänger unterzogen sie deshalb strengen Tests, in denen sie nicht nur die politischen Überzeugungen des Kandidaten überprüften. Wilhelm Liebknecht zum Beispiel, der zu einem ihrer engen Mitarbeiter wurde und 1869 in Eisenach zu den Gründern der *Sozialdemokratischen Arbeiterpartei* gehörte, erinnerte sich daran, bei der ersten Begegnung »nicht bloß mit Fragen, sondern auch mit den Fingern« examiniert worden zu sein. Marx hielt zu dieser Zeit große Stücke auf die Phrenologie, eine von dem Arzt und Anatomen Franz Joseph Gall entwickelte Lehre, die behauptete, es sei möglich, von der Form des Schädels eines Menschen auf die Form seines Gehirns und damit auf seinen Charakter und seine intellektuellen Fähigkeiten zu schließen. Also bestellte Marx den alten Weggefährten Carl Pfänder, einen Maler aus Heilbronn, zum offiziellen Phrenologen seines *Bundes*, der potenzielle künftige Mitstreiter vorab zu begutachten hatte. Aber das hielt ihn nicht davon ab, wie Liebknecht berichtete, auch die eigenen Finger »in Kennerweise auf meinem Kopf herumtanzen«[109] zu lassen, um so die wahren Veranlagungen des Prüflings zu ermitteln.

Im Sommer 1850 war die finanzielle Lage von Marx und Engels derart hoffnungslos geworden, dass sie mit dem Gedanken spielten, in die USA auszuwandern. Doch gelang es ihnen nicht, das notwendige Geld für die Überfahrt aufzutreiben. Im Herbst entschloss sich Engels dann, seinen Eltern in Barmen zu schreiben, er habe mit Marx und dem Kommunismus gebrochen und wolle als endlich geläuterter Sohn für die Fabrik *Ermen & Engels* in Manchester arbeiten, an der sein Vater Anteile hielt. Der Entschluss dazu fiel weder Engels noch Marx leicht. Für Engels bedeutete er, von London als intellektuellem und politischem Zentrum Abschied zu nehmen und im provinziellen Manchester als Manager an der rigorosen Ausbeutung von Textilarbeitern mitzuwirken, was ihm aus politischen und moralischen Gründen zuwider war. Für Marx bedeutete die Entscheidung, dass er den einzigen Mitstreiter, dem er vollständig vertraute und dessen geistige Fähigkeiten er respektierte, aus seiner unmittelbaren Umgebung verlor. Der nicht nur umfangreiche, sondern auch intensive Briefwechsel, den die beiden Freunde in den kommenden 19 Jahren führten, zeigt, wie sehr sie ihren regelmäßigen Umgang vermissten.

Natürlich glaubten Engels' Eltern nicht recht an die plötzliche Bekehrung ihres Sohnes, aber sie wollten ihm eine Chance geben. Und er stellte sich in kurzer Zeit als sehr nützlicher Interessenvertreter des Vaters heraus: Offenbar hatte Familie Ermen bei der Buchführung der Firma zum Nachteil ihres fernen Teilhabers Engels sen. abgerechnet, was Engels jun. jetzt aufdeckte und monierte: »Peter Ermen läuft hier herum wie ein Fuchs dem sein Schwanz im Eisen hängen geblieben ist und sucht mich fortzuchikaniren«, schreibt er schon nach einem Monat selbstbewusst an Freund Marx. Ein halbes Jahr später ist er dem Vater bereits unentbehrlich und kann neben einer Gehaltserhöhung noch zusätzlich »Representations- und Tafelgelder« in Höhe von »ca. £200 jährlich«[110] vereinbaren. Mit diesem Einkommen, das er in den kommenden Jahren weiter steigerte, schaffte es Engels nicht nur, das Leben eines respektierten Geschäftsmanns in Manchester zu führen und zudem den Haushalt seiner irischen Lebensgefährtin Mary Burns und deren Schwester zu finanzieren, sondern auch Familie Marx in London über Wasser zu halten.

Denn in der Arbeitsteilung der beiden hartnäckigen Revolutionäre hatte er als der in allen geschäftlichen und alltagspraktischen Dingen ungleich Begabtere die Rolle des Finanziers übernommen, der Marx die Arbeit an seinen Büchern und den gemeinsamen politischen Zielen ermöglichen sollte. Sie würden, schrieb Marx einmal, gemeinsam »ein Compagniegeschäft treiben, wo ich meine Zeit für den theoretischen u[nd] Parteitheil des business gebe«[111] und sein Kompagnon eben, ließ er dezent anklingen, für die Beschaffung des Geldes zuständig sei. Welche Beträge dabei insgesamt von Manchester nach London flossen, lässt sich angesichts der chaotischen Haushaltsführung des Ehepaars Marx heute nicht mehr rekonstruieren. Vermutlich waren es 3 000 bis 4 000 Pfund im Zeitraum zwischen 1850 bis 1869, nach heutigem Wert rund 300 000 bis 400 000 Pfund. Ohne diesen enorm großherzigen Einsatz von Engels hätte Marx sein Spätwerk mit der *Kritik der politischen Ökonomie* und dem *Kapital* nicht schreiben können und seine Familie hätte möglicherweise nicht überlebt.

Der nächste harte Schlag, der Marx traf, kam aus Deutschland: Die geheime Kölner Gemeinde des *Bundes*, die Willich und Schapper zum Trotz fest zu ihm stand, wurde von der Polizei enttarnt und ihre Mitglieder ausnahmslos verhaftet. König Friedrich Wilhelm IV. persönlich hatte sich, was Marx nicht wissen konnte, aber heute historisch gut dokumentiert ist, in den Kopf gesetzt, seinen Bürgern in einem Schauprozess vor Augen zu führen, dass eine weitverzweigte kommunistische Verschwörung den Sturz seiner Regierung betreibe. Er beauftragte einen nur ihm persönlich verantwortlichen Geheimagenten, mit allen Mitteln Beweise für ein solches Komplott zu beschaffen. Der Mann, ein ehemaliger Referendar am Kriminalgericht namens Wilhelm Stieber, war nicht zimperlich: Schon während seiner Anfangsjahre im Staatsdienst musste er sich Folterungen von Häftlingen und Amtsmissbrauch vorwerfen lassen. Auch der König selbst bewegte sich außerhalb der Legalität: Nach der Verfassung, die er dem Land zweieinhalb Jahre zuvor selbst verordnet hatte, hätte er den Ministerrat über seine Aktivitäten unterrichten müssen, teilte aber keineswegs alles mit, was in seinem Namen unternommen wurde.

Der Prozess, der den elf Angeklagten gemacht wurde, war alles andere als fair. Man hielt sie weit über ein Jahr in

Einzelhaft, Gespräche mit ihren Anwälten wurden behindert oder verboten, und selbst mit ihren Ehefrauen durften sie nur unter Aufsicht sprechen. Marx versuchte sich von London aus als Rechtsberater, doch die preußische Polizei konnte viele seiner Briefe abfangen. Dennoch entwickelte sich das Gerichtsverfahren nicht im Sinne des Königs. Ziemlich bald wurde klar, dass der angeblich so gefährliche *Bund* ein verlorenes, zerstrittenes Häuflein war, von dem nie eine ernst zu nehmende Gefahr für den Staat ausgegangen war. Doch dann legte Wilhelm Stieber angebliche Protokolle der Sitzungen des *Bundes* vor, mit denen er konkrete umstürzlerische Pläne von Marx und seinen Männern belegen wollte. Es handelte sich um plumpe Fälschungen, und sowohl Marx als auch Willich entfalteten in London hektische Aktivitäten, um den Verteidigern in Köln Beweise zu liefern, die den Betrug Stiebers nachwiesen. Tatsächlich betrachtete das Gericht die Protokolle als so fragwürdig, dass es sie nicht verwenden wollte, und Engels glaubte bereits, die Verhandlung werde »nicht mit der Verurtheilung der Kölner, sondern mit der Arretierung des Herrn Stieber wegen Meineid«[112] enden. Doch die Geschworenen sprachen nur vier der Angeklagten frei, und für die übrigen sieben verhängten die Richter Festungshaft zwischen drei und sechs Jahren. Nach der Urteilsverkündung kam es in Köln zu Tumulten und wütenden Protesten, die Unrechtmäßigkeit des Verfahrens war zu offensichtlich geworden. Trotz aller Manipulationen hatte der König sein Ziel, dem Volk eine machtvolle Kommunistenverschwörung zu präsentieren, nicht erreicht. Für Marx aber wurde klar, dass ihm inzwischen nahezu keine Anhänger mehr blieben und Preußen im Kampf gegen ihn auch vor ungesetzlichen Mitteln nicht zurückschreckte.

Seine Ernüchterung war groß, und er handelte konsequent: Er löste den *Bund der Kommunisten* auf und zog sich für die nächsten Jahre aus dem politischen Leben zurück. Er machte sich keine Illusionen mehr über ein rasches Wiederaufleben der Kämpfe auf dem Kontinent und gestand sich ein, wie machtlos die Revolutionäre und ihre politischen Organisationen im Exil geworden waren. Mit diesem Abschied von der Politik wurde es einsam um ihn: Langjährige Gefolgsleute wie Wilhelm Wolff und Carl Pfänder oder der junge Wilhelm Liebknecht gehörten zu den wenigen Aktivisten, die er noch traf, dazu die brieflich fortgesetzte Freundschaft mit Engels, mehr blieb ihm nicht. In dieser Abkapselung lag auch etwas vom Marx'schen Trotz: Er hatte die Nase voll von den kleinlichen Intrigen, dem Machtgerangel und der Selbstzerfleischung des Emigrantenmilieus, ohne deshalb je, was nahegelegen hätte, Kontakt zu britischen Intellektuellen zu suchen. Lieber lebte er weitgehend zurückgezogen.

Stattdessen konzentrierte er sich darauf, die Existenz seiner Familie zu sichern. Er begriff, welche journalistischen Möglichkeiten ihm sein Aufenthalt in London bot, und begann als England-Korrespondent für verschiedene Zeitungen und Zeitschriften zu arbeiten. Sein wichtigster Kunde wurde die *New York Daily Tribune*, die damals zu den anspruchsvollsten und einflussreichsten Tageszeitungen Amerikas gehörte. Marx besaß inzwischen einen Benutzerausweis für den Lesesaal des *British Museum*, der von nun an zu seinem eigentlichen Arbeitszimmer wurde, wo er täglich zehn Stunden oder länger recherchierte und schrieb. Die Mitarbeiter der Bibliothek kannten ihn bald so gut, dass sie sich entschuldigten, falls ein anderer Benutzer seinen bevorzugten Leseplatz besetzt hatte.

Friedrich Engels und Karl Marx mit seinen Töchtern, London 1864

Allerdings war sein Englisch zunächst noch nicht gut genug, um ohne sprachliche Nachhilfe auszukommen. Also gab er den ersten großen Auftrag der *Tribune*, eine Artikelserie über den Verlauf der 48er-Revolution zu schreiben, an Engels in Manchester weiter, der sie nach seiner Tagesarbeit für *Ermen & Engels* an den Feierabenden verfasste. Die Berichte wurden unter Marx' Namen veröffentlicht und kamen in der Redaktion gut an. An spätere Aufträge wagte sich Marx dann selbst, obwohl er sich auch weiterhin – vor allem bei militärischen Themen – von Engels helfen ließ. Neben der

Tribune schrieb er noch für drei oder vier andere Zeitungen und Magazine und rechnete bei den Redaktionen Honorare ab, die eigentlich für ein auskömmliches Mittelstandsdasein hätten ausreichen müssen. Doch die Schulden, die er während der ersten Londoner Jahre gemacht hatte, samt der aufgelaufenen Zinsen belasteten ihn stark. Auch waren die Fähigkeiten des Ehepaars Marx zu einer sparsamen Haushaltsführung nicht sehr ausgeprägt, weshalb es weiterhin auf zusätzliche finanzielle Unterstützung durch Engels angewiesen war. Als im Januar 1855 mit Eleanor das sechste Kind zur Welt kam – der einzige in London geborene Säugling, der später das Erwachsenenalter erreichte –, beschäftigte die Familie neben den Dienstmädchen wieder eine Amme. Außerdem schickten sie die beiden älteren Töchter auf eine Privatschule und engagierten für sie Sprach- und Musiklehrer. Die katastrophale Armut schien überwunden zu sein, und Marx konnte hoffen, jetzt endlich jene gesetzteren Lebensformen praktizieren zu können, die er immer schon bevorzugt hatte.

Aber das Unglück nahm noch kein Ende. Im März 1855 erkrankte der achtjährige Edgar, entwickelte hohes Fieber und eine »Unterleibsauszehrung«, die, wie Marx behauptete, in seiner »Familie erblichen Charakter«[113] habe. Der Junge war, daraus machte der Vater kein Geheimnis, sein Lieblingskind. Am 6. April starb er in Marx' Armen. »Ich vergesse die Szene nicht«, schreibt Wilhelm Liebknecht, »die Mutter stumm weinend über das tote Kind gebeugt, Lenchen [Demuth] schluchzend daneben stehend, Marx in erschrecklicher Aufregung, jeden Zuspruch heftig, fast zornig zurückweisend, die beiden Mädchen leise weinend sich an die Mutter schmiegend, die in ihrem Schmerz sie krampfhaft umfaßte, als wolle sie sich an sie klammern, sie gegen den Tod verteidigen, der ihr den Knaben geraubt.« Als der Junge zwei Tage später beerdigt wurde, stellte sich Liebknecht vorsichtshalber neben Marx, weil er fürchtete, der völlig aufgelöste Vater »werde dem Sarg nach ins Grab springen«[114].

Von seiner Vorliebe für Söhne hatte Marx nie ein Geheimnis gemacht. »Meine Frau ist«, schrieb er 1851 ganz am Ende eines Briefes an Engels, »leider von einem Mädchen und nicht von einem garçon entbunden. Was noch schlimmer ist, sie ist sehr angegriffen.«[115] Vier Jahre später beklagt er sich wieder bei seinem Freund in Manchester: »Gestern zwischen 6 und 7 Uhr Morgens« sei seine Frau »von einem bona fide traveller – leider of the ›sex‹ par excellence – genesen […]. Wäre es ein männliches Wesen, so ginge die Sache schon eher.«[116] Der Tod Edgars, in dem er wohl ganz traditionell seinen Stammhalter sah, traf ihn mit brutaler Härte. Er habe, schrieb er an Engels, »schon allerlei Pech durchgemacht, aber erst jetzt weiß ich was ein wirkliches Unglück ist. Ich fühle mich broken down.«[117] Und ein Vierteljahr später heißt es in einem Brief an Ferdinand Lassalle: »Der Tod meines Kindes hat mir Herz und Hirn tief erschüttert, und ich fühle den Verlust noch so frisch wie am ersten Tag.«[118] Marx brauchte lange, um sich von diesem Schicksalsschlag zu erholen, zeigte deutliche Zeichen eine Depression und entschloss sich, die Wohnung in Soho aufzugeben: weil er die Gesundheitsgefahren des Viertel endlich hinter sich lassen wollte, aber auch weil ihn dort zu vieles an Edgar erinnerte.

Im Norden Londons – 9, Grafton Terrace – fand er ein stattliches Haus zu einer günstigen Miete. Ein kleines Erbe von Jenny ermöglichte es der Familie, endlich wieder eigene Möbel anzuschaffen. Dennoch stürzte der Umzug Marx sofort in die nächste, noch tiefere finanzielle Misere, und obwohl er zusätzlich zu seiner journalistischen Arbeit gemeinsam mit Engels gegen gutes Honorar Beiträge zu einer Enzyklopädie schrieb, musste er dem Freund wieder einmal in Brandbriefen seinen baldigen und gnadenlosen Ruin ankündigen, sollte er nicht per Geldanweisung Hilfe aus Manchester erhalten. Zumal die Arzt-Rechnungen zu einem erheblichen Kostenfaktor wurden: Karl und Jenny Marx waren zwar erst in ihren mittleren Jahren, hatten sich jedoch nie schonen können, sodass die Zahl ihrer Krankheiten zunahm. Leber und Galle waren bei Marx angegriffen, er litt stark unter Hämorrhoiden und Karies, außerdem begann seine Haut sehr schmerzhafte, manchmal großflächige Eiterbeulen, sogenannte Karbunkel, auszubilden. Wenn die Gesäßregion befallen war, konnte er über Tage oder Wochen nur unter Qualen bei der Arbeit sitzen. Die Ärzte verschrieben ihm zur Therapie vor allem Arsenpräparate, die ihn nach heutigem medizinischem Kenntnisstand eher vergifteten als heilten. Viele seiner Symptome waren psychosomatischer Natur, darüber war sich Marx klar: »Meine Krankheit kommt immer aus dem Kopf.«[119] Doch diese Einsicht machte die Leiden nicht leichter.

Auch Jenny Marx klagte seit ihrer Ankunft in London im Grunde permanent über ihre angeschlagene Gesundheit. Mal litt sie nur unter kleineren Unpässlichkeiten, mal waren es ernste Beschwerden. Wirklich gesund fühlte sie sich fast nie, nicht zuletzt die vielen Schwangerschaften hatten sie geschwächt. Marx sprach von »allerlei nervous complaints [nervöse Beschwerden]«[120]. Mittlerweile verfügte sie über eine reichhaltige Auswahl von Medikamenten, von denen sie sich wohl nicht immer nur nach ärztlichen Anweisungen bediente.

Am 6. Juli 1857 brachte Jenny Marx nach einer schweren, von etlichen Krankheiten begleiteten Schwangerschaft ihr letztes, siebtes Kind zur Welt. Es sei, schrieb Marx an Engels, nicht lebensfähig gewesen und kurz nach der Geburt gestorben. Er machte dazu allerlei dunkle Andeutungen: »[...]theils Umstände unmittelbar damit verbunden, die furchtbaren Eindruck auf meine Phantasie gemacht; theils die Umstände, die dieses Resultat herbeiführten, so beschaffen, daß Rückerinnerung qualvoll.«[121] Möglicherweise war das Kind körperlich missgebildet, und Marx hatte den Verdacht, der Tablettenmissbrauch seiner Frau während der Schwangerschaft sei der Grund dafür. Aber das sind nur Vermutungen. Schon zehn Tage später reagierte er recht kühl auf diese Totgeburt, lediglich seine Frau wurde schwer mit ihr fertig: »Meine Frau körperlich besser; liegt jedoch noch; und ausserordentlich verstimmt, was ich ihr [...] nicht verdenke, obgleich es mich ennuyirt [ärgert].«[122]

Wenn Marx' politische Leidenschaft Ende der 1850er-Jahre trotz solcher Heimsuchungen wieder erwachte, hatte dies vor allem zwei Gründe. Zum einen steuerten die europäische und nordamerikanische Wirtschaft Ende 1857 in eine neue, heftige Rezession. Marx und Engels sahen darin untrügliche Vorzeichen einer Revolution, und obwohl Engels' Firma in Manchester erheblich in Mitleidenschaft gezogen und Marx' Honorare von der krisengebeutelten *New York Daily Tribune* gekürzt wurden, bejubelten die beiden jede Nachricht, die auf einen weiteren Absturz der Konjunktur hindeutete. Marx' Temperament meldete sich nach längerer Lähmung zurück. Große Hoffnungen setzte er vor allem auf einen Zusammenbruch der Banken, der, wie er sehr zuversichtlich meinte, den ganzen Kontinent in Flammen setzen würde. Doch schließlich hielt der »Ausbruch der money panic« nicht das, was er sich von ihm versprochen hatte, dem Londoner »Citygesindel«[123] gelang es, den Finanzmarkt wieder zu beruhigen, ohne dass es zu Arbeiteraufständen gekommen wäre.

Der andere Grund für das Wiedererwachen von Marx' politischen Energien war der aus einer jüdischen Breslauer Familie stammende Ferdinand Lassalle. Marx hatte ihn bereits in Köln kennengelernt und Artikel von ihm in der *Neuen Rheinischen Zeitung* gedruckt. Lassalle war damals erst 23 Jahre alt, aber bereits auf dem Weg, eine Berühmtheit zu werden. Ohne je ein Jurastudium abgeschlossen zu haben, hatte er die Rechtsberatung der fast doppelt so alten Sophie Gräfin von Hatzfeldt übernommen, die in mehreren für damalige Verhältnisse hochskandalösen Prozessen die Scheidung von ihrem Mann durchzusetzen versuchte, der sie öffentlich betrog und demütigte. Lassalle betrieb das Verfahren über fast neun Jahre mit größter Intensität und ging so weit, den Diebstahl mutmaßlicher Beweismittel zu unterstützen – weshalb er 1848 für ein halbes Jahr inhaftiert wurde.

Sowohl die Prozesse als auch die Haftzeit erwiesen sich als entscheidende Glücksfälle für Lassalle. Nachdem die Gräfin Hatzfeldt geschieden worden war, setzte sie ihm als Dank eine Rente aus, die ihn auf Lebenszeit finanziell unabhängig machte. Und da er einen Großteil des Revolutionsjahres im Gefängnis verbracht hatte, fand sich nach dem Sieg der alten Regime nichts, was die preußischen Behörden gegen ihn hätten verwenden können. Er gehörte deshalb zu den wenigen potenziellen Leitfiguren des deutschen Proletariats, die nicht ins Exil fliehen mussten. Da er ein brillanter Redner war, der sich vor keiner demagogischen Zuspitzung scheute und ausgedehnte Vortrags-Tourneen absolvierte, wuchs er schnell in die Rolle des landesweit wichtigsten und bekanntesten Arbeiterführers hinein. Zugleich hielt er jedoch äußerlich größtmögliche Distanz zum Milieu der Werktätigen und liebte es, als hocheleganter Dandy aufzutreten. Nach heutigen Begriffen würde man ihn wohl einen snobistischen Linkspopulisten nennen, der sich effektvoll zu inszenieren versteht.

Für Marx war Lassalle eine Chance und eine Herausforderung zugleich. Er hatte gewöhnlich keine hohe Meinung von seiner Anhängerschaft und klagte nicht selten über deren geistige Beschränktheit. Selbst wichtige Mitarbeiter wie den späteren Parteigründer Wilhelm Liebknecht qualifizierte er gern ab als Esel, Rindvieh oder Schwachkopf. Doch neben Engels gehörte Lassalle zweifellos zu den wenigen hochintelligenten und politisch begabten Männern, die sich dauerhaft zu ihm bekannten und sich auch von seiner Selbstherrlichkeit und Herrschsucht nicht abschrecken ließen. Zudem verfügte Lassalle über hervorragende Verbindungen in Deutschland, die er nutzte, um Marx und Engels Kontakte zu Verlegern für ihre Bücher zu vermitteln.

Einerseits sah Marx in Lassalle eine Möglichkeit, endlich wieder Einfluss auf die deutschen Arbeiter zu gewinnen. Denn Lassalle war bei ihnen inzwischen weitaus bekannter als er selbst und genoss als scharfzüngiger Prediger des Sozialismus eine fast schon religiöse Verehrung. Die Hartnäckigkeit, mit der Lassalle ihn bei solchen Gelegenheiten als den großen weisen, ins ferne London verbannten Vorkämpfer des Kommunismus glorifizierte, tat Marx wohl. Andererseits unterwarf sich Lassalle – im Gegensatz zu Engels – nicht den theoretischen Vorgaben oder gar den politischen Weisungen von Marx. Lassalle betrachtete ihn als wichtigen Vordenker und anregenden Dialogpartner, steckte aber selbstbewusst seine eigenen Wege in eine sozialistische Zukunft ab. Vor allem fügte er sich nicht den internationalistischen Konzepten von Marx, sondern verfolgte national-preußische Ziele. Er ging sogar so weit, ein Bündnis des Proletariats mit den Feudalherren, also mit Preußens starkem Mann Bismarck, ins Auge zu fassen gegen die Bürgerlichen, in denen er die wahren Profiteure des Kapitalismus sah. Er glaubte nicht an die erlösende Revolution und die daraus hervorgehende klassenlosen Gesellschaft, sondern eher an einen autoritär regierten, kollektivistischen Staat, in dem ein Monarch seine Macht vor allem zugunsten der Arbeiter einsetzte.

Marx' Verhältnis zu Lassalle war höchst zwiespältig. Er bewunderte dessen Organisationstalent, das weit über die eigenen Fähigkeiten hinausging. Er beneidete ihn um die Begeisterung, die er bei einer Arbeiterbewegung entfachen konnte, deren theoretische Grundlagen er, Marx, geschaffen hatte. Aber er misstraute dem Opportunismus Lassalles, der für den Erfolg nahezu alle politischen Grundsätze über Bord zu werfen bereit war. Und er verachtete ihn für seine maßlose Eitelkeit und seine halbseidenen Selbstinszenierungen. Was ihn allerdings nicht davon abhielt, auch von Lassalle Geld zu leihen, womit er seine Abhängigkeit von ihm und damit auch seine innere Abwehr gegen ihn weiter steigerte.

Anfang 1860 überraschte Lassalle ihn mit einem doppelten Vorschlag: Gemeinsam mit Marx wolle er eine neue Tageszeitung nach dem Vorbild der *Neuen Rheinischen Zeitung* gründen und ihn, sobald Preußen eine Amnestie für die 48er-Revolutionäre erlassen habe, nach Berlin einladen. Tatsächlich wurde wenige Monate später eine Amnestie verkündet, doch Marx konnte London nicht verlassen, da seine Frau, obwohl zweifach geimpft, an Pocken erkrankte. Die drei Töchter mussten umgehend das Haus verlassen und kamen bei Wilhelm Liebknecht unter. Für gut eine Woche schwebte Jenny in Lebensgefahr, Helena Demuth und Marx pflegten sie, und sobald er Geld auftreiben konnte, engagierte er dazu noch eine professionelle Krankenschwester.

Erst als sich seine Frau gründlich erholt hatte, brach Marx nach Berlin auf. Lassalle, der etwas von großen Gesten verstand, legte seinem Gast die Stadt zu Füßen, gab feierliche Diners mit prominenten Gästen, lud ihn in die Oper ein und kümmerte sich um einen Antrag zu seiner Wiedereinbürgerung nach Preußen. All das schmeichelte Marx, aber letztlich entschied er sich dennoch gegen das neue Zeitungsprojekt. Lassalle bestand darauf, gleichberechtigter Herausgeber des Blattes zu werden, also waren permanente Konflikte mit ihm über die politische Linie der Redaktion abzusehen. Hinzu kam, dass die preußischen Behörden keine Nachgiebigkeit signalisierten, auf keinen Fall wollten sie einem notorischen Revolutionär wieder Bürgerrechte einräumen. Marx würde als Staatenloser also auch künftig jederzeit mit seiner Ausweisung rechnen müssen. Und schließlich hatte die Vorstellung, die Familie werde nach Berlin übersiedeln, seine drei Töchter in Panik versetzt, für die Preußen ein unbekanntes, gefürchtetes Ausland war.

Zum Bruch mit Lassalle kam es allerdings erst ein Jahr später bei dessen Gegenbesuch in London. Marx hatte inzwischen seinen wichtigsten journalistischen Auftraggeber verloren: Die *New York Daily Tribune* musste ihm aus wirtschaftlichen Gründen kündigen, nachdem sich in den USA der Bürgerkrieg zwischen Nord- und Südstaaten abzeichnete. Er war damit ohne regelmäßiges Einkommen und geriet in eine ähnlich dramatische Geldnot wie in seinen Londoner Anfangsjahren. Diese Rückkehr überwunden geglaubter Schrecken ließ vor allem seine Frau immer tiefer in Verzweiflung und Depression versinken. Dennoch fühlte sich Marx, der in Berlin bei Lassalle gewohnt hatte, nun dazu verpflichtet, den Gast, der zur Weltausstellung nach London kam, in sein Haus einzuladen.

Der Gegensatz zwischen dem großspurigen Lebemann Lassalle, der während seines Aufenthalts in London ein kleines Vermögen verschwendete, und dem Notstand der Familie Marx, die nur mit letzter Anstrengung die äußeren Formen zu wahren vermochte, muss grotesk gewesen sein. Lange übersah Lassalle die finanzielle Misere seiner Gastgeber oder tat zumindest so, ließ Marx aber wissen, dass er bei Börsenspekulationen 5000 Taler eingebüßt hatte, ohne dass ihn dieser Verlust ernsthaft in Verlegenheit brächte. Erst kurz vor seiner Abreise half er Marx mit 15 Pfund aus, mehr könne er derzeit nicht entbehren. Er erlaubte ihm jedoch leichtsinnigerweise, Wechsel auf seinen Namen auszustellen, was in der Folgezeit zwangsläufig zu Streitigkeiten zwischen ihnen wegen der Rückzahlung der Schulden führte. Engels gegenüber erging sich Marx daraufhin in uferlosen Schimpftiraden gegen Lassalle: »Der jüdische Nigger Lassalle, der glücklicherweise Ende dieser Woche abreist, [...] würde eher das Geld in den Dreck werfen als es einem ›Freunde‹ pumpen, selbst wenn ihm Zinsen u[nd] Capital garantiert würden. Dabei geht er von der Ansicht aus, daß er als jüdischer Baron od[er] baronisierter [...] Jude leben muß.«[124]

Marx blieb auch auf Distanz, als Lassalle im Mai 1863 in Leipzig den *Allgemeinen Deutschen Arbeiterverein* (ADAV) gründete, eine erste große deutsche Arbeiterpartei, die später zu einer der organisatorischen Wurzeln der SPD wurde. Er begriff natürlich, welche Machtposition Lassalle sich damit errichtete, allerdings hielt er dessen Kooperationsbereitschaft mit Bismarck politisch für grundfalsch und fühlte sich von ihm außerdem noch in theoretischer Hinsicht plagiiert. Er nahm sich vor, zunächst einmal nicht auf die Gründung des Vereins zu reagieren, weiter Material gegen Lassalle zu sammeln, um erst dann, wenn Lassalle ihn wegen seines Schweigens zum ADAV angreifen würde, öffentlich klarzustellen, dass die neue Partei rein gar nichts mit wirklichem Kommunismus zu tun habe und Lassalle schamlosen Ideendiebstahl betreibe.

Doch dazu kam es nicht mehr. Bei einem Kuraufenthalt verliebte sich Lassalle in die spätere Schriftstellerin und Schauspielerin Helene von Dönniges. Als deren Vater ihm die Einwilligung in die Hochzeit verweigerte und sich weder durch juristischen noch durch politischen Druck umstimmen ließ, forderte er ihn im August 1864 zum Duell. Aus Altersgründen gab der Vater diese Forderung an den ursprünglichen Verlobten seiner Tochter weiter, der Lassalle so schwer verletzte, dass er drei Tage später starb. Als die Nachricht von seinem Tod bekannt wurde, waren Marx und Engels allen Vorbehalten und antisemitischen Ressentiments zum Trotz erschüttert. »Lassalle mag«, schrieb Engels, »sonst gewesen sein, persönlich, literarisch, wissenschaftlich, was er war, aber politisch war er sicher einer der bedeutendsten Kerle in Deutschland. Er war für uns gegenwärtig ein sehr unsichrer Freund, zukünftig ein ziemlich sichrer Feind, aber einerlei, es trifft Einen doch hart wenn man sieht wie Deutschland alle einigermaßen tüchtigen Leute der extremen Partei kaput macht. Welcher Jubel wird unter den Fabrikanten & unter den Fortschrittsschweinhunden herrschen, L[assalle] war doch der einzige Kerl in Deutschland selbst, vor dem sie Angst hatten.« Und Marx antwortete ihm in ähnlich melancholischer Tonlage: »Das Unglück des Lassalle ist mir dieser Tage verdammt durch den Kopf gegangen. Er war doch noch immer einer [...] der Feinde unserer Feinde.« Lassalle zählte, sah Marx nun ein, zu den wenigen Männern, die sich seit 1848 unbeirrbar für die Arbeiterbewegung eingesetzt hatten: »Mag der Teufel wissen, der Haufen wird immer kleiner, neu kommt nichts zu.«[125]

Tatsächlich wäre eine gründliche Bilanz, falls Marx sie zu diesem Zeitpunkt gezogen haben sollte, ernüchternd für ihn ausgefallen. Er war jetzt 46 Jahre alt und ging seit gut zwanzig Jahren vollständig auf in der theoretischen und politischen Arbeit für eine kommunistische Zukunft. Aber mit Lassalle hatte die deutsche Arbeiterbewegung nun ihren aktivsten und erfolgreichsten Vorkämpfer verloren. Über Kontakte zu anderen Sozialistenführern in Deutschland verfügte Marx nicht, abgesehen von Wilhelm Liebknecht, den er für einen Versager hielt. In England war er politisch vollständig isoliert. Einfluss auf kommunistische Vereinigungen in anderen Ländern hatte er nicht. Beruflich sah es noch düsterer aus: Sein Einkommen als London-Korrespondent war in den letzten Jahren zusammengeschmolzen, und seine Bücher hatten sich ausnahmslos als Misserfolge erwiesen. Er war bis über beide Ohren verschuldet, hatte alle erreichbaren Kreditmöglichkeiten ausgeschöpft, und ohne die ständige Unterstützung durch Engels drohte seine Familie zu verhungern. Seine Frau stand körperlich und psychisch am Rande des Zusammenbruchs, sie war jetzt fünfzig und ließ ihn nahezu täglich wissen, dass sie so nicht mehr weiterleben könne. Und auch er wurde von Krankheiten gequält, die wenig Hoffnung auf Heilung erlaubten.

Algier VII: Im Garten der Versuche

Er musste seine Neugier einige Tage zügeln. Die *Peter der Große* war am Ostersonntag in den Hafen eingelaufen, aber Sturm und Regen erlaubten vorerst nicht mehr als kurze Spaziergänge. Dann schob die Sonne am Mittwoch nach Ostern die Wolken kurz beiseite, und er machte sich mit Fermé rasch auf den Weg nach Algier. Die Böden waren feucht und schwer, trotzdem wirbelte der Wind feinen, rötlichen Sandstaub in Augen und Nase. Er komme, erklärte Fermé, direkt aus der Sahara und werde manchmal über das Meer bis nach Frankreich oder noch weiter getragen. Als sie am Hafen eintrafen, waren die Kais voller Neugieriger. Doch vom Boulevard aus konnten sie das Schlachtschiff bequem bestaunen. Sie standen in der Menschenmenge, die sich an der Balustrade drängte, und beobachteten den Drill der Matrosen an Deck. Die Offiziere sprächen, berichtete der *Moniteur de l'Algérie*, akzentfreies Französisch und begrüßten täglich Hunderte Besucher zu Besichtigungen an Bord. Doch die See war an diesen vom Schirokko gebeutelten Tagen selbst im Hafenbecken unruhig, und die Überfahrt in den Ruderkähnen zum Fallreep des grauen Riesen machte keinen verlockenden Eindruck.

Das nächste Vorhaben wurde mittags geboren, beim

gemeinsamen Essen im Speisezimmer der Pension *Victoria*. Madame Casthelaz und ihr Sohn beschlossen, den *Jardin d'Essai* zu besuchen. Es war wärmer geworden, aber wegen des Windes nicht drückend, das ideale Wetter für einen Ausflug. Madame Claude fragte, ob sie sich ihnen anschließen dürfe. Auf dem Platz mit den Platanen, so hatte sie im *Petit Colon* gelesen, werde am Nachmittag die Militärkapelle spielen, was sicher viele Gäste aus der Stadt anlocke. Dann wandte sich Monsieur Casthelaz an ihn: ob er sie nicht begleiten wolle? Spätestens um 6 Uhr, pünktlich zum Souper, würde man zurück sein.

Er sagte sofort zu. Fermé hatte ihm schon mehrfach ausführlich von dem berühmten Versuchsgarten und seiner Geschichte berichtet. Er lag östlich von Mustapha inférieur, dem unteren Teil der Vorstadt, vielleicht zwei Meilen vom Befestigungswall Algiers entfernt, auf dem flachen Küstenstreifen zwischen Meer und Berghang. Professor Durando, der dort arbeitete, war ein Freund Fermés und hatte derzeit die allergrößten Sorgen. Der Park wurde seit Jahrzehnten mit wissenschaftlichem Anspruch geführt, den Botanikern gelang es hier nicht nur, Pflanzenfamilien aus den entlegensten Weltgegenden für das neugierige Publikum zu kultivieren, sondern auch zu erproben, welche Nutzpflanzen anderer Kontinente das Klima und die Böden Algeriens vertrugen, um mit ihnen die Agrarwirtschaft des Landes zu bereichern.

Lange Zeit war der Park ein Lieblingskind der Gouverneure gewesen. Professor Durando konnte sich ihrer aufmerksamen und finanzstarken Förderung sicher sein. Er zog in den Versuchsgärten Bananenpflanzen, die sonst nur im feuchtheißen Dschungel wuchsen, oder Taro aus China oder Tabak aus Südamerika und gab sie zu günstigen Preisen an fortschrittliche französische Siedler ab. Als während des amerikanischen Bürgerkriegs die Baumwollproduktion der Südstaaten zusammenbrach und die Preise in den Himmel schossen, verlangten plötzlich alle nach Durandos Baumwollpflanzen. Es war ihm sogar geglückt, auf den algerischen Kakteen die mexikanische Cochenilleschildlaus zu züchten, aus deren Karminsäure man ein wunderbares Karminrot gewinnen kann. Doch eine einzige Frostnacht tötete alle Schildläuse, gleich nach Kriegsende in Amerika verfielen die Preise für Baumwolle wieder, und weder Taro noch Bananen erreichten je eine gute Qualität. Seitdem werde, so Fermé, in Algerien wieder Weizen und Gerste angebaut, wie eh und je, sie garantierten keinen großen, aber einen sicheren Ertrag.

Doch wofür braucht man unter solchen Umständen einen teuren *Jardin d'Essai*? Zunächst wurde nach und nach das Budget beschnitten. Dann übergab der Gouverneur den Park zum Entsetzen von Professor Durando der *Societé franco-africaine* mit der Auflage, künftig für seine Pflege aufzukommen und ihn für das Publikum geöffnet zu halten. Im Gegenzug durfte das Unternehmen einen Teil der Fläche parzellieren und den Boden als Baugrund verkaufen. Manche Bereiche dieses botanischen Wunderwerks würden also, konstatierte Fermé, bald schon verschwunden sein, obwohl der Garten die einzige wissenschaftliche Institution von Geltung in Algier sei und eine Attraktion für die Kurgäste.

Dreimal schon hatte Fermé ihn zu einem Besuch des *Jardin* eingeladen. An manchen Sonntagen leitete Professor Durando selbst die Führungen für das Publikum, und seine Vorträge galten als überaus kenntnisreich. Aber Dr. Stéphann

Der Jardin d'Essai in Algier um 1880

hatte die Teilnahme energisch untersagt, die Anstrengungen seien in seinem Zustand zu groß, er müsse sich noch schonen. Inzwischen jedoch ging es ihm besser, der Arzt wachte längst nicht mehr so strikt über ihn wie nach der Blutkrise, und sie wollten sich ja nicht einer mehrstündigen Führung anschließen, sondern planten lediglich so etwas wie eine bedachtsame nachmittägliche Landpartie.

Bald nach dem Lunch brachen sie auf, spazierten die Straße hinunter nach Mustapha inférieur und passten dort die Pferdebahn ab. Bevor sie den Park betraten, ließen sie sich am Eingang in einem maurischen Café unter freiem Himmel nieder. Sie saßen auf einfachen Schemeln in der Sonne. Der Kaffee kostete wenige Sous, er war stark gesüßt und ausgezeichnet. Jeder erhielt ein eigenes kleines Kännchen direkt vom offenen Feuer, über dem der Wirt zuerst den Zucker geschmolzen und dann den grob gemahlenen Kaffee mit dem Wasser nur kurz aufgekocht hatte.

Er genoss diesen kleinen Aufenthalt sehr, Krankheit und Wetter hatten ihn viel zu lange an sein Zimmer gefesselt. Neben ihnen im Café saß ein gutes halbes Dutzend Mauren mit gekreuzten Beinen an niedrigen ungehobelten Tischchen und spielte Karten. Er sah ihnen zu wie einem eindrucksvollen Schauspiel. Verstehen konnte er sie nicht, umso mehr beeindruckte ihn ihr Auftreten. Ein paar von ihnen waren anspruchsvoll oder sogar reich gekleidet, andere trugen zerfetzte, schmutzig weiße Lumpen, doch diese Unterschiede spielten im Umgang untereinander keine Rolle. Aus der Haltung jedes Einzelnen sprachen enorme Würde und das Bewusstsein unbedingter Gleichheit – zwar nicht des Wohlstands oder der Stellung, wohl aber der Persönlichkeit. Dieses sichere Gefühl von Einverständnis und Zusammengehörigkeit war natürlich ein prächtiger Nährboden für den Hass auf die Kolonisten, die ihr Land besetzt hielten, und für ihre Hoffnung, die Ungläubigen irgendwann doch zu vertreiben. Dennoch würden sie, ohne eine revolutionäre Bewegung, zum Teufel gehen.

Schließlich drängten die Damen zum Aufbruch. Gleich hinter dem Eingang des Parks empfing sie eine mächtige Platanenallee. Die Bäume waren sicher zwanzig Meter hoch oder höher, sie standen wie Riesen dicht an dicht neben dem Weg und erinnerten ihn stark an die Parks in Paris. Er rief sich ins Gedächtnis, was Fermé ihm über die Historie des *Jardins* berichtet hatte, er war erst gut vierzig Jahre alt, aber die gewaltigen Stämme der Bäume wirkten, als stünden sie schon seit Ewigkeiten an ihrem Platz. Als ein zweispänniger Fiaker mit Sonnendach an ihnen vorüberrollte, fühlte er sich wie in einen Sommertag irgendwo in Frankreich versetzt.

Aber sie brauchten nur abzubiegen und waren nach wenigen Schritten auf einer der parallel laufenden Alleen in einer anderen Welt angekommen. Hier waren entlang des Wegs abwechselnd Dattelpalmen, Fächerpalmen und Drachenbäume gepflanzt worden. Vermutlich hatten die Bäume zu Anfang etwa die gleiche Größe gehabt, doch inzwischen überragten die schnellwüchsigen Dattelpalmen die anderen beiden Arten bei Weitem. Manche Äste der Drachenbäume waren offenbar so schwer, dass sich dort, wo sie am Mutterstamm ansetzten, zahlreiche Risse bildeten, die sich mit einem roten, lebhaft an Blut erinnernden Saft gefüllt hatten. An vielen der Bäume rankten sich Schlingpflanzen bis zu den Wipfeln empor und verliehen ihnen eine fremdartige, gespenstische Anmutung.

Diese Allee mündete in einen großen Palmenhain direkt am Strand, der auf den naheliegenden Namen Oase getauft worden war. Das Meer hatte hier eine tiefblaue Farbe, einige Fischerboote schwankten träge in den Wellen. Er genoss den Geruch des Salzwassers. Der Blick aus dem Schatten der Palmen über die leicht geschwungene Bucht hinweg auf die strahlend weiße Stadt war von einzigartiger Schönheit. Das Donnern der Brandung und die Schreie der Möwen erfüllten die Luft. In der Ferne über der See war die Rauchsäule eines noch unsichtbaren Dampfers zu sehen, der Algier ansteuerte.

Sie brauchten eine Weile, bis sie sich von dem Anblick losreißen konnten. Für den Rückweg boten sich eine Allee mit Magnolien und eine mit Feigen an. Beide wurden wiederum gekreuzt von den Alleen der Eukalyptusbäume, der Faserpalmen und einer besonders beeindruckenden Bambusallee: Hier war der Parkweg vielleicht fünf oder sechs Meter breit, doch die Bambuspflanzen rechts und links hatten eine solche Höhe und Dichte erreicht, dass sich ihr feines Laub hoch über den Köpfen der Spaziergänger schloss und man unter ihnen wie durch das Halbdunkel eines Tunnels schritt.

Auf einem kreisrunden, von Platanen umringten Platz nahm schließlich die angekündigte Militärkapelle Aufstellung. Sie wurde von einem Unteroffizier in gewöhnlicher französischer Uniform dirigiert. Die Musiker dagegen, einfache Soldaten, trugen rote weite Pumphosen in orientalischem Schnitt, über ihren Stiefeln weiße wollene Gamaschen, die an die Hosen angeknöpft wurden, und als Kopfbedeckung einen roten Fez. Madame Claude behielt Recht, das Konzert hatte zahlreiche Zuhörer aus der Stadt gelockt. Nach den langen Wochen mit Regen und Stürmen standen alle geduldig in der Sonne, ließen sich wärmen und lauschten.

Es waren die Gerüche, die ihn besonders beeindruckten. Das Raster der Alleen trennte kleine Gärten mit Orangen-, Zitronen-, Mandel- oder Olivenbäumen. Dazwischen immer wieder Kakteen und Aloe. All das hatte er auch schon an den Straßen zwischen Mustapha und Algier wild wachsen sehen. Doch hier standen stets mehrere gut gepflegte Bäume der gleichen Art dicht beieinander, das verstärkte ihren je eigenen Geruch.

Doch dann war er froh, als sie wieder den Eingang mit dem unscheinbaren Tor erreichten und den Park verließen. Er fühlte sich erschöpft und spürte deutlich, dass der Kalkstaub, den Spaziergänger und Kutschen über den Gartenwegen aufgewirbelt hatten, seine Lungen reizte. Er würde, so viel war ihm klar, diese Exkursion den Abend über noch mit störrischem Husten zu bezahlen haben. Während sie auf die Pferdebahn warteten, kaufte er bei einem der fliegenden Händler einen schön gearbeiteten, aus Holz geschnitzten Pfeifenkopf und drei sehr lange Pfeifenrohre aus Bambus. Für Engels, als afrikanisches Souvenir.

Es war an der Zeit, an die Abreise zu denken. Bereits seit einigen Tagen hielt sich das Gerücht, dass die Hotels in Algier sich zu leeren begannen, da es erste Wintergäste zurück nach Frankreich und Italien zog. In den Gesprächen am Esstisch der Pension *Victoria* waren die Klagen über das Wetter, die so lange alles beherrscht hatten, nun abgelöst worden von der Frage nach dem angebrachten Zeitpunkt für einen Aufbruch nach Europa. Die Meteorologen kündigten weitere Gewitter und Stürme an, doch Anfang Mai werde, so wurde allgemein befürchtet, als Kompensation für den katastrophal missratenen algerischen Frühling schlagartig eine unerträgliche Sommerhitze eintreten.

Er würde, hatte er beschlossen, sich dem Auf und Ab des unbeständigen Wetters nicht länger als nötig aussetzen. Sobald Dr. Stéphann ihm bestätigte, dass die Pleuritis ausgeheilt war, wollte er das nächste Schiff in Richtung Europa besteigen. Nach der völlig anormalen Witterung der letzten Wochen konnte kein Mensch voraussehen, was Algier für die kommenden Wochen bereithielt. Für den morgigen Abend war Dr. Stéphann zur Visite angekündigt, diese Gelegenheit würde er nutzen, nahm er sich vor, um das Thema bei dem Arzt anzusprechen.

Es war Zeit, endlich wieder zurück in seine Arbeit zu

finden. Noch immer lagen die Revisionsbögen für die neue Auflage des *Kapitals* unberührt in seinem Koffer. Nur Erinnerungen beschäftigten ihn. Bevor sie sich mittags auf den Weg gemacht hatten zum *Jardin d'Essai*, hatte er einen Brief an Eleanor begonnen, in dem er seine Überlegungen zur Abreise andeutete. Den Brief konnte er morgen, ergänzt um einen Bericht über den Besuch des Parks und vielleicht auch um die neuesten Auskünfte von Dr. Stéphann über seinen Gesundheitszustand, beenden und absenden.

London und der Ruhm

Man kann Karl Marx manches nachsagen, nicht aber den Mangel an Konsequenz. In der Zeit, in der er Philosophie studierte, hatten einige der wachsten Intellektuellen Deutschlands – darunter die Junghegelianer – damit begonnen, entscheidende Teile der Bibel einer philologischen Überprüfung zu unterziehen. Es ging ihnen zunächst nur darum, die Entstehungs- und Überlieferungsbedingungen jener Texte zu durchleuchten, doch ihr Versuch der historischen Aufklärung entwickelte seine eigene Dynamik und mündete in grundlegende Zweifel an den christlichen Glaubensinhalten und an Religion generell. Bei den regelmäßigen Treffen des »Doctorklubbs« vollzog Marx diesen geistigen Prozess mit, gab sich aber nicht mit ihm zufrieden. Sein Gedicht »Menschenleben« lässt ahnen, wie stark ihn der Gedanke an ein Dasein ohne metaphysische Gewissheiten beeindruckte und wie mächtig das Bedürfnis nach alternativer, diesseitiger Sinnstiftung war. Wenn »die Kritik der Religion«, so schlussfolgerte Marx, die Existenz Gottes infrage stelle und mit der Einsicht ende, »daß der Mensch das höchste Wesen für den Menschen sei«, dann ergab sich für ihn daraus mit Notwendigkeit der »categorische Imperativ, alle Verhältnisse umzuwerfen, in denen der Mensch ein erniedrigtes, ein geknechtetes, ein verlassenes, ein verächtliches Wesen ist«[126].

Die Radikalität, mit der er dieser Erkenntnis folgte, nötigt noch heute Respekt ab. Da es im Sinne jenes Imperativs nicht ausreichen konnte, als Philosoph die Welt nur neu zu interpretieren, sondern es darum gehen musste, sie zu verändern, wandte er sich ohne Zögern der politischen Veränderungsarbeit zu. Da seine geschichtstheoretischen Analysen ergaben, nur eine Revolution könne den notwendigen fundamentalen Wandel der Gesellschaft bewirken, richtete er seine politische Arbeit darauf aus, die Voraussetzungen einer solchen Revolution zu schaffen. Da die Aussichten einer Revolution nach seinen Erkenntnissen zwangsläufig an die je aktuelle ökonomische Situation der Gesellschaft geknüpft war, vertiefte er sich in die Erforschung der modernen kapitalistischen Volkswirtschaft und kündigte an, ihr in einem zentralen Werk zur *Kritik der politischen Ökonomie* auf den Grund zu gehen.

Die Konsequenz im Denken und politischen Handeln kollidierte bei dem Autor Marx jedoch mit seiner spezifischen Schwäche, begonnene Buchprojekte langsam oder gar nicht zu beenden. Dieses Manko resultierte nicht zuletzt aus einer ehrenwerten Neigung zum Perfektionismus und der Unfähigkeit, seinem universalistischen Forschungsanspruch Grenzen zu setzen, aber auch aus einer allzu großen Bereitschaft, sich von seinem polemischen Temperament zu Ersatzgefechten hinreißen zu lassen. Marx sei, so attestierte ihm Arnold Ruge schon früh, bewundernswert begabt und kenntnisreich: »Er arbeitet mit ungemeiner Intensivität und hat ein kritisches Talent, das bisweilen in Übermut ausartende Dialektik wird, aber er vollendet nichts, er bricht überall ab und stürzt sich immer von neuem in ein endloses Büchermeer.«[127]

Zu Beginn des Jahres 1845 schloss Marx einen Vertrag mit dem Verleger Karl Julius Leske über das beabsichtigte Buch zur politischen Ökonomie – schrieb dann aber, gemeinsam mit Friedrich Engels und Moses Hess, eine fünfhundertseitige Polemik gegen die Junghegelianer: *Die deutsche Ideologie*. Er war damals 26 Jahre alt, die aufgeschobene Arbeit an seinem ökonomischen Grundsatzwerk hat ihn von diesem Zeitpunkt an Jahrzehnte um Jahrzehnte beschäftigt, und er hat ihr, wie er später bilanzierte, »Gesundheit, Lebensglück und Familie geopfert«[128]. Aber fertiggestellt hat er es nie. Das ist die intellektuelle Tragödie seines Lebens.

Er hat es nicht fehlen lassen an Versuchen, Vorarbeiten, Skizzen, vorläufigen Konzepten oder Ouvertüren zu diesem Opus magnum. Schon 1844 schrieb er in Paris die später *Ökonomisch-philosophische Manuskripte* genannten ersten Entwürfe, die er wohl nie veröffentlichen wollte, sondern mit denen er sich vor allem über die eigene Haltung zu grundlegenden volkswirtschaftlichen Fragen klar zu werden versuchte. Einen kurzen Aufriss mit einigen seiner Thesen zum Thema druckte er im April 1849 in Form von fünf Leitartikeln in der *Neuen Rheinischen Zeitung*. Sie wurden später von Engels unter dem Titel *Lohnarbeit und Kapital* zusammengefasst und als schmale Broschüre herausgegeben. Doch bezeichnend ist, dass Marx diese Artikelserie 1849 aus aktuellen politischen Gründen hatte abbrechen müssen, sie also nicht zum beabsichtigten Ende führen konnte. Auch in seinem Nachlass fanden sich die noch fehlenden Teile nicht.

Als sich seine materiellen Lebensverhältnisse im Londoner Exil in der zweiten Hälfte der 1850er-Jahre vorübergehend konsolidierten, nahm Marx einen neuen Anlauf, sein großes Werk aufs Papier zu bringen. Zunächst arbeitete er eine umfangreiche Projektskizze aus: *Grundrisse der Kritik der politischen Ökonomie*. Das Buch selbst sollte dann auf der Basis dieses Materials in rascher Folge von mehreren Heften fertiggestellt werden. 1859 veröffentlichte er plangemäß *Zur Kritik der politischen Ökonomie. Erstes Heft* – und verstrickte sich, statt die nächsten Hefte druckfertig zu machen, umgehend in eine ausufernde Polemik gegen den Zoologen und ehemaligen 48er-Revolutionär Karl Vogt. Vogt lebte inzwischen in Genf und nahm – ähnlich wie Julius Fröbel – eine deutlich positivere Haltung zu Napoleon III. ein als Marx. Aus dieser Haltung machte Vogt auch während des Kriegs, den 1859 eine Allianz aus Frankreich und dem Königreich Sardinien-Piemont gegen Österreich in Oberitalien führte, keinen Hehl. Marx betrachtete das als Verrat alter revolutionärer Ideen und verbreitete das ihm zugetragene Gerücht, Vogt sei ein bezahlter Agent Napoleons III. Woraufhin Vogt kurzerhand Marx beschuldigte, ein bezahlter Agent Österreichs zu sein. Mit dem publizistischen und juristischen Kampf gegen diesen Vorwurf und den Recherchen zu den Machenschaften seines Gegners, die Marx dann in dem umfangreichen Pamphlet *Herr Vogt* veröffentlichte, verbrachte er weit über ein Jahr. Eine entscheidende Wirkung erzielte das Buch nicht. Erst zehn Jahre später, als nach der Niederlage Frankreichs gegen Preußen die geheimen Regierungsdokumente Napoleons III. und seine Konten offengelegt wurden, stellte sich zu Marx' großer Genugtuung heraus, dass der französische Kaiser im Jahr des Krieges gegen Österreich tatsächlich ein kleines Vermögen an Vogt gezahlt hatte.

Aber die Arbeit an seinem ökonomischen Grundsatzwerk

war über der Fehde gegen Vogt ins Stocken geraten. Als sich Marx ab August 1861 wieder mit dem Stoff befasste, begann er, das vorliegende Manuskript stark zu verändern und zu erweitern. Es sei, beschrieb er seine Arbeitsweise in einem Brief an Lassalle, »meine Eigenthümlichkeit, daß wenn ich nach 4 Wochen etwas fertig Geschriebenes vor mir sehe, ich es ungenügend finde u[nd] wieder total umarbeite«[129]. In nur wenigen Monaten entstand also ein weiteres Arbeitsmanuskript mit einem Umfang von rund 1500 Seiten, das er als die Fortsetzung vom publizierten ersten Heft der *Kritik der politischen Ökonomie* bezeichnete und das nun unter dem Titel »›Das Capital‹ und ›Zur Kritik der Pol[itischen] Oek[onomie]‹ nur als Untertitel«[130] erscheinen sollte. Aber auch aus diesem Vorhaben wurde nichts. Da Marx mittlerweile erneut ohne nennenswertes Einkommen war, hatten sich seine Gesundheit und die Lebensumstände der Familie derart verschlechtert, dass er die Arbeit häufig unterbrechen musste. Oft konnte er sich nicht einmal ärztliche Hilfe leisten. Nach solchen Unterbrechungen neigte er dazu, die vorliegenden Texte zu verwerfen und neu anzusetzen. Die »Reinschrift für den Druck«, so formulierten es seine späteren Herausgeber rücksichtsvoll, »schlug um in einen neuen Forschungsprozess. [...] Er studierte zusätzlich eine große Menge ökonomischer und technischer Literatur, darunter über die Landwirtschaft, über Fragen des Kredits und des Geldumlaufs, statistische Materialien, parlamentarische Dokumente, offizielle Berichte über die Kinderarbeit in der Industrie, über die Lebensbedingungen des englischen Proletariats usw.«[131]

So folgte über Jahre hinweg ein Entwurf dem nächsten, mal plante er, sein Buch in drei Teile zu gliedern, mal in vier Teile, mal plädierte der Hamburger Verleger Otto Meißner dafür, dem Werk zwar eine vierteilige Struktur zu geben, es aber in drei Bänden zu veröffentlichen. 1866 entschloss sich Marx, die Themen, die er bereits im publizierten ersten Heft der *Kritik der politischen Ökonomie* behandelt hatte, noch einmal zu überarbeiten und als einzelnes Kapitel in das neue, kommende Buch zu integrieren: »Ich hielt das für nötig, nicht nur der Vollständigkeit wegen, sondern weil selbst gute Köpfe die Sache nicht ganz richtig begriffen, also etwas Mangelhaftes an der ersten Darstellung sein mußte, speziell der *Analyse der Waare*.«[132] Ganz sicher war sich Marx allerdings, dass er das Manuskript erst aus den Händen geben wolle, wenn »das Ganze vor mir liegt«, denn erst dann könne er absehen, »wieviel zu condensiren und streichen ist, um innerhalb der vorgeschriebenen Grenzen die einzelnen Theile gleichmäßig und proportionell zu haben«[133].

Während dieser ungeheuer zähen, vom Autor selbst wieder und wieder neu aufgerollten Arbeit wurde Marx von Engels mit Engelsgeduld finanziert. Vorübergehend sah es so aus, als würde das nicht mehr nötig sein: Am 30. November 1863 starb Marx' Mutter in Trier, und die seit dem Tod des Vaters gut 25 Jahre lang dringend erwartete, ja herbeigefieberte Familienerbschaft wurde fällig: knapp 600 Pfund. Ein halbes Jahr später, am 9. Mai 1864, starb der alte Weggefährte Wilhelm Wolff und hinterließ seinem Freund Marx überraschend mehr als 800 Pfund. Zusammen ergaben beide Erbschaften eine Summe, mit der eine englische Mittelstandsfamilie leicht fünf Jahre oder länger hätte auskommen können. Doch die Eheleute Marx pflegten ein anderes Verhältnis zum Geld als in Mittelstandsfamilien üblich. Obwohl Marx nach wie vor über kein regelmäßiges Einkommen verfügte, beschloss das Paar den Umzug in ein größeres, teureres Haus: 1, Modena

Villas, Maidland Park Road. Außerdem hatten sie Schulden zurückzuzahlen und offenbar keine Lust, sich mit anderen Ausgaben zurückzuhalten. Also war der gewohnte Zustand bald wieder hergestellt, schon ein Jahr nach Wolffs Tod begann ein Brief von Marx an Engels mit dem Satz: »Ich bin schon seit zwei Monaten rein auf das Pfandhaus lebend [...].«[134]

Wenn jene Jahre für Marx trotz seiner immer zahlreicher werdenden chronischen Krankheiten eine erfreuliche Wendung nahmen, beruhte das auf einem Zufall, der ihm die Rückkehr zu einer effektvollen politischen Tätigkeit ermöglichte. 1862 reiste eine Delegation französischer Arbeiterführer zur Weltausstellung nach London und traf am Rande der Veranstaltungen englische Kollegen und Gewerkschaftler. Aus diesem Kontakt ergab sich das Vorhaben, einen internationalen Dachverband der Arbeiterorganisationen aufzubauen. Der Gründungskongress wurde für den 28. September 1864 in London anberaumt, und die Initiatoren verfielen auf die Idee, den deutschen Emigranten und Journalisten Karl Marx einzuladen, obwohl er weder Arbeiter noch Mitglied irgendeines Arbeitervereins war. Marx reagierte zunächst verblüfft und zurückhaltend, brachte dann aber einen alten Mitstreiter aus den verflossenen Tagen des *Bundes der Kommunisten*, den Schneider Georg Eccarius, zu der Versammlung mit. Er hielt sich bei den Diskussionen zurück, ja er soll kein einziges Mal das Wort ergriffen haben. Dennoch wurde er, möglicherweise aus Mangel an alternativen deutschen Kandidaten, gemeinsam mit Eccarius in das Gründungsgremium der *Working Men's International Association* gewählt, die sich deutsch *Internationale Arbeiter-Assoziation* (IAA) nannte oder auch einfach *Die Internationale*.

Marx war bei seiner Tätigkeit für die IAA anfangs sehr behutsam. Er hatte aus den ideologischen Konflikten und der Spaltung des *Bundes der Kommunisten* im Herbst 1850 gelernt. Er übernahm keine der Führungspositionen, bemühte sich weder um das Amt des Präsidenten noch das des Generalsekretärs, sondern ließ sich zunächst in die Kommission berufen, von der die Statuten samt Geschäftsordnung und eine erste programmatische Erklärung ausgearbeitet werden sollte. Schnell wurde klar, dass niemand in der Kommission über so große politische Erfahrung und journalistische Routine verfügte wie er. Also formulierte er alle gewünschten Texte weitgehend allein und legte so frühzeitig den Charakter der neuen Organisation fest. Dabei achtete er darauf, jede einengende weltanschauliche Festlegung zu vermeiden, die *Internationale* also offen zu halten für möglichst alle Spielarten des Sozialismus und sie so zu einem Sammelbecken der gesamten Arbeiterbewegung weltweit zu machen.

Für die IAA erwies sich das als enormer politischer Vorteil. Sie wuchs rasch und entwickelte sich zu einer föderativen Gemeinschaft unterschiedlichster linker Gruppierungen: genossenschaftliche Owenisten, englische Gewerkschaftler, Proudhonisten oder Fourieristen aus Frankreich, Anhänger von Giuseppe Mazzini aus Italien oder Lassalle aus Deutschland und schließlich sogar Bakunins Anarchisten – sie alle fanden Platz unter diesem weiten Dach. Marx drängte sich nie in den Vordergrund, wurde zwar Mitglied des Generalrats der *Internationalen*, gab sich aber mit dem bescheidenen Rang eines korrespondierenden Sekretärs für Deutschland zufrieden. Allerdings sorgte er dafür, in wesentlichen organisatorischen Fragen unentbehrlich zu sein, sodass er schnell in die Rolle einer grauen Eminenz hineinwuchs, die aus dem Hintergrund die entscheidenden Impulse gab. Starken Einfluss nahm er beispielsweise auf die Zusammenstellung der Programme für die jährlichen Kongresse und sorgte dafür, dass sie nicht dominiert wurden durch ausufernde Debatten über ideologische Grundsatzfragen, sondern sich auf konkrete und möglichst konsensfähige politische Forderungen konzentrierten wie etwa nach einer Verkürzung der Wochenarbeitszeit oder Schutzvorschriften für Frauen- und Kinderarbeit. Der Verlauf der Kongresse war damit vorab so stark festgezurrt, dass Marx auf jede weitere Einflussnahme verzichten konnte und selbst nicht an ihnen teilnahm. Allerdings hatten die Kongresse in erster Linie eine propagandistische und keine direkte politische Bedeutung. Ob die Delegierten den jeweiligen Forderungen in den einzelnen Ländern Nachdruck verleihen konnten oder nicht, beruhte nur am Rande auf dem Einfluss der IAA, sondern vielmehr auf der Macht der einzelnen Organisationen in ihren Herkunftsländern.

Auf den ersten Blick macht das den Eindruck, als hätte sich Marx in politischer Hinsicht gewandelt und statt alter doktrinärer Neigungen ein Herz für linken Pluralismus entdeckt. Doch genauer betrachtet, waren seine Absichten nicht so liberal und lauter, wie er sich äußerlich den Anschein gab. In einem hochgestimmten Brief an Engels schrieb er, nachdem er die Erfolge des Kongresses vom September 1867 aufgezählt hatte: »Les choses marchent [Die Dinge laufen]. Und bei der nächsten Revolution, die vielleicht näher ist, als es aussieht, haben *wir* (d. h. Du und ich) diese mächtige engine [Maschine] *in unserer Hand.*«[135] Ob er das wirklich ernst meinte und den lockeren Verbund von Gewerkschaften und im weitesten Sinne sozialistischen Gruppierungen tatsächlich für eine mächtige Maschine hielt oder ob er sich hier von der eigenen Begeisterung über seine Erfolge als Chefkonstrukteur der Maschine zu einer etwas großmäuligen Zukunftsvision hinreißen ließ, kann offen bleiben. Jedoch bestanden für ihn offenbar wenig Zweifel daran, dass sich sein taktisches Verhalten innerhalb der IAA entschieden ändern würde, sollte irgendwann einmal eine politische Ausnahmesituation wie eine Revolution am politischen Horizont sichtbar werden.

Drei Jahre später trat mit dem Deutsch-Französischen Krieg eine solche Ausnahmesituation ein. Der Krieg brachte die *Internationale* in eine besondere Lage, da ihr sowohl deutsche als auch französische Arbeiterorganisationen angehörten. Marx formulierte für den Generalrat eine öffentliche Stellungnahme, in der er zunächst Arbeiterproteste gegen den Krieg aus beiden Ländern zitierte, zugleich aber auf das Recht Deutschlands hinwies, sich gegen den Angriff des französischen Kaisers zu verteidigen. Sollte diese Verteidigung jedoch in einen Angriffskrieg »*gegen das französische Volk*« übergehen, würden, so betonte Marx, »*Sieg oder Niederlage sich gleich verhängnisvoll erweisen*«[136]. Eine kluge, historisch weit vorausschauende Bemerkung, die sich in den kommenden Jahrzehnten bestätigte: Die von Bismarck nach der Niederlage Frankreichs betriebene Annexion von Elsass und Lothringen vergiftete das Verhältnis zwischen beiden Ländern bis hin zum Ersten Weltkrieg.

Hellsichtig war auch eine zweite Erklärung, die Marx nach dem schnellen Sieg der deutschen Truppen, dem Sturz Napoleons III. und dem Beginn der Belagerung von Paris im Namen der IAA veröffentlichte. Er warnte die Arbeiter der eingeschlossenen Hauptstadt davor, die Kriegsereignisse zu einer Revolution zu nutzen: »Jeder Versuch zum Umsturz der jetzigen Regierung inmitten einer furchtbaren Krise, wenn der Feind fast schon an die Thore von Paris pocht, wäre eine verzweifelte Narrheit.«[137] Von dieser bemerkenswert antirevolutionären Position rückte Marx auch in den kommenden Monaten nicht ab. Als es im März 1871 dennoch zur spontanen Erhebung der Pariser Kommune gegen die republikanische Regierung Frankreichs kam, wurde er zwar vom Generalrat beauftragt, eine Stellungnahme dazu für die *Internationale* zu verfassen, hielt sich damit jedoch zurück und wartete ab, bis die Aufständischen zehn Wochen später endgültig geschlagen worden waren. Mit einem Erfolg der Kommunarden scheint er nie gerechnet zu haben, und er hatte in der Zwischenzeit vermutlich auch in Erfahrung gebracht, dass die Erhebung keineswegs nur von Arbeitern, sondern auch von Bürgerlichen ausgegangen und getragen worden war.

Dennoch feierte er in der Deklaration, die er dann für die IAA schrieb und vom Generalrat absegnen ließ, die Kommune als ein erstes, zwar gescheitertes, aber politisch zukunftsweisendes Beispiel einer wahrhaft proletarischen Revolution: »Das Paris der Arbeiter, mit seiner Kommune, wird ewig gefeiert werden als der ruhmvolle Vorbote einer neuen Gesellschaft. Seine Märtyrer sind eingeschreint in dem großen Herzen der Arbeiterklasse.«[138] Schon mit ihrem hochpathetischen Tonfall erinnert diese Erklärung an jenen Artikel aus der *Neuen Rheinischen Zeitung*, mit dem Marx 1848 die »Junirevolution« – den Arbeiteraufstand gegen die damalige republikanische Regierung Frankreichs – gefeiert und seine bürgerlich-demokratische Kölner Leserschaft schockiert hatte.

Mit diesem Manifest konterkarierte Marx nicht nur die eigene Warnung an die Pariser Arbeiterschaft vor einem Umsturzversuch während des Krieges, sondern widersprach auch seiner oft wiederholten Überzeugung, der Versuch einer proletarischen Revolution sei erst dann sinnvoll, wenn die über ihre historische Mission aufgeklärte Arbeiterklasse zur weit überwiegenden Mehrheit in der Gesellschaft angewachsen war. Doch diese Einwände kümmerten ihn jetzt nicht mehr. Offenbar witterte er eine publizistische Chance, so wie seinerzeit in Köln einen politischen Eklat zu provozieren, mit dem er seiner These, eine proletarische Revolution sei grundsätzlich nötig, endlich wieder eine machtvolle öffentliche Resonanz verschaffen konnte.

Die Wirkung des Manifests war überwältigend und verheerend zugleich. Schnell wurde bekannt, wer es im Namen der *Internationalen* verfasst hatte, und Marx rückte mit einem Mal in den Mittelpunkt einer europaweiten Empörung. Vor allem bei konservativen Regierungen galt die Kommune vom Beginn ihres Aufstandes an als der Inbegriff von Chaos und Anarchie, ja als die Verkörperung des politisch schlechthin Bösen. Die maßlose Gewalt während der Bürgerkriegskämpfe in den Pariser Straßen, bei denen öffentliche Gebäude gezielt niedergebrannt, Geiseln getötet, ein Erzbischof ermordet und – *horribile dictu* – sogar Frauen bewaffnet wurden, machte es leicht, die Kommunarden öffentlich zu dämonisieren. Und in Marx fand sich ein etwas obskurer, aber in Arbeiterorganisationen offenbar gut vernetzter Kommentator, der sie nicht nur verteidigte, sondern zu Helden stilisierte und die angeblichen Ziele ihres Aufstandes zudem noch zu einem erstrebenswerten Modell der gesellschaftlichen Zukunft erklärte.

Plötzlich erhielt Marx all die öffentliche Aufmerksamkeit, die er so lange entbehrt hatte. Die Zeitungen stürzten sich auf seine Deklaration und auf ihren Autor. Engels glaubte in dem gewaltigen Echo sogar ein Indiz dafür erkennen zu können, »daß die Internationale eine europäische Großmacht ist, mit der man rechnen muß«[139]. Aber ebenso wie es bei vergleichbaren Skandalisierungen heutzutage üblich ist, musste auch Marx erleben, dass seine tatsächlichen Überzeugungen bei dieser Presseschlacht keine große Rolle spielten. Er wurde nicht als Vordenker der Arbeiterbewegung oder als Analytiker des Kapitalismus wahrgenommen, sondern verdächtigt, der heimliche Drahtzieher des Kommuneaufstands und der Chefideologe eines europaweiten Terrornetzwerkes zu sein. Das hielt ihn nicht davon ab, seine plötzliche Prominenz zu genießen. Er habe die Ehre, schrieb er in einem Brief an einen Freund in Deutschland, zurzeit der bestverleumdete und meistbedrohte Mann von London zu sein: »Das tut einem wahrhaft wohl nach der langweiligen zwanzigjährigen Sumpfidylle.«[140]

Mit dem Erfolg in eigener Sache unterminierte Marx allerdings die institutionelle Grundlage, der er diesen Erfolg verdankte. Durch die Erklärung zur Kommune hatte er seine Rolle als weitgehend neutraler, für alle sozialistischen Strömungen offener Sachwalter der *Internationalen* unübersehbar aufgegeben. Die gemäßigten Mitgliedsorganisationen, denen es um die Verbesserung von Arbeitsbedingungen ging, aber nie eine Revolution im Sinn gehabt hatten, fühlten sich von ihm und dem Generalrat politisch missbraucht. Einige der mächtigen englischen Gewerkschaften trennten sich von der IAA, andere Gruppierungen, die prinzipienstark über ihre Autonomie in allen weltanschaulichen Fragen wachten, betrachteten die Zentrale in London mit zunehmendem Misstrauen.

Eine Reaktion, die Michail Bakunin und seinen anarchistischen Anhängern in die Karten spielte. Marx hatte in Bakunin, schon als der sich um Aufnahme in die *Internationale* bemühte, einen möglichen Rivalen um die Macht in der IAA gesehen. Tatsächlich traf dessen strikt autoritätsfeindliche Haltung bei den Mitgliedern auf umso mehr Gegenliebe, je entschiedener der Generalrat agierte. Offenbar fürchtete Marx daraufhin, seinen Einfluss gänzlich zu verlieren, falls er ihm nicht gelänge, diesen Aufstieg Bakunins zu stoppen. Da der turnusgemäße Jahreskongress der IAA wegen der Folgen des Deutsch-Französischen Kriegs 1871 nicht einberufen werden konnte, richtete Marx in London ersatzweise eine interne Konferenz aus, zu der er Delegierte aus Bakunins Lager gar nicht erst einlud. Im Gegensatz zu den vorangegangenen Kongressen nahm er an dieser Konferenz auch selbst teil und sorgte mit großem persönlichen Engagement dafür, dass der Generalrat seine Kontrollfunktionen gegenüber den einzelnen Mitgliedsorganisationen ausweitete – was deren Unwillen weiter verstärkte.

Mit anderen Worten, Marx machte nun doch ein zweites Mal jenen Fehler, den er bereits 1850 im *Bund der Kommunisten* begangen hatte. Statt zu integrieren und nach einer gemeinsamen Basis für die unterschiedlichen Strömungen innerhalb der *Internationalen* Ausschau zu halten, versuchte er, sie fester in den Griff zu bekommen, und trieb ihre Spaltung dadurch erst recht voran. Möglicherweise wurde ihm das in der Zeit nach der Londoner Konferenz auch klar, als eine immer größere Zahl von Mitgliedsorganisationen vor allem aus dem südeuropäischen Raum Sympathien für den antizentralistischen Kurs Bakunins erkennen ließen. Also entschloss er sich gemeinsam mit Engels – der 1870 auf seine Empfehlung hin in den Generalrat gewählt worden war – zu einem ultimativen Gegenschlag. Bei den Vorbereitungen für den nächsten Jahreskongress, der 1872 in Den Haag stattfand, ließen die beiden jeden Anschein von Überparteilichkeit beiseite und bemühten sich, so viele aus ihrer Sicht zuverlässige Delegierte wie möglich zum Kommen zu bewegen. Als deutlich wurde, dass sie bei dieser Versammlung tatsächlich eine Mehrheit auf ihrer Seite hatten, konzentrierten sie sich vor allem auf zwei Entscheidungen: Sie beantragten, Bakunin aus der Organisation auszuschließen, da er versucht habe, sie insgeheim zu unterwandern, und überraschten die Versammelten außerdem mit dem Vorschlag, den Hauptsitz der IAA von London nach New York zu verlegen.

Beide Beschlüsse wurden nach langen Debatten und mit knappen Mehrheiten akzeptiert, Marx und Engels hatten sich durchgesetzt: Sie wollten die IAA auf keinen Fall Bakunin überlassen, der, wie sie befürchteten, die Gelegenheit nutzen würde, »im Namen der Internationale noch viel größere Dummheiten und Infamien zu begehen«[141]. Andererseits war ihnen bewusst, dass sie durch ihr ungeschminkt doktrinäres Auftreten über kurz oder lang ihre schmale Mehrheit verlieren würden. Mit der Entscheidung, den Hauptsitz nach New York zu verlegen, zielten sie deshalb darauf, die IAA ins Abseits zu manövrieren und in der Bedeutungslosigkeit versinken zu lassen. Zu Beginn der 1870er-Jahren waren die transatlantischen Verbindungen noch nicht so gut, dass es möglich gewesen wäre, eine politische Organisation, die aus widerspenstigen und fast ausschließlich europäischen Mitgliedsgruppierungen bestand, von Amerika aus effektiv zu führen. Tatsächlich löste sich die *Internationale* 1876 auf einem letzten Kongress in Philadelphia selbst auf. Marx und Engels hatten sie Bakunin entzogen um den Preis ihrer Vernichtung.

Marx' Interesse an der *Internationalen* hatte allerdings schon vor der entscheidenden Versammlung in Den Haag massiv nachgelassen. »Ich erwarte mit Ungeduld den nächsten Kongreß«, schrieb er im Mai 1872 an ein belgisches IAA-Mitglied. »Das wird das Ende meiner Sklaverei sein. Danach werde ich wieder ein freier Mann werden; ich werde keine Verwaltungsfunktion mehr annehmen, weder im Generalrat noch im Britischen Föderalrat.«[142] Denn trotz der zeitraubenden Arbeit für die IAA und der häufigen Unterbrechungen durch Krankheiten hatte Marx die Arbeit an seinem Schmerzenskind, dem großen Buch zur politischen Ökonomie, weiter vorangetrieben. Sein Mäzen Engels nahm ihm in dieser Zeit die Sorgen um den Unterhalt der Familie beinahe vollständig ab und erhielt im Gegenzug ausführliche briefliche Berichte über das wechselvolle Entstehungsschicksal des Buches. Lange noch scheint Marx an der Absicht festgehalten zu haben, zunächst das gesamte vierbändige Werk zu vollenden, bevor er es publizieren wollte. Aber je mehr das Manuskript anschwoll, desto schwieriger wurde das. Im Oktober 1866 änderte er dann seine Meinung und entschied, zunächst nur einen Teil zu veröffentlichen, der allerdings gleich die ersten beiden Bände des Buches umfassen sollte. Anfang 1867 wurden seine Pläne noch einmal bescheidener, und er rang sich dazu durch, vorerst nur den ersten Teil in Reinschrift fertigzustellen. Drei Monate später teilte er Engels nach mehrwöchigem Schweigen betont lakonisch und seltsam unbeholfen mit: »Ich hatte mir vorgenommen, Dir nicht zu schreiben, bis ich Dir das Fertigsein des Buches anzeigen könnte, was jetzt der Fall ist.«[143] Eine Woche später reiste er mit dem Manuskript per Schiff zu seinem Verleger Otto Meißner nach Hamburg, der es sofort in seinen Safe einschloss, froh, nach langjähriger Wartezeit zumindest diese erste Lieferung im Haus zu haben. Am 5. Mai 1867, also an seinem 49. Geburtstag, erhielt Marx die ersten Korrekturbögen des gesetzten Textes, die er per Post nach und nach auch an Engels weitergab, der nun in Manchester erstmals den Text vor Augen bekam, zu dessen Entstehung er als Finanzier und intellektueller Berater so viel beigetragen hatte. Marx, der sonst keine Scheu zeigte, sich mit Engels über noch unfertige Manuskripte vor der Publikation zu beraten, hatte seinem Freund von diesem entscheidenden Buch vorab nur sehr wenig anvertraut. Am 14. September schließlich meldete das *Börsenblatt des deutschen Buchhandels* in einer nüchternen Notiz, der erste Band eines Buches mit dem Titel *Das Kapital* von einem Autor namens Karl Marx sei erschienen.

Bis heute gilt das *Kapital* neben dem *Kommunistischen Manifest* als die epochale Schrift des Marxismus, ja wird als der grundlegende theoretische Orientierungsrahmen für die ökonomischen Antriebe und Ziele der Arbeiterbewegung weltweit betrachtet. Es sollte nach Marx' Vorstellungen nichts Geringeres leisten, als die Bewegungsgesetze der kapitalistischen Gesellschaft darzulegen und in ihrer Funktionsweise zu erklären. Alle Aspekte der modernen Wirtschaft, der Produktion und Zirkulation von Waren, der Lohnarbeit und des Mehrwerts, der Konkurrenz und des Geldkreislaufs, des Kapitals und der Grundrente wollte er hier in einer detaillierten Gesamtschau in ihrem Zusammenwirken entfalten und transparent machen.

Auch wenn das *Kapital* zur enormen Enttäuschung seines Autors zunächst auf nur wenig Resonanz traf, entwickelte es mit den Jahren eine ungeheure, ja übermächtige Aura. Kein anderes Buch hat einen so entscheidenden Einfluss auf Geschichte und Politik des 20. Jahrhunderts genommen wie dieses, kein anderes wurde in vergleichbarem Maße verklärt oder verteufelt, verleumdet oder verherrlicht. In den Ländern des Realen Sozialismus übernahm es gut siebzig Jahre lang die Rolle einer Heiligen Schrift, von der man nach amtlicher Lesart die Lösung beinahe sämtlicher Welt- und Lebensrätsel erwartete. In den Ländern des Westens wird es noch heute, 150 Jahre nach seinem Erscheinen, gern als das Werk apostrophiert, das die maßgebliche Gegenposition zum herrschenden Wirtschafts- und Finanzsystem formuliert.

Mit nüchternem Blick gelesen, entpuppt es sich als eine eigentümliche Mischung aus volkswirtschaftlicher Theorie, soziologischer Analyse, kritischer Wirtschaftsgeschichtsschreibung und rabiater Polemik. Seine Grundthese formuliert das Buch im Anschluss an Überzeugungen des frühen britischen Wirtschaftswissenschaftlers David Ricardo: Der Wert einer Ware bemisst sich wesentlich nach der menschlichen Arbeit, die für die Produktion dieser Ware üblicherweise aufgewandt wird. Die Frage nach der Ermittlung des Werts einer Ware klingt zunächst banal, doch sie ist, wie Marx zeigt, eine überaus komplizierte Angelegenheit: »Eine Waare scheint auf den ersten Blick ein selbstverständliches, triviales Ding. Ihre Analyse ergiebt, daß sie ein sehr vertracktes Ding ist, voll metaphysischer Spitzfindigkeiten und theologischer Mucken.«[144] Denn sobald unterschiedliche Gegenstände als Waren auf dem Markt gehandelt werden, ist es notwendig, ihren Wert zu bestimmen, um einen angemessenen Austausch möglich zu machen. Dieser Vorgang scheint eine Alltäglichkeit zu sein, wird aber immer rätselhafter, je genauer man ihn untersucht. So haben, um ein Beispiel zu konstruieren, ein Pfund Fleisch und ein billiges Hemd keinerlei materielle Gemeinsamkeiten und zielen auf die Befriedigung sehr unterschiedlicher Bedürfnisse, können aber auf dem Markt durchaus einen identischen Wert haben. Die Vergleichsgröße, in der sich dieser Wert widerspiegelt, findet Marx in der menschlichen Arbeit, die im gesellschaftlichen Durchschnitt zur Produktion dieser beiden Waren nötig war. Als übliches Zahlungsmittel, das den Güteraustausch vereinfacht, wird seit der Antike auf Münz- und seit Beginn der Neuzeit auf Papiergeld zurückgegriffen.

Die riesige Fülle von Detailfragen und Schlussfolgerungen, die sich aus diesen Anfangsüberlegungen ergeben, handelt Marx dann Punkt für Punkt, Kapitel für Kapitel ab. Er diskutiert Fragen nach Arbeitsformen oder der Bemessung von Arbeitszeit, erläutert die Rolle des Geldes beim Handel und dessen Unterschiede zum Kapital, analysiert den Mehrwert, den der Kapitalist erzielt, wenn er die Preise der Waren höher ansetzt als die eigenen Gestehungskosten einschließlich der gezahlten Arbeitslöhne, erörtert die Differenzen zwischen Zeitlohn und Stücklohn oder beleuchtet die Mechanismen der Akkumulation von Kapital bei erfolgreichen Marktteilnehmern. In einem abschließenden historischen Überblick beschreibt er die Entstehung des kapitalistischen Wirtschaftssystems vor allem in England seit dem 15. Jahrhundert und endet bei einem Ausblick auf die wachsenden sozialen Ungleichheiten in kapitalistischen

Gesellschaften und ihre immanenten Tendenzen zur Selbstzerstörung.

Im Zentrum des ersten Bandes stehen damit der Produktionsprozess und die direkt mit ihm verbundenen Faktoren. Für den zweiten Band hatte sich Marx den Zirkulationsprozess vorgenommen, also Austausch und Handel, um dann im dritten Band zur Untersuchung der Produktion zurückzukehren, nun aber bereichert um die Erkenntnisse, die bei der Analyse der Zirkulation gewonnen wurden. Für den vierten Band war eine Darstellung der Geschichte der Theorie vorgesehen.

David Ricardos Überzeugung, dass die menschliche Arbeit der entscheidende Faktor für die Bemessung des Warenwerts ist, war für Marx schon deshalb so interessant, weil sie, wenn auch anders als Ricardo das gedacht hatte, die Arbeiter in den Mittelpunkt der Theorie stellte. Sie avancierten in dieser Sichtweise zur einzigen Bevölkerungsgruppe, die tatsächlich Mehrwert schuf, die aber vom Nutzen des Mehrwertes ausgeschlossen wurde, also unübersehbar die ausgebeutete Klasse war. Wogegen die Kapitalisten in dieser Perspektive zwangsläufig mit der realen Produktion des Mehrwertes nichts zu tun hatten, ihn aber für sich abschöpften, sich also als Ausbeuter erwiesen. Und da Marx die allgemein übliche, durchschnittliche Arbeit bei der Ermittlung des Werts zugrunde legte, nicht die des jeweiligen Einzelfalls, kam in seinen Betrachtungen den gesellschaftlichen Produktionsverhältnissen notwendigerweise zentrale Bedeutung zu. Er versuchte mithin, den Kapitalismus als ein System darzustellen, das sich in allen seinen unterschiedlichen Erscheinungsformen und sozialen Verhältnissen herleiten ließ aus der, wie er es nennt,

»abstrakten Arbeit«, die den Wert der Ware bestimmt, und damit aus dem zentralen Widerspruch zwischen Proletariat und Bürgertum, zwischen Ausbeutern und Ausgebeuteten. Er folgte damit Hegels Vorstellung, ein System könne nur dann wissenschaftlichen Anspruch für sich erheben, wenn es alle seine entscheidenden Bestimmungen aus einem einzigen grundlegenden Begriff bzw. einem zentralen Widerspruch ableite. Und er blieb auch im Horizont des Hegel'schen Denkens, wenn er die Zwangsläufigkeit, mit der die Entwicklung innerhalb eines solches System fortschreitet – und die Hegel der Selbsterkenntnis des »absoluten Geistes« zuschrieb –, auf die Entfaltung der sozialen und ökonomischen Verhältnisse projizierte. In der materialistischen Weltsicht von Marx blieb so ein guter Anteil des Hegel'schen Idealismus erhalten.

Die Voraussetzung dieses Systems, also die Bemessung des Warenwerts nach dem Anteil geleisteter menschlicher Arbeit, die in die Produktion der Ware eingegangen ist, lässt jedoch grundlegende Fragen offen. Aus heutiger Sicht drängen sich natürlich Überlegungen auf, wie denn in einer weitgehend automatisierten Produktion, an der menschliche Arbeit einen immer geringeren Anteil hat, nach dieser Hypothese Warenwert bestimmt werden kann. Aber schon im 19. Jahrhundert wurden Probleme dieser Theorie sichtbar. Da sich die Menge menschlicher Arbeit, auch »abstrakter Arbeit«, letztlich nur nach zeitlichem Maß berechnen lässt, bleibt unklar, wie unterschiedlich qualifizierte Tätigkeiten in diese Rechnung eingehen können: Der Arbeitsstunde eines Ingenieurs wird gewöhnlich ein anderer Wert zugesprochen als der eines Hilfsarbeiters. Zudem gibt es mitunter Arbeitstechniken, die durch vermehrte menschliche Arbeit andere Produktionsvoraussetzungen einsparen, sodass trotz höheren

Arbeitseinsatzes nicht zwangsläufig teurere, sondern durchaus konkurrenzfähige Ergebnisse erzielt werden. Und wie werden die Unterschiede natürlicher oder klimatischer Gegebenheiten berücksichtigt? Ein Kohlebergwerk liefert bei möglicherweise gleichem menschlichen Arbeitsaufwand andere Werte als eine Goldmine, fruchtbare Böden mit weniger Arbeit bessere Ernten als weniger fruchtbare.

Im Laufe der 1870er-Jahre entwickelten Wirtschaftswissenschaftler nicht zuletzt aufgrund solcher Fragen theoretische Modelle, die den Wert von Waren nicht in der aufgewandten Arbeit suchten, sondern im Nutzen, den sie dem Käufer einbringen, und dem Verhältnis von Angebot und Nachfrage auf dem Markt. Ein Paradigmenwechsel in der Forschung, der Marx nicht entging. Der Wert ist damit kein substanzieller Teil der Ware mehr, sondern beruht auf subjektiven Einschätzungen und entscheidet sich in einer Art Balanceakt: Steigende Preise vergrößern zwar das Angebot, sorgen aber für geringere Nachfrage, sinkende Preise verringern das Angebot, erhöhen jedoch die Nachfrage. Etliche Probleme, die der Arbeitswerttheorie zu schaffen machten, konnten nun mit mathematischen Gleichungen elegant gelöst werden. Bis heute knüpft die Wissenschaft in den Grundzügen an die Gleichgewichts- oder Grenznutzentheorie an. Volkswirtschaften werden als eine Vielzahl von Märkten betrachtet, die vernetzt und voneinander abhängig sind und tendenziell einem Gleichgewicht zustreben. Die jeweiligen Zustände der Märkte werden durch hochgradig formalisierte Modellrechnungen ermittelt.

Allerdings geht auch die Grenznutzentheorie von Prämissen aus, die nicht plausibel erscheinen. So setzt sie letztlich Marktteilnehmer voraus, die einen vollständigen Überblick über die Angebote des Marktes haben und streng rational nach ausschließlich ökonomischen Gesichtspunkten handeln. Da aber auch bei gewichtigen wirtschaftlichen Entscheidungen Gewohnheiten, Leichtsinn, Spieltrieb und allerlei andere irrationale Motive einen nicht unerheblichen Raum einnehmen, liegt der Verdacht nahe, dass mit den mathematischen Formeln der Gleichgewichtstheorie eine Exaktheit vorgetäuscht wird, die ernsthafter Überprüfung nicht standhält. Im Grunde ist das auch keine Überraschung, denn auf dem Forschungsgebiet der Wirtschaftswissenschaften geht es, anders als beispielsweise bei einer exakten Naturwissenschaft wie der Physik, um eine ganze Palette komplexer sozialer Konstrukte, wie zum Beispiel den gern zitierten Märkten, aber auch Währungen oder Aktien. Diese Konstrukte entstehen letztlich aus Konventionen, die von der riesigen Zahl der beteiligten Individuen befolgt, aber jederzeit auch verändert oder gebrochen werden können. Die Entwicklung dieser sozialen Konstrukte ist folglich nicht verlässlich vorherzusagen, ebenso wenig wie die Entdeckung wissenschaftlicher und technischer Innovationen, die gerade in kapitalistischen Gesellschaften einen wesentlichen Anteil am Wirtschaftswachstum haben.

Natürlich sind diese Einwände der volkswirtschaftlichen Forschung nicht entgangen, und sie versucht, solche Faktoren durch immer elaboriertere Formeln in ihre Modellrechnungen einzubeziehen. Welche Chancen dergleichen Versuche haben, menschliche Unberechenbarkeit in berechenbare mathematische Größen zu verwandeln, ist offen und welche Möglichkeiten hierbei die Analyse von digitalisierten Massendaten (Big Data) bietet ebenfalls. Es gibt also Anlass, die Volkswirtschaftslehre nicht als exakte Wissenschaft zu betrachten, sondern als ein Theoriegebäude, das sinnvolle Aussagen über die Realität liefern kann, solange es mit sozialem Fingerspitzengefühl und psychologischem Verständnis genutzt wird. Doch über eine zuverlässige prognostische Kraft, wie sie von exakten Wissenschaften erwartet werden kann und mit der sich ökonomische Großereignisse wie etwa die Finanzkrise von 2007 vorhersagen ließen, verfügt sie offenkundig bislang nicht und wird sie möglicherweise nie verfügen.

Im Laufe der 1870er-Jahre geriet Marx also in einen ungewöhnlichen Zwiespalt. Einerseits nahm nach der Veröffentlichung des ersten *Kapital*-Bandes sein Ruhm als Wirtschaftstheoretiker langsam, aber kontinuierlich zu. Vor allem bei der deutschsprachigen Arbeiterbewegung galt er bald als letzte Instanz und unfehlbares Orakel in allen ökonomischen Fragen. Und nach seinem publizistischen Coup, ein feierliches Requiem auf die Pariser Kommune anzustimmen, war er auch bei Konservativen kein Unbekannter mehr. Mehr noch: Sogar seine finanzielle Situation besserte sich dauerhaft. Engels gab 1870 seine Position in der Firma *Ermen & Engels* auf und wurde von seinem Partner Gottfried Ermen mit 12 500 Pfund, nach heutiger Kaufkraft circa 1,2 Millionen Pfund, ausgezahlt. Schon vorab hatte er Marx brieflich befragt: »1. Wieviel Geld brauchst Du, um *alle* Deine Schulden zu bezahlen, so as to have a clear start? 2. Kannst Du mit £ 350 für die *gewöhnlichen* regelmäßigen Bedürfnisse im Jahr auskommen (wobei ich Extrakosten durch Krankheit und unvorhergesehene Ereignisse ausschließe).«[145] Tatsächlich übersiedelte Engels nach seinem Rückzug ins Privatleben von Manchester nach London in die Nachbarschaft der Familie

Marx und setzte seinem Freund einen festen Jahresbetrag aus, den er, wenn es nötig wurde, gewohnt großzügig durch weitere Zuschüsse ergänzte.

Andererseits aber war sich Marx darüber klar, dass seiner Arbeitswerttheorie durch die Grenznutzenschule eine wissenschaftlich ernst zu nehmende Konkurrenz erwuchs. Zumindest mit einem ihrer wichtigen Vertreter, dem Briten William Stanley Jevons, befasste er sich gründlich und frischte dazu seine mathematischen Kenntnisse auf. Handfeste Belege dafür, dass er Zweifel am eigenen Ansatz entwickelte, gibt es nicht. Doch musste er, wenn er als integrer Forscher mit seiner Arbeit an den noch unvollendeten Bänden des *Kapitals* fortfahren wollte, die Thesen der Grenznutzenschule zumindest durchdenken, sie auf ihre Konsequenzen für seine Thesen hin überprüfen und falls nötig in sein Buch einbeziehen.

Damit verbanden sich für Marx nicht nur zusätzliche wissenschaftliche Mühen, sondern letztlich auch ein nicht geringes menschliches Problem. Er hatte, dank seines ausgeprägten Selbstbewusstseins, die Erwartungen an die Tragweite seiner ökonomischen Theorien nie gering veranschlagt und sie über die Jahrzehnte hinweg, die der Abschluss des *Kapitals* auf sich warten ließ, eher noch weiter gesteigert. Engels teilte diese hohen Erwartungen, war von der unwiderlegbaren Wissenschaftlichkeit der Marx'schen Theorien überzeugt und hatte in der Vergangenheit keineswegs nur Geld in die Fertigstellung des Buches investiert: Es laste, schrieb Marx einmal an den Freund, ihm »wie ein Alp auf dem Gewissen«, dass Engels bei seiner Managertätigkeit in Manchester seine »famose Kraft hauptsächlich meinetwenig kommerziell vergeuden und verrosten«[146] ließe. Unter solchen Umständen wäre es für Marx verständlicherweise nicht einfach gewesen, seine Forschungsergebnisse ernsthaft infrage zu stellen. Um die eigenen Opfer und die Entbehrungen seiner Familie zu rechtfertigen, aber auch um die Freundschaft mit Engels nicht zu gefährden, blieb Marx schwerlich ein anderer Weg, als seine ökonomische Theorie mit allen Mitteln zu verteidigen.

Marx hat zwischen dem Erscheinen des ersten Bands des *Kapitals* 1867 und seinem Tod 1883 gut fünfzehn Jahre lang immer neue Anläufe unternommen, das Material für die folgenden Bände zu ordnen, zu überarbeiten und druckfertig zu machen. Vor allem die Arbeit am zweiten Band schien ihm so weit fortgeschritten, dass er mehrfach andeutete, er werde schon bald erscheinen können. Nachdem er 1872 seine Funktionen im Generalrat der *Internationalen* beendet hatte, gab es auch keine tagespolitischen Verpflichtungen mehr, die ihn von der Fertigstellung hätten abhalten können. Und in den folgenden Jahren machten ihm auch Wilhelm Liebknecht und August Bebel, die Chefs der *Sozialdemokratischen Arbeiterpartei* (SDAP), klar, dass sie ihn in allen theoretischen Fragen als hohe Autorität betrachteten, dass sie sich aber jede Einmischung in ihre parteitaktischen Entscheidungen verbaten. Vom fernen London aus war ihrer Ansicht nach die innenpolitische Situation Deutschlands nicht zu beurteilen. Selbst als Marx 1875 die geplante Vereinigung der SDAP mit Lassalles *Allgemeinem Deutschen Arbeiterverein* in Gotha verhindern wollte und Liebknecht und Bebel nicht nur seine ungnädige *Kritik des Gothaer Programms* zuschickte, sondern ultimativ drohte, sich öffentlich von ihnen zu distanzieren, ließen sich die beiden Parteiführen von ihren Plänen nicht abbringen.

Mit anderen Worten, es gab, von seiner angegriffenen Gesundheit abgesehen, für Marx keinen plausiblen Grund mehr, sich von der Fortsetzung seines Hauptwerks ablenken zu lassen. Dass er diese Arbeit dennoch immer wieder beiseiteschob und sich, wie es Arnold Ruge bildhaft formuliert hatte, von Neuem in ein endloses Büchermeer stürzte, hat für manche Spekulationen gesorgt. Über Jahre hinweg beschäftigte sich Marx beispielsweise mit ethnologischen Studien und Untersuchungen zum dörflichen Gemeineigentum an Grund und Boden in vorkapitalistischen oder prähistorischen Gesellschaften – darunter mit den Forschungen zu Nordamerika, Indien und Algerien seines beleibten russischen Freundes Maxim Maximowitsch Kowalewski, den er in Briefen an Engels gern »fat boy«[147] nannte.

Der britische Historiker Gareth Stedman Jones[148] glaubt, in diesem Interesse ein Indiz für eine tiefgreifende Wende im Marx'schen Geschichtsverständnis entdecken zu können. Marx habe es in den 1870er-Jahren offenbar für möglich gehalten, dass sich Überbleibsel solcher frühen kollektiven Eigentumsformen in ländlichen Gebieten, wie zum Beispiel die Obschtschina in Russland, zu Keimzellen einer künftigen kommunistischen Gesellschaft heranbilden könnten. In den Entwürfen für den Brief an die russische Revolutionärin Vera Sassulitsch, die er vor seiner Reise nach Algier schrieb, zog Marx die Möglichkeit ins Kalkül, die Obschtschina werde sich die »positiven Errungenschaften« der modernen kapitalistischen Produktion aneignen, ohne deren »furchtbare Wechselfälle durchzumachen«[149]. Marx schien also im vorgerücktem Alter bereit zu sein, zentrale geschichtstheoretische Überzeugungen über Bord zu werfen – wie die jahrzehntelang verteidigte These, erst nachdem das Bürgertum die Produktivkräfte des Kapitalismus restlos entfesselt habe, könne der Weg in eine kommunistische Gesellschaft erfolgreich beschritten werden. Wollte er also seine Geschichtsphilosophie, die er fast ausschließlich auf der Grundlage der europäischen Geschichte entworfen hatte, für außereuropäische Verhältnisse relativieren? Als junger Mann hatte er im *Kommunistischen Manifest* den reaktionären »Idiotismus des Landlebens«[150] verdammt. Entdeckte er nun zusätzlich zum städtischen Proletariat die Bauern als kommende Avantgarde einer gesellschaftlichen Entwicklung?

Weiterhin betrieb Marx in den 1870er-Jahren ausgiebige Studien zu verschiedenen naturwissenschaftlichen Fachgebieten, der Physiologie, Chemie, Geologie und Agrikulturchemie. Über die Gründe dafür gab er kaum Auskunft. Auch dahinter kann, wer den Mut zu weiter ausgreifenden Hypothesen fasst, letztlich kapitalismuskritische Motive aufdecken. Falls Marx nämlich angesichts der neuen wirtschaftswissenschaftlichen Forschungen seiner Zeit Zweifel gekommen sein sollten, ob die eigenen Theorien über die unvermeidlich selbstzerstörerischen Krisen des Kapitalismus stichhaltig sind, dann drohte für die Zukunft eine andere Gefahr: Die ungehemmte Fortentwicklung des Kapitalismus muss, das lag in der Natur dieses Wirtschaftssystems, zu einer ebenso ungehemmt anwachsenden Produktion von Gütern führen. Zur einzigen Grenze der kapitalistischen Verwertungslogik würden dann letztlich die begrenzten Ressourcen des Planeten. Grund genug für einen unermüdlichen Denker wie Marx, sich in naturwissenschaftliche Recherchen zu stürzen, um mögliche natürliche Grenzen des Wachstums zu ermitteln. Aus seiner ökonomischen Kritik am Kapitalismus wäre damit eine wahrhaft visionäre ökologische Kritik geworden[151].

Allerdings hat sich Marx vom *Kapital* niemals distanziert. An dem publizierten ersten Band arbeitete er unverdrossen weiter. Als 1872 eine zweite Auflage nötig wurde, formulierte er manches daran um und fügte vor allem das berühmt gewordene Kapitel über den Fetischcharakter der Ware hinzu. Kurz darauf erschien eine französische Ausgabe in mehreren Heften, deren Übersetzung er genau überwachte, und der Vergleich mit dem deutschen Original zeigt, dass er hier ebenfalls an einigen Punkten ergänzt oder gekürzt hat. Zehn Jahre später sollte dann die dritte deutsche Auflage erscheinen. Marx nahm die Korrekturbögen mit auf seine Reise nach Algier, es ging ihm vor allem um Zusätze, die er bereits in ein Handexemplar der zweiten deutschen Auflage eingetragen hatte, und um stilistische Verbesserungen. Doch weder in Algier noch nach seiner Rückkehr nach London fand er die Gelegenheit und Kraft, diese Änderungen in die Korrekturbögen zu übertragen. Er überließ das Engels.

Engels war es auch, der schließlich die Anstrengungen auf sich nahm, den zweiten und dritten Band des *Kapitals* herauszugeben. Das würde, wie Engels bereits wenige Monate nach Marx' Tod absehen konnte und an August Bebel schrieb, »eine Heidenarbeit« werden. Er brauchte zehn Jahre dafür, denn die Manuskripte waren größtenteils in einem sehr unfertigen Zustand: »Neben vollständig ausgearbeiteten Stücken andres rein skizziert, alles Brouillon [Entwurf], mit Ausnahme etwa von 2 Kapiteln. Die Belegzitate ungeordnet, haufenweise zusammengeworfen, bloß für spätere Auswahl gesammelt. Dabei die platterdings nur mir lesbare – und das mit Mühe – Handschrift.« Vor allem die Unterlagen zum dritten Band, die Engels in Marx' Arbeitszimmer entdeckte, ähnelten offenbar eher einer lockeren Materialsammlung als einem strukturierten, durchdachten Text. »Du fragst«, beklagte sich Engels bei Bebel, »wie es kam, daß grade mir geheimgehalten wurde, wie weit das Ding fertig war? Sehr einfach: hätte ich das gewußt, ich hätte ihm bei Tag und Nacht keine Ruh gelassen, bis es ganz fertig und gedruckt war. Und das wußte M[arx] besser als jeder andre; er wußte daneben, daß das Ms. [Manuskript] im schlimmsten, jetzt eingetretnen Fall, von mir in seinem Geist herausgegeben werden konnte.«[152]

So offen und unverstellt kritisch äußerte sich Engels sonst nie über Marx. In diesen Sätzen klingt vieles zugleich an: sein Ärger über die auffällige Sorgfalt, mit der Marx sein Manuskript vor jedermann, sogar vor seinen engsten Vertrauten abschirmte, sowie die Furcht vor den kommenden, endlosen Herausgebermühen, aber auch der Stolz, die Arbeit seines großen Freundes vollenden zu »können«, und nicht zuletzt ein Anflug von Erschrecken über das kaltschnäuzige Kalkül, mit dem ihn Marx vor diesem unfertigen Textberg zurückgelassen hatte, aus dem er jetzt ein Buch formen sollte. Gern wird Engels der Vorwurf gemacht, er vor allem sei es gewesen, der das lebendige, zukunftsoffene, experimentierende Denken des genialen Marx in eine doktrinäre Lehre überführt habe. Viel seltener wird daran erinnert, dass sich Marx das Hauptwerk dieser Lehre nicht nur von Engels finanzieren ließ, sondern ihn auch in die Situation brachte, es nach wenig präzisen Vorgaben zu einem großen Teil überhaupt erst zu schreiben.

Algier VIII: Die Kunst des Abschieds

Kaum hatte sich die *Peter der Große* aus Algier verabschiedet, kündigten die Zeitungen ein französisches Marinegeschwader an, das unter Führung des Schlachtschiffes *Le Cobert* Algier ansteuere. Es habe Befehl, hieß es, Landemanöver zu exerzieren und so die Einsatzbereitschaft des französischen Militärs von See her zu demonstrieren.

Natürlich sei es gut, betonten die Damen am Frühstückstisch der *Victoria*, gewarnt zu sein, denn sicherlich werde das Ritual der Salutschüsse vor der Einfahrt in den Hafen bei der Ankunft eines ganzen Geschwaders besonders hingebungsvoll zelebriert werden. Ausnahmsweise zeigte sich der Himmel über Algier an diesem Tag von einer heiteren Seite. Fast makellos blau lag er über einem besänftigten Meer. Es war warm, aber afrikanische Hitze noch nicht zu befürchten. Auf keinen Fall wolle man, da war die Tischgesellschaft sich schnell einig, unter diesen Umständen eine Besichtigung der Schiffe versäumen.

Als er von seinem Morgenspaziergang zurückkam, sah er die anderen Pensionsgäste bereits oben auf der Galerie vor den Zimmern der *Victoria* Ausschau halten. Rauch am Horizont, den der Wind nur langsam auseinandertrieb, kündigte das Geschwader frühzeitig an. Gleich nach dem Lunch, der von Madame Rosalie ein wenig eiliger als sonst serviert wurde, kehrten sie auf die Galerie zurück, um das Schauspiel der Hafeneinfahrt und der Salutschüsse zu betrachten. Es waren acht stählerne Kolosse, ein kleineres Schiff war offenbar schon am Morgen unbemerkt eingetroffen. Die *Le Colbert* hatte, wie die *Peter der Große*, neben dem wuchtigen Schornstein drei Masten, von denen der vordere zur Unterstützung der Dampfmaschinen Segel setzen konnte. Doch da sich kaum ein Lüftchen rührte, waren die Segel militärisch exakt an den Rahen eingeholt. Der Bug reckte sich vom Deck bis zur Meeresoberfläche hinab immer weiter nach vorn und durchschnitt das Wasser wie eine Sichel. An Deck war hinter der Kommandobrücke der zeltartige Pavillon des Admirals zu erkennen, der das Geschwader führte.

Am nächsten Tag brachen sie, wie schon bei dem Ausflug zum *Jardin d'Essai*, zu viert auf. Mit Rücksicht auf die Damen nahmen sie für wenige Sous die Pferdebahn. Boulevard und Hafen waren erneut voller Schaulustiger, es brauchte Zeit, bis sie sich zu den Kais hindurchgeschlängelt hatten. Aber sie kamen zu früh, auf den Schiffen wurde noch exerziert, Besuche würden, hieß es, erst danach möglich sein. Um später nicht warten zu müssen, mieteten sie gleich einen der Kähne und ließen sich an der *Le Colbert* auf und ab rudern, sodass sie den Drill bequem verfolgen konnten. Aus der Nähe wirkte das Schlachtschiff wie ein zerklüftetes Gebirge aus Stahl, bevölkert von Matrosen in blauen Uniformen, die neben mächtigen Kanonenrohren, Masten oder Luken verharren und dann auf einen Pfiff oder Ruf hin im Laufschritt über Gänge und steile Treppen verschwanden, um aus anderen Luken wieder aufzutauchen.

Als sie an Bord gehen durften, sprach er einen der Unteroffiziere an, einen hübschen und intelligenten Burschen, der sie über das Schiff führte und ihnen alles, was sie sehen wollten, geduldig im Detail erklärte. Zu seiner Uniform gehörte ein schwarzer Lackhut und ein hellblauer Matrosenkragen, der breit über den Schultern lag und von zwei weißen Borten eingerahmt wurde. Er machte einen pflichtbewussten, aber sehr abgeklärten Eindruck, beim Abschied sprach er davon, wie sehr er des langweiligen Dienstes müde sei und dass er hoffe, schon bald seinen Abschied aus der Marine zu erhalten.

Am Nachmittag traf er Fermé, mit dem er sich über den besten Zeitpunkt für seine Abreise und die angenehmste Passage zurück nach Frankreich beriet. Der Richter hatte Fahrpläne der verschiedenen Schifffahrtslinien beschafft. Nach einigen Erwägungen entschied er sich für den 2. Mai und erneut für die *Said*, obwohl er bei der Hinfahrt unter dem Lärm ihrer Maschine sehr gelitten hatte. Aber inzwischen fühlte er sich, obwohl sein Husten noch immer nicht nachgab, viel besser, viel kräftiger, und er freute sich auf eine Wiederbegegnung mit Lieutenant Macé, dem Kapitän der *Said*, mit dem er im Februar während der Anreise geplaudert hatte.

Ihm blieben also noch rund zwei Wochen. Das Wichtigste war, diese Zeit so gut wie möglich für seine Genesung zu nutzen. Tagsüber wurde es jetzt manchmal heiß, dann folgten abrupte, unangenehme Temperaturstürze. Der Schirokko war noch immer nicht ausgestanden, stoßweise fegte er über die Stadt, vor allem nachts. Aber trotzdem nahm er sich vor, da jetzt zumindest die Regenschauer ausblieben, jeden Tag für ausgiebige Spaziergänge zu nutzen, um zu Kräften zu kommen.

Dr. Stéphann war, als er ihn ein letztes Mal zur Visite in der Pension *Victoria* aufsuchte, spürbar bewegt. Seine Frau hatte, berichtete der Arzt, am Tag zuvor eine zweite Tochter geboren. Mutter und Kind gehe es sehr gut, das Mädchen solle Vadine heißen, hätten seine Frau und er beschlossen. Das Ereignis machte den Mediziner ungewöhnlich gesprächig.

Ihn überschwemmten, während Dr. Stéphann redete, die Erinnerungen an Jennys Geburten, daran, wie die Wehen ihr zugesetzt hatten, an die Hebammen, die ihn in Paris, in Brüssel, in London aus dem Zimmer drängten, wenn Jenny zu schreien begann. An die in Windeln und Decken gewickelten winzigen Gesichter, die sie ihm präsentierten, sobald alles vorüber war, und an Jenny, die erschöpft im Bett lag. Vorbei und vergangen. Dann sah er Jenny vor sich, die wusste, dass sie starb, und die dennoch zu lächeln versuchte. Ihre Stimme wurde immer flacher, während sie Englisch mit ihm sprach.

Damit ihn die Bilder nicht überwältigten, zwang er sich, genau auf die Auskünfte des hochgestimmten Arztes zu achten, der auch für ihn nur gute Nachrichten hatte. Die Rippenfellentzündung sei, sagte er nach dem Abklopfen des Brustkorbs, nunmehr ausgeheilt. Auch wenn sein Husten anzeige, dass er den Bronchialkatarrh noch nicht überwunden habe, stünde einer Abreise nach Frankreich aus ärztlicher Sicht nichts mehr im Wege. Er verschrieb ihm eine Jodtinktur, mit der er vor allem die obere linke Brust und, so weit ihm erreichbar, auch den Rücken einreiben solle. Und er rate ihm, sich in Frankreich wegen des Katarrhs sofort wieder in Behandlung zu begeben. Er werde eine ausführliche schriftliche Konsultation zur Verfügung stellen, mit der er die Ärzte dort über den bisherigen Krankheitsverlauf vollständig in Kenntnis setzen könne.

In den folgenden Tagen dehnte er seine morgendlichen Spaziergänge noch weiter aus. Der Wind ließ kaum nach, und der Staub setzte seinem Husten zu. Die Bulletins des meteorologischen Büros in Algier sprachen von »intensiven atmosphärischen Bewegungen«, aber davon wollte er sich nicht mehr schrecken lassen. Es war Zeit zum Aufbruch, er war bald zehn Wochen hier, seit den Studentenjahren in Berlin hatte er keine so lange Frist ohne seine Familie oder Engels verbracht, allein mit seinen Gedanken. Manchmal glaubte er zu spüren, wie die alte Stärke zurückkehrte, aber ihm war klar, dass sich etwas verändert hatte, endgültig. Er nahm sich vor, bald schon Jenny, der einzigen seiner Töchter, die Kinder hatte, etwas über die Bedeutung des Familienlebens zu schreiben, dieser mikroskopischen Welt, die viel interessanter ist als die makroskopische. Mit Laura, die ihre drei Kinder früh verloren hatte und nun keine mehr bekommen wollte, konnte er über so etwas nicht sprechen. Aber ihm war eine alte arabische Weisheitsfabel eingefallen, die er ihr in einem Brief ans Herz legte. Sie würde, darauf vertraute er, schon verstehen, was zwischen den Zeilen stand. An einem stürmischen Fluss, so ging die Fabel, wartet ein Fährmann mit seinem Kahn. Ein Philosoph steigt ein und bittet darum, übergesetzt zu werden. Während der Fahrt fragt er den Fährmann:

Philosoph: Fährmann, kennst Du *Geschichte*?

Fährmann: Nein!

Philosoph: Dann hast Du die Hälfte Deines Lebens verloren! Hast Du die Mathematik studiert?

Fährmann: Nein!

Philosoph: Dann hast Du mehr als die Hälfte Deines Lebens verloren.

Kaum hat der Philosoph das gesagt, schlägt der Wind den Kahn um und beide, Fährmann und Philosoph, stürzen ins Wasser.

Da schreit der *Fährmann*: Kannst Du schwimmen?

Philosoph: Nein!

Fährmann: Dann hast Du Dein Leben *ganz* verloren.

Auf seinen Morgenwanderungen gelangte er nun auch bis nach Agha Supérieur, einer Nachbargemeinde von Mustapha Supérieur, oberhalb der Strandbäder gelegen, südlich von Algier. Zu seiner Überraschung entdeckte er dort, in diesem abgelegenen Vorort, das kleine Atelier eines Photographen. Der Inhaber E. Dutertre hatte seinen Namen stolz auf dem Firmenschild neben dem Eingang vermerkt. Ein Barbier in unmittelbarer Nachbarschaft – offenbar ein Verwandter des Photographen, denn laut der Schrift auf der Tür zu seinem Salon hieß er ebenfalls Dutertre – brachte ihn auf einen Gedanken. Sein Bart und langes Haar störten ihn. Die Idee, sich rasieren und die Frisur stutzen zu lassen, kam ihm reizvoll vor, er würde anders aus Algier abreisen, als er angekommen war. Doch konnte er den Bart nicht einfach aufgeben, seine Töchter und Enkel hatten ihn noch nie ohne gesehen, auch auf den Zeichnungen der Zeitungen oder der Partei war sein Kopf mit Bart und Mähne längst zum Abbild eines mächtigen Hauptes verschmolzen, das er nicht missen mochte.

Ohne zu zögern, öffnete er die Eingangstür zum Atelier des Photographen. Der Inhaber, ein Franzose, war nicht allein. Ein Junge von vielleicht drei Jahren, augenscheinlich sein Sohn, spielte in einer Ecke des Raumes, stand aber sofort auf, als er den Unbekannten eintreten sah, lief zu seinem Vater und griff nach dessen Hosenbein.

Er musste lächeln. Wie häufig hatte er das bei seinen Enkeln gesehen, wenn sie auf Spaziergängen in Argenteuil Fremden begegneten. Und wenn eines der Kinder an seinen Beinen Zuflucht suchte, weil die Eltern nicht in der Nähe waren, hatte er das immer als Auszeichnung empfunden.

Mit dem Vater des Kleinen wurde er sich schnell handelseinig. Es war ein nüchterner Mann nach seinem Geschmack, ohne die Allüren der Licht- und Kollodiummaler, die er in London kennengelernt hatte und die ihn vor geraffte Gardinen oder neben ein Tischchen mit Samtdecke platzierten, während sie vom Faltenwurf auf den Gemälden der alten Meister schwärmten. Dutertre schob den Vorhang zu einem Nebenzimmer beiseite und ließ ihn eintreten. In der Mitte des Ateliers stand auf drei hölzernen Beinen die Kamera, aus zwei Fenstern fiel Licht auf eine Wand, die mit dunklem Stoff bespannt war. Der Photograph bat ihn, auf dem Stuhl vor der Wand Platz zu nehmen, der Stuhl würde, versicherte er ihm, auf dem fertigen Photogramm nicht zu sehen sein. Während Dutertre die Pustlichtlampe mit Magnesium füllte, wich der Junge nicht von der Seite seines Vaters. Das Kind war merklich vertraut mit allen Prozeduren und zeigte in Erwartung des Blitzes weder Furcht noch Vorfreude.

Er zog, um die Aufmerksamkeit des Knaben zu gewinnen, sein Monokel am Halskettchen unter der Weste hervor und ließ es, indem er das Kettchen zwischen Daumen und Zeigefinger rollte, wie einen kleinen Kreisel rotieren. Dazu lächelte er den Jungen an, wie er seinen Enkeln zulächelte, doch das Kind verzog keine Mine und stand neben seinem Vater, als sei es selbst der Photograph. Dann bat Dutertre ihn, das Monokel loszulassen, in die Kamera zu schauen und für einen Moment innezuhalten.

Er hob seinen Blick zum Objektiv, da zuckte der Magnesiumblitz schon durch den Raum. Während er noch geblendet in den Raum blinzelte, fingerte Dutertre schon an der Kamera, entnahm ihr die Photoplatte und trug sie, gefolgt von seinem Sohn, in das Labor.

Nach wenigen Minuten kam der Photograph zurück, nun aber ohne den Jungen, der schien genug zu haben von diesem Kunden. Die Fertigstellung des Photogramms und der Kopien werde, bedauerte Dutretre, einige Tage in Anspruch nehmen. Doch da der Abreisetermin seines Kunden dränge, werde er die Arbeiten nach Kräften beschleunigen und ihm die Bilder ausnahmsweise schon am kommenden Sonntag aushändigen können.

Der benachbarte Barbier erwies sich als ebenso nüchtern und geschäftig wie der Photograph, die Familienähnlichkeiten waren unübersehbar. Auch der Wunsch nach der Rasur eines so langen, kräftigen Vollbartes konnte ihm keinen Kommentar entlocken. Mit einer Handbewegung forderte er ihn auf, auf einem einfachen Stuhl Platz zu nehmen, dem einzigen, den er anzubieten hatte. Er warf ihm ein weißes Tuch über Brust und Schultern. Dann schnitt er den Bart zunächst mit der Schere zurück, schäumte Wangen und Hals ausgiebig ein und begann, mit dem Rasiermesser die Haarreste zu entfernen. Die Hände des Mannes verrichteten ihre Arbeit schnell und routiniert, griffen noch einmal zur Schere, um auch die Frisur zu kürzen, in wenigen Minuten war alles vorüber.

Es gab in dem Salon nur einen einzigen Spiegel. Er war seitlich neben dem Stuhl und so hoch angebracht, dass man ihn lediglich stehend benutzen konnte. Als der Barbier mit einem feuchten Tuch die letzten Schaumspuren entfernte und süßlich riechendes Rasierwasser auftrug, spürte er das Tuch und die Finger überdeutlich auf seiner Gesichtshaut. Dann stand auf, um sich im Spiegel zu betrachten. Die Wirkung war verblüffend, der Mann, der ihm entgegenblickte, sah jünger aus, schlank und fremd. Er drehte den Kopf zu den Seiten, betastete die Haut an den Wangen und am Hals, richtete dann seinen Kragen, drehte sich um und zahlte.

Natürlich erstaunte er die anderen Gäste der *Victoria* und auch Fermé, als er ihnen so verändert gegenübertrat. Doch diese Tage vor dem Aufbruch waren so ausgefüllt mit Vorbereitungen, dass wenig Zeit blieb, seine Verwandlung zu kommentieren. Ihm war das recht. Das Gepäck musste zusammengepackt, bei Madame Alisse die Rechnung beglichen, die Photogramme bei Dutertre in Agha abgeholt und algerische Präsente für die Töchter erworben werden.

Am Abreisetag war es heiß, aber der Schirokko tobte noch immer. Um jede mögliche Verspätung des Kutschers auszuschließen, ließ sich Fermé schon gegen Mittag mit der Droschke aus Algier zur Pension *Victoria* fahren. Er traf, wie verabredet, nach dem Lunch ein und brachte die Nachricht von einer unbedeutenden Veränderung der Reiseplanungen mit. Aus Marseille sei, berichtete er, nicht die *Said* eingetroffen, sondern vielmehr die *Peluse* derselben Linie *Messageries Maritimes*. Die Schiffe unterschieden sich nicht wesentlich, doch stünde die *Peluse* unter dem Kommando eines anderen Kapitäns, ein Wiedersehen mit Lieutenant Macé auf der *Said* werde also nicht möglich sein. Die *Peluse* könne allerdings für sich in Anspruch nehmen, zu den ersten

Schiffen gehört zu haben, die 1869 den Suezkanal passierten. Ein Schiff mit Geschichte.

Während sich der Kutscher und Fermé um das Gepäck bemühten, verabschiedete er sich von Madame Alisse, Madame Rosalie und den anderen Gästen. Der Weg die Serpentinen hinab zur Stadt war ihm inzwischen vertraut, und mit der Droschke erschien er kurz. Er werde sich, sagte Fermé, leider auf eine unruhige Überfahrt einstellen müssen. Nach Auskunft des Hafenbüros der *Messageries Maritimes* gebe der Sturm bedauerlicherweise auch auf See keine Ruhe.

Er zuckte mit den Schultern. Das üble Wetter, antwortete er, verfolge ihn nun seit Monaten. Diese meteorologische Plage habe schon in England begonnen, und wohin er auch reise, Kälte, Regen, Sturm begleiteten ihn. Oder zumindest ein extremes Auf und Ab der Temperaturen so wie derzeit. Sobald er an der Südküste Frankreichs lande, die bislang von der Sonne verwöhnt worden sei, werde wohl auch dort das Wetter umschlagen.

Am Hafen übernahm Fermé erneut die Regie, winkte Träger herbei, verhandelte mit den Ruderern, sorgte für das Verladen des Gepäcks, so dass ihm schließlich nichts weiter zu tun blieb, als sich bei dem Richter zu bedanken und ihm beim Abschied eine sichere Hand zu wünschen für die anstehende Entscheidung über seine weitere berufliche Zukunft in Tunis oder in Neukaledonien. Nun war es an Fermé, mit den Schultern zu zucken und den Kopf zu wiegen. Sie reichten sich ein letztes Mal die Hände.

An Bord wartete eine unwillkommene Überraschung auf ihn. Obwohl er, wie schon auf der *Said*, eine Überfahrt erster Klasse gebucht hatte, musste er die Kabine mit einem anderen Passagier teilen, einem Kaufmann aus Lyon. Das

Schiff war, weil so viele Wintergäste Algier aus Furcht vor der afrikanischen Hitze verließen, vollständig ausgelastet. Doch er wollte sich davon seine Aufbruchsstimmung nicht verderben zu lassen. Er ließ den Kaufmann allein in der Kabine zurück und ging an Deck, um noch einmal einen Blick auf die Stadt zu werfen, dieses weiße Häusermassiv, das auch im Abendlicht keine weicheren Konturen bekam. Die Pleuritis war überstanden. Bald würde die Luft überall warm und trocken werden. Dann würde sich auch der Husten verlieren. Zeit, wieder an die Arbeit zu gehen.

Epilog oder: Bilder und Bärte

Seine pessimistische Wetterprognose erwies sich als zutreffend. Marx importierte, wie er beim Abschied von Albert Fermé sarkastisch vorausgesagt hatte, mit seiner Ankunft in Marseille den Regen aus Algerien in den Süden Europas. Die keineswegs nur metaphorischen, sondern sehr realen Schlechtwetterwolken, die sich seit dem Tod seiner Frau über ihm ballten, wohin auch immer er sich wandte, begleiteten ihn weiterhin. »Und tatsächlich – ich bin nun mal so ein ›schicksalhafter‹ Mensch und bin sogar stolz auf diese meine Eigenschaft – hat sich die Prophezeiung zum Teil erfüllt«, schrieb er an Tochter Eleanor. »Seit *Anfang Januar* erfreute sich die Riviera eines so brillanten Sommerwetters wie noch nie, nur einige, die immer was auszusetzen haben, beklagten sich, daß es zu wenig regnet. Als ich am 4. Mai in Marseille ankam, fing es zu regnen an; und so regnet es manchmal einen ganzen, noch öfter aber einen halben Tag lang, und meistens nachts; ein allgemeines Absinken der Temperatur; […] kalte Winde; immerzu wechselhaftes, unterschiedliches Wetter; die Luft, wenn auch nicht oft, zu sehr mit Wasserdampf geschwängert.«[153]

Die optimistischen Annahmen über seinen Gesundheitszustand erwiesen sich hingegen als falsch. Die Rippenfellentzündung, die er für überwunden hielt, war nicht ausgeheilt. Dr. Kunemann, ein aus dem Elsass stammender Arzt, den er am 8. Mai in Monte Carlo aufsuchte, diagnostizierte erneut eine Pleuritis. Was letztlich keine Überraschung ist, denn die quälenden Behandlungen, denen sich Marx unterzog, waren nach dem medizinischen Kenntnisstand von heute sinnlos. Die Flüssigkeiten, die sich bei einer Rippenfellentzündung zwischen den verschiedenen Schichten des Rippenfells ansammeln und die Lungenfunktion beeinträchtigen, können unmöglich über die Haut ausgeschieden werden. Eine Therapie durch Zugpflaster mit Collodion cantharidal entsprach dem damaligen Stand der Wissenschaft[154], hatte aber keinerlei Aussicht auf Erfolg. Die Ärzte haben Marx mit den besten Absichten monatelang nutzlos die Haut vom Leib gezogen.

Anhand der Briefe, die er in diesen verregneten Maitagen mit Engels gewechselt hat, lässt sich noch ein anderes bemerkenswertes medizinisches Detail rekonstruieren. Marx hatte sich bei Dr. Kunemann mit seiner Visitenkarte als Dr. Karl Marx angekündigt, und der Arzt hielt ihn wegen des Doktortitels irrtümlich für einen Mediziner. Deshalb unterhielt er sich mit ihm nach der Lektüre des Krankenberichts von Dr. Stéphann und den üblichen Eingangsuntersuchungen, dem Abklopfen und Abhorchen des Brustkorbs, ungewöhnlich offen über die Befunde. Dabei erwähnte er nicht nur die Rippenfellentzündung und eine mittlerweile als »chronisch!«[155] anzusehende Bronchitis, sondern sprach Marx außerdem auf die Entdeckung der Tuberkulosebakterien an, die Robert Koch erst sechs Wochen zuvor, am 24. März, mit einem Vortrag in Berlin bekannt gegeben und am 10. April publiziert hatte. Auch Engels muss Marx wenig später in einem nicht erhalten gebliebenen Brief[156] auf diese medizinische Weltsensation hingewiesen haben. Aber in dem, was Marx über die Diagnosen der Ärzte und die eigenen Überlegungen zu seiner Erkrankung berichtet, kommen Worte wie Tuberkulose oder Schwindsucht nicht vor. Fast hat man den Eindruck, er habe die Begriffe ängstlich vermieden, obwohl der auffällig hartnäckige Husten und der Blutsturz in Algier zwei überdeutliche Symptome waren. Weshalb hätten der Arzt und Engels den schwer lungenkranken Marx auf Robert Kochs Forschungsergebnisse hinweisen sollen, wenn sie nicht zumindest in Erwägung zogen, dass er an Tuberkulose litt? Doch in keiner seiner erhalten gebliebenen Äußerungen geht Marx auf diese für ihn katastrophale Möglichkeit ein. Auch die Feststellung, seine Bronchitis sei inzwischen chronisch, bagatellisiert er, indem er sie auf banale Gründe zurückzuführen versucht: »Warum erklärt Kunemann [...] dies Bronchitische so ›chronisch‹? Weil in der ganzen Riviera das Wetter so ungewöhnlich schlecht, anormal sich wandte.«[157]

Auch als er im Juni – nach kurzer Zwischenstation in Cannes – zu seiner Tochter Jenny und deren Familie nach Argenteuil aufbrach, blieb ihm das Wetterunglück auf den Fersen: »[...] das *Sinken der Temperatur* trat ein, sobald ich eingetroffen, in der Tat *einen Tag nach meiner Ankunft*.«[158] Es folgten gelegentlich warme, angenehme Phasen, doch in einem bislang unpublizierten Brief an Engels vom 25. August 1882 schreibt Jenny, es habe nahezu täglich geregnet und die Einheimischen seien sich einig, seit dreißig Jahren keinen so schlechten Sommer wie diesen erlebt zu haben. Selbstverständlich war diese fortgesetzt feuchte Witterung unheilvoll für Marx' Lungen und seinen Husten. Nur in Vevey am Genfer See, wohin er im September mit seiner Tochter Laura fuhr, erlebte er, wie einem ebenfalls unveröffentlichten Schreiben Lauras an Engels zu entnehmen ist, ein oder zwei heitere Wochen. Bis auch hier ein Wettersturz folgte und Marx nach acht Monaten Abwesenheit die Rückreise nach London und damit in den trüben englischen Herbst antrat.

Wenn Marx unter diesen Umständen nicht die Energie fand, sich um die Korrekturbögen zu der neuen Auflage des ersten *Kapital*-Bandes zu kümmern, ist das begreiflich. Erstaunlich bleibt jedoch die Tatsache, dass er in den fast fünfzehn Jahren davor die beiden Folgebände und damit sein großes Lebensprojekt unvollendet liegen ließ. Eine zwingende Erklärung für seine Untätigkeit gibt es nicht. Die Vermutung, er habe einerseits wissenschaftliche Zweifel an der eigenen Arbeit nicht ausräumen, andererseits sein Scheitern nicht eingestehen können, drängt sich auf. Aus den Krisen des Kapitalismus, die, wie er vorausgesagt hatte, dessen baldiges Ende einläuten würden, ging die Wirtschaft stattdessen vor seinen Augen unverändert leistungsfähig hervor. Seine anfängliche Überzeugung, die proletarische Revolution werde ihren Ausgang unvermeidlich von den industriell und wirtschaftlich am weitesten fortgeschrittenen Ländern nehmen, weshalb er England in das Zentrum seiner Forschungen stellte, hatte er längst stillschweigend aufgeben müssen. Nach dreißig Jahren in London war für ihn offenkundig, dass die Bestrebungen der englischen Arbeiterklasse nicht auf einen Umsturz der politischen Verhältnisse zielten, sondern darauf, sich einen größeren Anteil am kapitalistisch erwirtschafteten Wohlstand zu sichern. Ersatzweise und unter erheblichen Modifikationen der ursprünglichen Theorie richteten sich seine Revolutionshoffnungen nun vor allem auf das absolutistisch regierte, industriell unterentwickelte, agrarisch geprägte Russland – womit er sogar beim loyalen Engels auf Skepsis stieß.

Was bedeutete diese zunehmend verunsicherte Bewusstseinslage für den kranken Marx? Wie gut vermochte er, obwohl ernstlich geschwächt, sein lebenslang gehegtes Selbstbild und sein Vertrauen in die eigenen prognostischen Fähigkeiten aufrechtzuerhalten? Er war kein Menschenkenner, seine ansonsten grenzenlose Forschungsneugier richtete sich nie auf die Psychologie, selbst seiner Frau, seinen Kindern und Engels begegnete er oft mit erstaunlich geringem Einfühlungsvermögen. Wenn er also kein gutes Ohr hatte für das, was ihm das eigene Unbewusste auf Umwegen mitteilte, sollte das niemand überraschen.

Vielleicht darf man vor diesem Hintergrund in seinem Barbierbesuch in Algier mehr sehen als nur einen Barbierbesuch. Im Postskriptum seines Briefes vom 28. April 1882 an Engels notierte er, er habe »den Prophetenbart und die Kopfperücke weggeräumt« und als »Haaropfer auf dem Altar eines algierischen Barbiers«[159] dargebracht. Er benutzte das religiöse Vokabular (»Prophet«, »Opfer«, »Altar«) in einem spürbar ironischen Tonfall, was der Nachricht, er habe sein seit Studententagen gewohntes Aussehen radikal verändert, einen belustigten, unernsten Anklang verleiht. Auch dass er Rasur und Haarschnitt nur im Nachsatz zum Brief, also gleichsam als Fußnote erwähnt, zeigt, wie wenig Gewicht er der optischen Veränderung beigemessen sehen wollte. Doch andererseits: Er berichtete Engels von der

Marx ohne Bart (Fälschung)

Verwandlung seines Äußeren, obwohl er den Freund erst in einem halben Jahr wiedersehen würde, es also vorläufig gar keine Notwendigkeit gab, das vorgeblich unwichtige Thema anzuschneiden. Und er greift bei der Erwähnung seines »Haaropfers«, auch wenn er das durch Ironie zu mildern versucht, zu Begriffen von hohem religiösen Pathos. Der Barbierbesuch scheint für ihn doch bedeutungsvoller gewesen zu sein, als er bewusst oder unbewusst den Anschein erwecken wollte. Wie sehr er ihn verändert haben dürfte, deutet ein – mutmaßlich gefälschtes – Foto an, das er angeblich nach der Rasur machen ließ. Bis heute ist Marx ohne Bart unvorstellbar, für Menschen, die einen täglichen Umgang mit ihm gewohnt waren, dürfte das umso mehr gegolten haben. Das macht die Frage, weshalb er sein Aussehen so einschneidend veränderte, nur noch dringlicher.

Die Begründung, die er Engels mitlieferte, klingt wenig überzeugend: Seine Haarpracht habe, schrieb er, »vor der Sonne« weichen müssen, obwohl er im selben Brief über die dauernden Schirokkostürme klagt, das Wetter als lediglich »teilweise heiß«[160] beschreibt und fünf Tage vor seiner Rückreise nach Frankreich nicht absehen kann, welche Temperaturen ihn dort erwarten, ja sogar halb scherzend mit Regen und Abkühlung rechnet.

Spätestens nach seinem aufsehenerregenden Nachruf auf die Pariser Kommune 1871 war Marx' markanter Kopf zu einem international bekannten Markenzeichen geworden. In der Tradition der vollbärtigen Rebellen des 19. Jahrhunderts signalisierte sein Bart nicht nur Widerspruchsgeist und den Willen zur Revolte, sondern daneben auch all die anderen Attribute, die mit derart voluminösen Bärten unterschwellig immer schon verbunden wurden: Weisheit, Ehre, (Mannes-)Kraft, Erfahrung, Macht. Und Marx fügte dieser Eigenschaftspalette noch einen bezeichnenden Aspekt hinzu, wenn er in dem Brief an Engels schreibt, er habe sich seinen »Prophetenbart« stutzen lassen. 1852 hatte er sich über Gottfried Kinkel lustig gemacht, als dieser nach der Flucht aus einem preußischen Gefängnis erst wieder in der Öffentlichkeit zeigte, nachdem der Bart nachgewachsen war, »ohne den kein Prophet etwas ist.«[161]

Natürlich bleibt es eine Spekulation, aber eine recht gut begründbare, wenn man in Marx' überraschendem Entschluss, seinen Prophetenbart abzulegen, das heimliche, vielleicht sogar vor sich selbst verheimlichte Eingeständnis sieht, sich

Das letzte Foto von Marx, aufgenommen in Algier 1882

nicht mehr als Propheten zu betrachten, da die eigenen Zweifel an seinen politischen Prognosen zu groß geworden waren. Seine Entscheidung, noch einmal ein Porträtfoto mit Bart machen zu lassen, bevor er sich unter die Schere und das Rasiermesser des Friseurs wagte, ist ein vielsagender Hinweis, welchen Wert er seinem selbst geschaffenen Markenzeichen beimaß. Man kann darin ein geradezu mustergültiges Beispiel emotionaler Ambivalenz erkennen: das Selbstbild sowohl gewissenhaft konservieren als auch tiefgreifend verändern zu wollen.

Schon auf diesem Porträt vor der Rasur ist genau betrachtet ein veränderter Marx zu sehen. Es gibt insgesamt fünfzehn verschiedene Aufnahmen von Marx, sie entstanden zwischen 1861 und 1882, aus dem Zeitraum davor existieren nur Zeichnungen. Natürlich hatte man im 19. Jahrhundert ein anderes Verhältnis zum Fotografiertwerden als in unserer schnappschuss- und selfiegewohnten Gegenwart, man trat weitaus befangener, formeller und konventioneller vor die Kamera als heute üblich. Dennoch fällt beim Betrachten der Marx-Porträts auf: Mit Ausnahme des in Algier entstandenen Bildes wirft sich auf allen anderen ein ernster, wenn nicht grimmiger Mann gravitätisch in Positur, dessen Bart stets eine genau berechnete Länge hat: Bis Mitte der 1860er-Jahre war er noch teilweise schwarz und verdeckte den Hemdkragen, danach grau und zwei Fingerbreit länger. Selbst auf dem Gruppenfoto, das 1864 gemeinsam mit seinen Töchtern und Engels im Freien aufgenommen wurde (s. S. 197), erlaubte er sich kein Lächeln, sondern wirkt gefasst, in sich gekehrt und seltsam abwesend. Man kann darin, wie der Historiker und Marx-Forscher Jürgen Herres schreibt, ein Indiz sehen dafür, »wie bewusst Friedrich Engels und Marx selbst die Fotografien eingesetzt haben«[162]. Offenbar wollte Marx nicht eine Vielfalt unterschiedlicher Bilder von sich in Umlauf bringen, sondern strebte nach dem repräsentativen, leicht wiedererkennbaren, für die Öffentlichkeit »gültigen« Porträt.

Das Foto, das E. Dutertre in Agha Supérieur von ihm aufnahm, ist anders. Es zeigt Marx mit lächelndem, leicht ironischem Blick, der dem Bild alle Feierlichkeit nimmt, die Würde des Dargestellten aber nicht verletzt. Marx wirkt darauf wie ein selbstbewusster, aber gütiger Großvater, nicht wie ein Denker, der mit grundstürzenden Theorien die Welt verändern will. Es ist ein Bild, auf dem – sogar mehr noch als auf dem Gruppenfoto mit Engels und Töchtern – etwas vom privaten Marx zum Vorschein kommt. Es zeigt ihn als Mensch, nicht als Monument.

Dazu passt, dass Marx in den letzten Monaten seines Lebens eher als Oberhaupt einer Familie denn als das Oberhaupt einer weltweiten politischen Bewegung auftrat. Das kam vor allem den Enkeln in Argenteuil zugute, mit denen er, wie die Zeugen berichten, in diesem nasskalten Sommer besonders ausgiebig und hingebungsvoll spielte. Er scheint für sie drei Monate lang eben jener wohlwollende, offenherzige Großvater gewesen zu sein, den der unbekannte Fotograf E. Dutertre in der abgelegenen Vorstadt von Algier auf seinem Porträt eingefangen hat. Vielleicht war für Marx die »mikroskopische Welt« der Familie tatsächlich interessanter geworden als die »makroskopische«[163] der Politik. Natürlich ging es seiner Tochter Jenny vor allem um seine angeschlagene Gesundheit, wenn sie in ihrem Brief vom 25. August 1882 über ihren Vater feststellte: »[…] *he is not quite himself yet.*« Aber vielleicht waren die Veränderungen, die sie spürte, nicht nur die Resultate einer Krankheit.

Nach seiner Rückkehr hält Marx es nicht lange im Londoner Klima aus. Ende Oktober bricht er auf nach Ventnor auf der Isle of Wight an der Südküste Englands. Dort hofft er den Spätherbst und Winter wohlbehalten zu überstehen. Wieder wird er vom Wetter nicht verwöhnt, auch wenn er sich kaum beklagt, denn es ist »zwar unbeständig, stürmisch, abwechselnd regnerisch, trocken, sonnig, kühl usw., aber trotz allem sehr selten neblig«[164]. Ab Dezember berichtet er dann von Regen und Sturm, doch da er unter Husten mit starkem Auswurf, Erkältungen und »Katarrh im Rachen«[165] leidet, darf er das Haus ohnehin nicht verlassen.

Seine Hauptsorge gilt jetzt nicht mehr der eigenen Gesundheit, sondern der seiner Tochter Jenny. Im Frühsommer war bei ihr ein Blasenleiden diagnostiziert worden, das sich schließlich als rapide fortschreitender Blasenkrebs herausstellte. Zunächst versuchte sie, die Krankheit noch vor ihrem Vater zu verbergen, aber als sie immer hinfälliger wird, bleibt der Familie nichts anders übrig, als Marx in den Ernst der Tatsachen einweihen. Nachdem er Anfang Januar erfuhr, Jennys Zustand sei kritisch, schreibt er an Engels: »Es ist merkwürdig, wie alle Nervenaufregung mir jetzt gleich an den Hals packt.« Er habe »im ersten Schreck über die schlechte Nachricht von Paris [...] einen spasmodischen Hustenanfall« erlitten, an dem er »glaubte zu ersticken«[166]. Wider besseres Wissen klammern sich seine Hoffnungen an einen Brief von Paul Lafargue aus Paris, der die Lage beschönigt. Nur drei Tage später muss Eleanor ihm die Mitteilung vom Tod Jennys überbringen. Die Nachricht erschüttert ihn so tief, erinnerte sich Eleanor, als habe sie ihm sein eigenes Todesurteil verkündet.

Marx reist umgehend ab von Ventnor, zurück nach London. Seine geistigen und körperlichen Energien sind erschöpft. Sein Husten, die Bronchitis, der Rachenkatarrh, fortgesetzte Schlaflosigkeit und immer heftigere Schmerzen beim Schlucken setzen ihm zu. Außerdem diagnostizieren die Ärzte noch ein »Lungengeschwür«. Schließlich nimmt Marx nur noch Milch zu sich, die er mit Rum oder Brandy mischt, seine Kräfte schwinden. Engels besucht ihn nun jeden Tag. Als er am 14. März 1883 bei Marx eintrifft, öffnet ihm die Haushälterin Helena Demuth aufgelöst die Tür. Er findet »das Haus in Tränen« vor: »Es scheine zu Ende zu gehen. Ich erkundigte mich, suchte der Sache auf den Grund zu kommen, zu trösten. Eine kleine Blutung, aber ein plötzliches Zusammensinken war eingetreten. Unser braves altes Lenchen, das ihn gepflegt, wie keine Mutter ihr Kind pflegt, ging hinauf, kam herunter: er sei halb im Schlaf, ich möge mitkommen. Als wir eintraten, lag er da, schlafend, aber um nicht mehr aufzuwachen. Puls und Atem waren fort. In den zwei Minuten war er ruhig und schmerzlos entschlummert.«[167]

Karl Marx war tot.

Drei Tage später, am 17. März, wurde er auf dem Friedhof in Highgate im Norden Londons in dem Grab beerdigt, in dem fünfzehn Monate zuvor seine Frau Jenny bestattet worden war. Es waren nur zwölf Trauergäste anwesend. In seiner Totenrede sagte Engels, sein Freund sei »der bestgehaßte und bestverläumdete Mann seiner Zeit« gewesen, doch gestorben sei er, »verehrt, geliebt, betrauert von Millionen revolutionärer Mitarbeiter, die von den sibirischen Bergwerken an über ganz Europa und Amerika bis Kalifornien hin wohnen«.[168]

Rund neunzig Jahre später wurden in der DDR die verfügbaren Daten und historischen Äußerungen zum Gesundheitszustand von Karl Marx durch Ärzte der Medizinischen Fakultät der Humboldt-Universität noch einmal gesichtet und bewertet: »Für seine Umgebung überraschend, starb er am 14. März 1883. Als Todesursache wird von Engels eine innere Blutung infolge des Lungengeschwürs angegeben. Ob das auch die Ansicht der behandelnden Ärzte war, ist aus der uns bekannten Literatur nicht ersichtlich. Der Begriff

›Lungengeschwür‹ ist wegen seiner Vieldeutigkeit heute nicht mehr gebräuchlich. Wir möchten aber annehmen, daß der Tod durch eine ausgedehnte Lungentuberkulose herbeigeführt wurde. Ausgangspunkte dafür liefern uns vor allem folgende Tatsachen: Im Jahr 1882, also ein Jahr vor seinem Tode, hatte Marx einen linksseitigen Erguß infolge einer (feuchten) Rippenfellentzündung, die erfahrungsgemäß zu 95 Prozent tuberkulöser Natur ist. Für einen Hydrothorax, also eine Ansammlung von Flüssigkeit durch Stauung hauptsächlich bei Herzinsuffizienz oder Nierenversagen, besteht kein Anhalt. Dagegen sprechen die Symptome Husten mit ›scheußlichem‹ Auswurf, Schmerzen in der linken Brustseite sowie das schlechte Allgemeinbefinden mit Schlaflosigkeit und Appetitmangel für eine tuberkulöse Genese.«[169]

Bleibt die Frage nach dem intellektuellen Vermächtnis des Denkers Karl Marx. Die Arbeitswerttheorie, die er im *Kapital* entwickelte, gilt heute als antiquiert und spielt in der wirtschaftswissenschaftlichen Forschung keine Rolle mehr. Die von ihm vorausgesagte dramatische Verelendung des Proletariats in kapitalistischen Ländern hat nicht stattgefunden. Im Gegenteil: Der Wohlstand nahm, auch wenn er bedrückend ungleich verteilt ist, selbst für den als vergleichsweise arm zu betrachtenden Teil der Bevölkerung in einem zuvor kaum vorstellbaren Maße zu. Seine These, ausschließlich die Arbeiterklasse könne das revolutionäre Subjekt und damit Impulsgeber einer weltgeschichtlichen Erneuerung sein, hat spätestens seit dem Untergang des Realen Sozialismus jede Plausibilität verloren. Die Annahme, alle Widersprüche und Antriebskräfte moderner Gesellschaften ließen sich aus dem zentralen Gegensatz zwischen Arbeit und Kapital herleiten, ist angesichts soziologischer Studien zur Komplexität historischer, kultureller, religiöser, geschlechtsspezifischer, medialer, klimatischer und anderer Einflüsse unhaltbar geworden. Der Glaube, Geschichte verlaufe zielgerichtet und folge festen, nachweisbaren Mustern, hält einer eingehenden Überprüfung der historischen Fakten nicht stand. Das Zutrauen zur prognostischen Aussagekraft der marxistischen Geschichtsphilosophie ist deshalb erloschen. Marx hatte, gefesselt an die Traditionen des deutschen Idealismus und an die Systemvorstellung Hegels, Begriffe, Argumentationsmuster und Methoden in sein Weltbild übernommen, die mit dem wissenschaftlichen Denken unserer Gegenwart unvereinbar sind.

Doch seine präzise Darstellung des Kapitalismus als eines tendenziell ebenso grenzen- wie gnadenlosen Verwertungssystems ist noch heute überzeugend. Seine Leistungen als Historiker, der die Entstehung der kapitalistischen Wirtschaft frühzeitig beschrieb, sind unbestritten. Mit der Entdeckung des Einflusses der Produktionsverhältnisse auf Struktur und Bewusstsein einer Gesellschaft legte er das Fundament für eine neue, zu seinen Lebzeiten noch unbekannte Wissenschaft, die Soziologie. Vor allem aber fügte er – ähnlich wie Sigmund Freud mit der Erforschung des Unbewussten – der Moderne einen Gedanken hinzu, der heute so selbstverständlich geworden ist, dass er kaum noch wahrgenommen wird: Die Analyse jedes beliebigen Phänomens der menschlichen Existenz bleibt unvollständig, solange dessen materielle Grundlagen im Wirtschaftsgefüge der Gesellschaft nicht berücksichtigt werden. Er schuf damit für alle nachfolgenden Generationen ein Instrument des Denkens, das ihren intellektuellen Horizont entscheidend erweitert hat.

Dank

Ich möchte mich für Hilfe bei der Arbeit an diesem Buch bedanken bei Karin Graf, Edgar Bracht, Klaus von Fleischbein-Brinkschulte, Holger Kuntze, Dirk von Petersdorff und besonders bei Jürgen Herres.

Vor allem aber habe ich Marlene Vesper zu danken, deren Buch *Marx in Algier* (Bonn 1995) zahllose Hinweise und Anregungen enthält, die für mein Buch wichtig wurden. Ich fürchte, Marlene Vesper und ich habe unterschiedliche Ansichten zu Karl Marx und seinem Werk. Aber der Hartnäckigkeit und Genauigkeit, mit der sie eine enorme Zahl von Informationen über Marx' Aufenthalt in Algier zusammengetragen hat, gilt meine uneingeschränkte Bewunderung.

Danken möchte ich ebenfalls: der Deutschen Nationalbibliothek, Frankfurt am Main, der Universitätsbibliothek J. C. Senckenberg, Frankfurt am Main, der Berlin-Brandenburgischen Akademie der Wissenschaften, Berlin, dem Institut für Geschichte der Medizin und Ethik in der Medizin, Berlin, und dem Russischem Staatsarchiv für soziopolitische Geschichte, Moskau, das mir zwölf bislang unveröffentlichte Briefe der Töchter von Karl Marx an ihren Vater oder an Friedrich Engels aus dem Jahr 1882 zur Verfügung stellte.

Historische Reiseberichte aus der zweiten Hälfte des 19. Jahrhunderts haben mir geholfen, mich in Algier und in Mustapha supérieur zur Zeit von Marx zurechtzufinden. Vor allem verdanke ich Informationen:

George Gaskell, *Algerien wie es ist*. Wien 1877.

Wilhelm Kobelt, *Reiseerinnerungen aus Algerien und Tunis*. Hg. von der Senckenbergischen Naturforschenden Gesellschaft. Frankfurt am Main 1885.

Gustav Rasch, *Nach Algier und den Oasen von Siban in der großen Wüste Sahara*. Dresden 1875.

Otto Schneider, *Der climatische Curort Algier. Schilderungen nach dreijähriger Beobachtung in Stadt und Provinz zugleich ein Rathgeber für Reise und Aufenthalt*. Dresden 1869

Bernhard Schwarz, *Algerien (Küste, Atlas und Wüste) nach 50 Jahren französischer Herrschaft. Reiseschilderungen nebst einer systematischen Geographie des Landes*. Leipzig 1881.

Pierre de Tchihatchef, *Spanien, Algerien und Tunis. Briefe an Michel Chevalier*. Leipzig 1882.

Fritz Wernick, *Durch Nord-Afrika und Spanien. Reisestudien*. Leipzig 1881.

Über die botanischen Reize von Algier und Umgebung um die Mitte des 19. Jahrhunderts während der Monate, in denen Marx Algier besuchte, habe ich viel erfahren aus dem Aufsatz von Schramm, *Die Frühlings-Vegetation in einem Theile von Algier*. In: *Österreichische Botanische Zeitschrift*, Vol. 9, No. 9 (September 1859), S. 277–294

Anmerkungen

Die Werke, Manuskripte, Briefe und Exzerpte von Karl Marx und Friedrich Engels werden zitiert nach:

Marx-Engels-Gesamtausgabe, Berlin, Dietz Verlag bzw. Akademie-Verlag, 1975 ff. (abgekürzt als *MEGA*).

Marx-Engels-Werke, Berlin, Dietz Verlag, 1956–1990 (abgekürzt als *MEW*).

1 Lutz Schwerin von Krosigk, *Jenny Marx*. Wuppertal 1975. S. 17
2 Paul Lafargue, *Persönliche Erinnerungen an Karl Marx*. In: *Mohr und General. Erinnerungen an Marx und Engels*. Hrg. vom Institut für Marxismus-Leninismus beim ZK der SED. Berlin 1964. S. 323–324
3 Manfred Schöncke, *Karl und Heinrich Marx und ihre Geschwister*. Bonn 1993. S. 229–230
4 Ders., S. 230
5 Ders., S. 231
6 Ders., S. 231
7 Heinz Monz, *Karl Marx. Grundlagen der Entwicklung zu Leben und Werk*. Trier 1973. S. 136
8 Ders., S. 397–400
9 Jörn Schütrumpf, *Jenny Marx oder: Die Suche nach dem aufrechten Gang*. Berlin 2008. S. 12
10 *MEGA*, III/1, S. 290
11 *MEGA*, III/1, S. 290

12 *MEGA*, III/1, S. 308
13 Hans Magnus Enzensberger (Hg.) *Gespräche mit Marx und Engels*. Frankfurt am Main 1981. S. 2
14 *MEGA*, III/1, S. 289
15 *MEGA*, I/1, S. 489
16 *MEGA*, I/1, S. 535
17 *MEGA*, I/1, S. 759
18 Der Theologe Prof. Dr. Erdmann Sturm (Münster) schlägt für die fünfte und rätselhafte Strophe des Gedichts folgende Lesart vor: »Ewiges Rennen/Nach eitler Lust;/Ewiges Brennen/In tiefer Brust;« (siehe *Frankfurter Allgemeine Zeitung* vom 16. Juni 2017, Seite 14). Das setzt voraus, dass das kleine »u« mit Strich darüber in »Reuen« und »Breuen« als kleines »n« mit Verdoppelungsstrich darüber gelesen wird. Da das Gedicht nicht in Marx' Originalhandschrift, sondern in einer Abschrift seiner Schwester Sophie überliefert ist, sind hier viele Interpretationen möglich.
19 Unter anderem in den Gedichten »Menschenstolz«, »Des Verzweifelten Gebet«, »Weltgericht« oder »Wunsch« in: *MEGA* I/1, S. 487–489, S. 640–641, S. 641–642 und S. 718–720
20 *MEGA*, III/1, S. 10
21 *MEGA*, III/1, S. 294
22 *MEGA*, III/1, S. 317
23 *MEGA*, III/1, S. 10
24 *MEGA*, III/1, S. 321
25 *MEGA*, III/1, S. 303
26 *MEGA*, III/1, S. 17
27 *MEGA*, III/í, S. 325
28 *MEGA*, III/3, S. 27
29 *MEGA*, III/9, S. 44
30 *MEGA*, III/12, S. 136
31 *MEW*, Band 32, S. 75
32 *MEGA*, III/5
33 Richard Friedenthal, *Karl Marx*. München 1983. S. 51
34 Friedrich Schlegel, *Kritische und theoretische Schriften*. Stuttgart 1978. S. 191

35 G. W. F. Hegel, *Werke 1. Frühe Schriften*. Frankfurt am Main 1971. S. 236
36 Jürgen Habermas, »*Zur Rekonstruktion des Historischen Materialismus*. Frankfurt am Main 1976. S. 103.
37 *MEGA*, I/1, S. 644
38 *MEGA*, I/1, S. 17
39 G. W. F. Hegel, *Werke 2. Jenaer Schriften 1801–1807*. Frankfurt am Main 1971. S. 495
40 MEGA, I/1, S. 17
41 Arnold Ruge, *Briefwechsel und Tagebuchblätter*. Band 1. Reprint 2003. S. 286
42 Hans Magnus Enzensberger (Hg.), *Gespräche mit Marx und Engels*. Frankfurt am Main. A. a. O. S. 3
43 *MEW*, Band 31, S. 518–519
44 *MEW*, Band 33, S. 84
45 *MEGA*, III/1, S. 366–367
46 *MEGA*, III/1, S. 368
47 *MEGA*, III/1, S. 396
48 *MEGA*, III/1, S. 37
49 *MEGA*, I/1, S. 240
50 *MEW*, Band 19 S. 96
51 Hans Magnus Enzensberger (Hg.) *Gespräche mit Marx und Engels*. A. a. O. S. 6
52 Ders. S. 10
53 Joseph Hansen (Hg.), *Rheinische Briefe und Akten zur Geschichte der politischen Bewegung 1830 – 1850*. 1. Band. Düsseldorf 1997. S. 404
54 *MEGA*, III/1, S. 43
55 *MEGA*, III/1, S. 44–45
56 Jenny Marx, *Ein bewegtes Leben*. Berlin 1989. S. 25
57 *MEGA*, III/1, S. 46
58 *MEGA*, I/2, S. 164–168
59 *MEW*, Band 30, S. 257–259
60 *MEW*, Band 31, S. 527–528
61 *MEW*, Band 21, S. 212
62 *MEW*, Band 36, S. 218

63 *MEGA*, III/1, S. 506–508 und S. 513–515

64 *MEGA*, III/12, S. 308

65 *MEGA*, III/12, S. 318

66 *MEGA*, III/12, S. 321

67 Heinrich Heine, *Sämtliche Schriften*. Band 7. Frankfurt/Main. Berlin. Wien, 1981 S. 485–486. Kommentar siehe: Heinrich Heine; *Sämtliche Schriften*. Band 8. Frankfurt/Main. Berlin. Wien, 1981 S. 981–982.

68 Hans Magnus Enzensberger (Hg.), *Gespräche mit Marx und Engels*. A. a. O. S. 38

69 Ders. S. 36–37

70 Ders. S. 44

71 Helmut Elsner, *Karl Marx in Kreuznach 1842/43*. In: *Schriften aus dem Karl-Marx-Haus*, Nr. 43, Trier 1990. S. 117

72 *MEGA*, III/1, S. 274

73 *MEW*, Band 18, S. 96.

74 *MEGA*, III/2, S. 384

75 Hans Magnus Enzensberger (Hg.), *Gespräche mit Marx und Engels*. A. a. O. S. 59

76 Wolfgang Schieder, *Karl Marx als Politiker*. München/Zürich 1991. S. 16

77 *MEW*, Band 13, S. 8–9

78 *MEGA*, I/5, S. 22

79 *MEW*, Band 4, S. 482

80 Michail Bakunin, *Staatlichkeit und Anarchie und andere Schriften*. Herausgegeben von Horst Stuke. Frankfurt am Main, 1972. S. 564–565.

81 Moses Hess, *Philosophische und sozialistische Schriften 1837–1850*. Herausgegeben und eingeleitet von Auguste Cornu und Wolfgang Mönke. Berlin 1961. S. 44

82 *MEGA*, III/1, S. 199–200

83 *MEGA*, I/11, S. 250

84 Jenny Marx, *Ein bewegtes Leben*. Berlin 1989. S. 28

85 *MEW*, Band 14, S. 676

86 *MEW*, Band 21, S. 19

87 Jürgen Herres, *Köln in preußischer Zeit. 1815–1871*. Köln 2012, S. 253

88 *MEW*, Band 5, S. 383

89 *MEW*, Band 5, S. 136

90 Hans Magnus Enzensberger, *Gespräche mit Marx und Engels*. A. a. O., S. 120–121

91 Ders., S. 103–104

92 *MEW*, Band 21, S. 19

93 Hans Magnus Enzensberger, *Gespräche mit Marx und Engels*. A. a. O., S. 116

94 *MEW*, Band 6, S. 7–12

95 *MEW*, Band 6, S. 30

96 *MEW*, Band 6, S. 463–480.

97 *MEW*, Band 5, S. 457

98 *MEGA*, III/3, S. 44

99 Julius Fröbel, *Ein Lebenslauf*. Stuttgart 1890. Zweiter Band. S. 202–203.

100 *MEGA*, III/9, S. 246

101 *MEW*, Band 30, S. 20

102 Wilhelm Mommsen, »*Julius Fröbel. Wirrnis und Weitsicht*. In: *Historische Zeitschrift*. Band 181. München 1956. S. 497–532. Julius Fröbel, *Lebensschicksale eines Achtundvierzigers in der Alten und Neuen Welt*. Bearbeitet und eingeleitet von Wilhard Grünewald. Heidenheim 1971. S. 10–20.

103 *MEGA*, III/3, S. 44

104 Jenny Marx, *Ein bewegtes Leben*. A. a. O., S. 125–126

105 Dies., S. 37–38

106 *MEGA*, III/5, S. 96

107 *MEGA*, I/10, S. 259

108 *MEGA*, I/10, S. 578

109 *Mohr und General. Erinnerungen an Marx und Engels*. Herausgegeben vom Institut für Marxismus-Leninismus beim ZK der SED. Berlin 1964. S. 57

110 *MEGA*, III/3, S. 108; MEGA, III/4. S. 141

111 *MEGA*, III/13, S. 509

112 *MEGA*, III/6, S. 66

113 *MEGA*, III/7, S. 187
114 *Mohr und General.* A. a. O. S. 118
115 *MEGA*, III/4, S. 85
116 *MEGA*, III/7, S. 166
117 *MEGA*, III/7, S. 189
118 *MEGA*, III/7, S. 201
119 *MEW*, Band 31, S. 368
120 *MEGA*, III/11, S. 236
121 *MEGA*, III/8, S. 129
122 *MEGA*, III/8, S. 135
123 *MEGA*, III/8, S. 202
124 *MEGA*, III/12, S. 171
125 *MEGA*, III/12, S. 634 und S. 637
126 *MEGA*, I/2, S. 177
127 Hans Magnus Enzensberger (Hg.), *Gespräche mit Marx und Engels.* A. a. O., S. 23
128 *MEW*, Band 31, S. 542
129 *MEGA*, III/12, S. 78
130 *MEGA*, II/5, S. 666
131 *MEGA*, II/5, S. 668
132 *MEGA*, II/5, S. 670
133 *MEGA*, II/5, S. 669
134 *MEGA*, III/13, S. 509
135 *MEW*, Band 31, S. 342–343
136 *MEGA*, I/21, S. 482–483
137 *MEGA*, I/21, S. 498
138 *MEGA*, I/22, S. 223
139 *MEGA*, I/22, S. 241
140 *MEW*, Band 33, S. 238
141 *MEW*, Band 33, S. 591
142 *MEW*, Band 33, S. 479–480
143 *MEW*, Band 31, S. 281
144 *MEGA*, II/6, S. 102
145 *MEW*, Band 32, S. 215
146 *MEW*, Band 31, S. 296–297
147 *MEW*, Band 34, S. 78

148 Gareth Stedman Jones, *Karl Marx. Die Biographie*. Frankfurt am Main 2017. S. 686–707
149 *MEW*, Band 19, S. 385
150 *MEW*, Band 4, S. 466
151 Vgl.: Herfried Münkler: *Zum Abschluss der Kapital-Edition in der MEGA*. In: *Marx-Engels-Jahrbuch* 2012/2013. S. 70–74
152 *MEW*, Band 36, S. 56
153 *MEW*, Band 35, S. 325
154 Franz Riegel/O[skar] Fraentzel: *Handbuch der Krankheiten des Respirations-Apparates I*. Zweite Hälfte. Leipzig 1877. S. 459–460
155 *MEW*, Band 35, S. 64
156 *MEW*, Band 35, S. 63
157 *MEW*, Band 35, S. 64
158 *MEW*, Band 35, S. 72
159 *MEW*, Band 35, S. 60
160 *MEW*, Band 35, S. 59–60
161 *MEGA*, I/11, S. 250
162 http://www.juergen-herres.de/jh-marx/marxfotos.html
163 *MEW*, Band 35, S. 330
164 *MEW*, Band 35, S. 397
165 *MEW*, Band 35, S. 123
166 *MEW*, Band 35, S. 140
167 *MEW*, Band 35, S. 460
168 *MEGA*, I/25, S. 408
169 Helmut Dressler, *Ärzte um Marx*. Berlin 1985. S. 145–146

Auslassungen in Zitaten sind durch [...] gekennzeichnet.

Bildnachweise

S. 49 Alamy Stock Photo/Sputnik

S. 79 ullstein bild

S. 174 International Institute of Social History, Amsterdam/Foto: Nordheim

S. 197 International Institute of Social History, Amsterdam/Foto: Verberne

S. 267 International Institute of Social History, Amsterdam

Folgende Abbildungen wurden Büchern entnommen:

S. 13 Malek Alloula: Alger photographiée au XIXe siècle, Paris, Marval 2001, S. 47. Foto: Sammlung Bernard Garrett

S. 33 Malek Alloula: Alger photographiée au XIXe siècle, Paris, Marval 2001, S. 59. Foto: Sammlung Sadek Messikh, Alger

S. 139 Malek Alloula: Alger photographiée au XIXe siècle, Paris, Marval 2001, S. 151 r. u. Foto: Privatsammlung, Paris

S. 213 Malek Alloula: Alger photographiée au XIXe siècle, Paris, Marval 2001, S. 164. Foto: Privatsammlung, Paris

S. 265 Salah Guemriche: Alger la Blanche.biographies d'une ville. Perrin 2012, S. 140. Foto: o. Ang.

Namensregister